JN066128

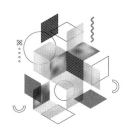

高橋 透
TAKAHASHI Toru

著

顧客経験価値を
創造する
商品開発入門

中央経済社

はじめに

　これからの日本企業の経営を考えた場合，2つの不安があります。1つは価格競争の加速とそのための管理や効率化のさらなる強化によって，働く人が疲弊することです。もう1つはAIなどが進化し，これまで人間がやってきた創造的仕事がAIに奪われてしまうことです。

　1つ目の，価格競争のための管理や効率化強化の問題は，モチベーションダウンによる社員の退職やストレスによる精神疾患の増加など，深刻な問題を生み出しています。日本で長期間続いてきたデフレ問題や海外の先進国と比較した場合の低賃金問題は，行き過ぎた価格競争やコスト競争が1つの原因となっているように思えます。DXの普及が進むことで，この低コスト化や効率化はますます進むと思います。

　2つ目のAIの発展・普及によるクリエイティブな仕事の減少は，すでに目の前のものとなってきています。たとえば2022年11月リリースされたChatGPTは，ストーリーなど文章の創作AIで，小説，コピーライト，法務，税務，ビジネス関連の出版マーケットまでを破壊すると言われています。私がいまここで行っているような著作活動や出版事業でも，競争の激化と価格破壊が起こるのではないかと危惧しています。

　この2つの不安を解決する策の1つとして，本書で述べる「顧客経験価値」という考え方があります。これまでのビジネスの多くが，売り手と買い手にはっきり分かれて機能と価格・コストをベースにその都度取引してきたのに対し，顧客経験価値の考え方では，企業と顧客が長期の信頼関係を構築し，企業が商品・サービスを提供し顧客がその対価を支払うだけではなく，有益な情報を交換したり，企業が顧客の問題解決を支援したり，顧客が企業の商品・サービスを支援したりすることなどを通じて，感覚，感情，思考，行動，共感などの顧客にとって価値のある経験を創発するものです。

　コスト削減や効率化は進めつつも，人が経験するコトに焦点を当てることで，AIではできない新たな価値を創造することができると思います。それはAIな

どのテクノロジーと「競争」するのではなく，「共生」する関係にするべきと思います。顧客経験価値を得るのは基本的に人で，その欲求は常に変化し，高度化していきますので，顧客経験価値に関連する仕事はなくならないでしょう。

　本書の主なテーマは商品開発ですが，その本質を顧客経験価値に置いており，従来のハードの機能中心の単品の開発とは一線を画し，顧客経験価値を生み出す仕組みであるビジネスモデル戦略をベースに置いた商品開発のあり方を論じています。

　本書を著す上での最大の問題は，これまで機能とコストばかりを追いかけてきた多くの日本企業が，果たして顧客経験価値をベースにした商品開発を実行することが可能なのか？　ということです。この問題に対する私の答えは，「可能である」です。その答えの根拠は，日本人が伝統的にもつ「モノづくりのこだわり」と「おもてなし精神」という2つの理念です。「モノづくりのこだわり」というのは，使う人に対しあらゆる観点できめ細かく配慮し，それをモノに反映させる技術や技能です。また「おもてなし精神」の基本思想は感謝の気持ちと相手に対する思いやりで，目に見えないところまできちんとすることです。私は日本人のこの2つの理念こそ「顧客経験価値創造」の中核になり得ると考えました。

　また，顧客経験価値というテーマは，企業の役員，ベテラン，中堅，新入社員，インターン生などの社内の人，さらには外部パートナー，顧客など誰もが自由に議論に参加できるものです。なぜなら顧客経験価値は，人の主観であり，各個人が現在と未来においてどう感じ，考え，行動し，共感するのかを重視するものだからです。このように顧客経験価値は，日本の伝統的な「モノづくりのこだわり」と「おもてなし精神」の理念を引き継ぎながら，未来に発展・進化していくものと考えます。

　本書は，以上のような考え方を基本にして顧客経験価値を創造するための商品開発の手法を体系的に述べたものです。第1章，第2章では顧客経験価値という考え方の背景や重要性，顧客経験価値とは何かを述べています。第3章では，この手法の前提となる顧客経験価値のための商品開発の7つのコンセプトで基本的な考え方を確認しています。そして第4章から第7章までは，商品開発のフェーズに分けて解説しており，最初の準備フェーズから事業や商品の仮

説設定フェーズ，マーケティングリサーチとPoCといった検証フェーズ，最後に事業構想書作成フェーズという流れになっています。各フェーズ分析フォーマットと記入事例を交えながら具体的な実践手法を詳しく解説しました。そして最後の第8章は，この手法をうまく実践するために意識して学ぶべきことを，個人と組織に分けて説明しています。本書の手法をすぐにでも実践したい方は第7章（事業戦略構想書作成フェーズ）を読んでいただき，記入事例を参考にしながら，事業戦略構想書を作成いただければと思います。

　本書の主な対象は，新規・既存の商品や事業の企画開発部門の方，研究開発，開発設計部門の方，マーケティングや営業企画部門の方などです。その他経営戦略，事業戦略，カスタマーサービス，ブランドマネジメント担当の方，さらには社内外でスタートアップを考えている方にも参考にしていただけると思います。また，顧客に近いほど有利である「顧客経験価値戦略」の特性を考えると，商品企画，事業企画などの企画職やご自身での起業を希望する学生の方にも是非お読みいただきたいです。

　本書は，私自身が新商品，新事業開発のビジネスの実務とコンサルタントとして，多くのお客様やパートナー企業との試行錯誤の中で学んできた中間成果物です。また2010年から今日まで担当している上智大学経済学部での産業特講論I「商品コンセプト企画講座」では，多くの学生の皆様の新鮮で大胆な発想から刺激を受け，経験価値に関する多くのことを学ばせていただきました。

　また本書を出版するにあたっては，中央経済社経営編集部の阪井あゆみさんには本書全体の構成から文書の添削，校正など大変お世話になりました。

　この場を借りて，皆様に心からお礼申し上げます。

2023年4月1日

高橋　透

目　次

第 1 章
顧客は何を購入しているのか

第2章
コトづくりのための「顧客経験価値」の理解

第 **3** 章
顧客経験価値創造のための商品開発の7つのコンセプト

第 **6** 章
仮説検証フェーズ

第 **7** 章
事業戦略構想書作成フェーズ

第 8 章
顧客経験価値重視の商品開発を実践するトレーニング

第 **1** 章

顧客は何を購入しているのか

1 | サブスクリプション，シェアリングエコノミーでは顧客は何を買っているのか

1-1　いまや電車で紙の新聞や雑誌を読んでいる人はマイノリティ

　電車で紙の新聞や雑誌を読んでいる人は，いまやかなり少なくなっています。たまに見かけると，その日のニュースが目に入ってきて紙媒体の新聞が懐かしくなってしまいます。現代では，デジタル媒体の新聞や雑誌を月決めの料金で，ある期間のバックナンバーも含めて読めるようになっています。1つの契約で複数の雑誌を読むことができるサービスも一般的になりました。新聞，雑誌などの紙のメディアはその事業特性から他業界よりも先にサブスクリプションモデルが普及しました。それらのメディアもまた，無料でしかもリアルタイムに発信されるSNSやネットメディアの情報に市場を侵食されています。

　インターネットが普及する前は，新聞，雑誌というモノを所有することイコール情報を所有することでした。形のあるモノが価値を象徴していた時代です。しかし**インターネットが普及するとモノと情報が分離され，情報が独立して流通する**ようになりました。人々は，新聞，雑誌といったモノ＝情報ではなく，スマートフォンやタブレット，PCなどで見られる**情報そのものに価値を置く**ようになりました。

1-2　モノを所有しないほうが暮らしやすい，働きやすい

　紙の新聞，雑誌は，読み終わった後捨てるのに困ります。私も最近，出張でホテルに宿泊した際，新聞の朝刊を紙でもらっても，ホテルの外に持ち出しません。捨てるのが面倒なのと，「紙は環境にやさしくない」という気持ちが無意識に働くからです。

　近年「シンプルな暮らし」とそのための「断捨離」がブームですが，見た目がすっきりで機能的であるという以上に，モノを所有しない暮らしが意外に快適であることがわかったからではないでしょうか。2018年に亡くなられた樹木希林さんのベストセラー『一切なりゆき——樹木希林のことば』（文藝春秋，2018）でも，希林さんは，洋服，靴，食器など身の回りのものは，ごく限られた自分が気に入ったものだけをつかって暮らす気軽さと快適さを述べておられました。

　一方モノを所有する負担はかなり大きく感じられるようになりました。たとえば洋服ダンスに入りきれない服，靴箱に入りきれない靴，食器棚にあふれる食器など，保管，管理が面倒なこと，廃棄にもコストがかかります。地価が高い都心部では，モノを置くスペースコストが無駄であると認識されるようになりました。

　モノを所有しないほうが，何かあった時には移動もしやすく身軽です。所有するモノが少ないので管理の負担も少なく，利用しやすいのです。その結果無駄な時間や場所を消費しなくてよく，柔軟でスマートな生き方ができます。自分自身が最も重視していることに集中することができます。

2 ｜ 売れる商品が変化している

2-1　「健康は財産」という考えが浸透し若年層でも健康意識は高い

　戦後すぐの平均寿命は男性50.06歳，女性53.96歳で，2021年での平均寿命は男性81.47歳，女性87.57歳です。100歳を超える人も年々増加し，2022年では45,141人にのぼるそうです。かつては，一生懸命働いて定年後はのんびりと過

ごせばそのうち寿命で人生が終わる，という風に漠然と考える人も多かったことでしょう。しかし今は，定年も60歳代まで延び，さらに死ぬまでの時間が長く，人生の最終章であっても人生を充実させようと考える人が多くなりました。絵を描くこと，写真を撮ること，旅行すること，工芸品をつくることなど，お金と時間があれば何でも楽しめる時代になりました。人生の最終章を楽しむために「健康」が重要であることに多くの人が気付いています。

　しかし健康な人にとって「健康」とはなかなか実感を持ちにくい概念です。「健康」である人は，一般に「健康」のニーズを持ちません。「健康」を損ない病気になって初めて「健康を取り戻したい」という強いニーズが発生します。このように当たり前の状況がなくなったり，損なってしまったりして発生するニーズを，「欠落ニーズ」と呼びます。欠落して初めて需要が発生するためです。親しい友人関係や家族関係，地域の自然文化なども，同じように失ってしまってからその大切さを実感します。

　いま，その「健康」が，欠落してしまう前にさまざまな情報によって掘り起こされています。テレビでは多くの健康に関する番組や企業広告が放映されていますし，ネットや雑誌でも健康に関する情報を常に目にします。健康を損ない病院にかからなくても，多くの健康情報から，「自分も思い当たる節があり不安になった」と感じ，それが購買につながることも少なくありません。

　最近では，ウェアラブルバイタルセンサーなどで，歩数，心拍数，睡眠などのバイタル情報を記録し，スマートフォンでそのデータを確認できます。いったんウェアラブルバイタルセンサーを使って自分のバイタル情報を記録しはじめると，やめられなくなるという人も多いようです。さらには自分のDNA情報を検査することもでき，遺伝的にかかりやすい疾病がわかったり，おおよその寿命も予測できたりするといわれています。

　このように，消費者は健康に関してきわめて多くの情報に触れ，いつのまにか健康ニーズを持つようになってきています。それが加齢により意識せざるを得なくなる中高年だけでなく，大学生などの若年層まで広がっています。「健康」が，美容と結びついていることや，健康を損なうことが厳しい競争社会では人生の大きな損失につながる可能性を理解しているのでしょう。

　このように，「健康」は人生を充実させ成功するための大事な「財産」であ

るという認識が広まり，健康需要は大きく拡大しました。そして健康には直接関係のない多くの産業も，「健康要素」を取り込んでビジネス展開しています。

　しかし健康ニーズは，発生するタイミング，種類，レベルが人それぞれで把握しにくく，従来の衣食住に直接関連する人の生活基盤ビジネスと比較し，企業にとって極めて取り組みが難しいテーマと言えます。なぜなら「健康」は人の意識や感情，価値観に依存し，それらを引き出さなければならないからです。

　また「健康」ビジネスは結果が出るのに時間がかかり，かつ直接的な効果がわかりにくいため，顧客の消費行動を継続させたり，健康にかかわる習慣を維持させたりする，いわゆる「行動変容」を誘導するのは容易ではありません。

　健康領域に参入する企業は，人の感覚，感情，思考，行動とそれが牽引する行動に関する知見を増やしていかなければなりません。しかし，感覚，感情，思考，行動を分析し，事業に反映させている企業は少ないのが現状です。

2-2　人生最終章での「終活」による消費が活発になってきた

　価値観の変化から生まれ拡大した需要として，「終活」も注目すべき領域と言えます。「終活」とは「人生の終わりのための活動」で，人が自己の死を意識し，人生の最期を迎えるための準備や，自分の人生の意味を確認する活動です。自己の「死」を冷静に受け止め，人生の最終章のQOL（クオリティ　オブ　ライフ）を上げ，いかに自分や周囲の人たちにとって意味のあるものにするかを考えるように，価値観が変化してきているのです。

　最近では，治療での回復の見込みがない場合，意識がある段階で，人工呼吸器，輸血，輸液などの延命治療を拒否する人も出てきました。さらには，法的に認められた国での積極的安楽死を選択する人もいます。生きている間にお葬式を行う生前葬や，海や山などに遺灰を還す「自然葬」が本人の意思で行われるようになりました。お墓も，出身地にある先祖代々のお寺ではなく，家族の居住地の近くのビル型「納骨堂」が人気だと聞いています。そのような納骨堂サービスでは，契約した人が訪ねれば，自分の親族のお位牌が自動倉庫システムのようなしかけで個別の礼拝スペースに出てくるようになっています。

　お葬式自体も旧来式にお寺で行うのではなく，親族だけで執り行いコストを抑える「家族葬」や，葬儀とは別にホテルの宴会場を借りたパーティー式の

「お別れ会」など，過去の習慣を大きく変えるものが出てきています。あるいは本人が生前に葬儀プランナーなどのプロに依頼し，自分の趣味や思い出を組み込んだオリジナルなイベントとして行われることも増えています。

　その他「終活」に関連するビジネスは，不動産，金融資産などの財産，生活品，持ち物などの身の回り品の処分や，SNSやクラウド上にあるデジタルデータの処分など極めて多岐にわたる大きな経済活動となりつつあります。

　この「終活ビジネス」もまた，人の感覚，感情，思考，行動などを深く理解することが大前提のビジネスです。「死」と向き合う人をお客様にするためには，それに携わる人もまた自ら「死」を意識し，自分自身の生き方，価値観をしっかりもった上で，顧客理解する努力が必要となります。

2-3 「独身者」は見逃せない市場となった

　これまで，結婚しない「独身者」はマイノリティ扱いで，ビジネスでもメインターゲットになることはほとんどありませんでした。生涯結婚の経験のない人の割合である生涯未婚率は，1985年まで男女とも5％未満でしたが，2015年には，男性は約4人に1人の23.37％，女性も約7人に1人の14.06％に上昇しています。今後もこの数字は延びると推定されています。いま「独身者」は，1人世帯であるにもかかわらず，2名家族よりも外食費も多いなど，可処分所得も多く，見逃せない市場となっています。

　これまでファミリーやグループ向けのビジネスを展開していた企業も，おひとりさま向けビジネスに力を入れ始めています。たとえばカラオケボックスは，従来は仲間同士複数人で行くような場所でしたが，いまや多くの企業が1人でもカラオケが楽しめるサービスを用意しています。その他，焼き肉や温泉旅行など多くの分野でおひとりさまパッケージが増加しています。中には独身の女性向けに1人でも利用できるフォトウェディングサービスを展開している企業もあります。結婚していなくてもウエディングドレス姿を写真で残したいという人向けの新サービスです。

　おひとりさま向けサービスは，独身者だけなく，家族世帯の需要も掘り起こしています。インターネットが普及し，SNSなどで人と繋がりやすくなった一方で，「繋がり疲れ」も多く，ひとりで気軽に楽しみたいという人も多くなっ

ています。「ひとりは寂しい」という価値観から「ひとり」のほうが気楽，SNSがあるのでいつでも繋がることができるから「ひとりでも寂しくない」という価値観に変わってきたのでしょう。

　高齢化や離婚率の増加とともに高齢者のひとり暮らしも増加しています。高齢者のひとり暮らし＝孤独＝孤独死といったマイナスのイメージも徐々に変わってきています。「サービス付き高齢者向け住宅」も，建物一カ所に入居者を集めるタイプだけではなく，空き家を利用した分散型の物件も出始めています。その他シニア向け分譲マンションも急成長しています。独居の理由も，熟年離婚や家族との死別などさまざまです。高齢独身であっても社会的な繋がり，旅行，趣味，友達付き合いなど充実した生活を送る人も多いようです。

　このような独身者需要の掘り起こしもまた，人の価値観の変化をいち早く理解し，顧客の感覚，感情，思考，行動，共感を理解し，それらに配慮した製品・サービスを企画し，提供できるかがキーとなります。

2-4　企業は感覚，感情，思考，行動，共感を理解する文化と手段を持っているか

　このように，インターネットやスマートフォンが隅々まで普及し，また生きていくために必要な物資はすでに豊かになった今，売れるものが大きく変わってきています。機能中心のモノだけはなく，その機能に加え，心理的な満足が得られる商品が求められています。住宅の例で言うと，立地，間取り，日当たり，断熱性能機能に加え，趣味のスペースがあるとか，ガーデニングが楽しめるといった感覚，感情，思考，行動，共感に影響を与えるものです。

　そしてこの顧客の感覚，感情，思考，行動，共感の変化そのものが，最大のビジネスチャンスになってきています。しかし多くの企業は，**顧客の物理的な面の理解やそれを製品・サービスの機能面に反映させる手段は持っていますが，人の感覚，感情，思考，行動，共感を理解し，それを定量化したり分析したりする手段を持っていません。**感覚，感情，思考，行動，共感は，物理的なモノと違い，理解する側の企業の価値観そのものが問われ，かつその需要量は数値にしにくいためです。しかし把握が難しく，市場の潜在的な需要が高いからこそ差別化の源泉になりうるのです。

3 なぜわが社は顧客の変化についていけないのだろうか

　モノからコトへ，所有から利用へなど，1つのベネフィットから複合したベネフィットへ，閉じた組織から新たな繋がり・出会いへなど，顧客には大きな変化が見られます。一言でいえば，フィジカル（物理的）な価値から経験価値への変化です。Uberなどの配車アプリやAirbnbなどの民泊，シェアオフィスなどを自ら体験すれば，世の中の変化や顧客の価値観は実感できます。**しかしいったん企業の立場になると，消費者であった自分からがらりと変わり，顧客の価値観の変化に対し鈍感な自分が出てきてしまいます。**一体なぜなのでしょうか？

　それは工業化時代の文化を引きずっているからです。工業化時代の文化とは，大規模な資本で，莫大な規模の設備投資を行い，均一なモノを大量に作り，大量に販売するという思考，行動様式です。もちろん現在は，多品種少量，高機能であったり，情報やサービスなどが同時に提供されたりするなどの高度化が進んでいますが，本質的な体質は工業化時代の文化のままなのです。**工業化自体が悪いわけではありませんが，経験価値経済においては，かなりのハンディキャップになっています。**具体的には以下の3点が壁となっていると考えられます。

3-1　モノへの過度なこだわり

　モノづくりは1990年初頭のバブル崩壊後，多くの日本企業が危機的状況となった際，マスコミの影響もあり，神格化されてきました。日本人のモノづくりのこだわりは世界一であり，そのこだわりが日本を復活させるだろうと。

　しかしその結果，経済のサービス化やインターネット，IoT，AIなどの情報技術の活用に遅れをとりました。また既設の製造設備の固定費を回収するために大量のモノを市場に流し，その結果長期のデフレとなりました。ものづくりを支える終身雇用的習慣も，企業の固定費を高止まりにし，ますますモノにこだわる文化を助長したと考えられます。**表向きには「お客様満足」と言いつつ**

も，企業の内部事情のために市場や顧客の姿を都合よくとらえていたのではないでしょうか。働く人の多くは，個人としては顧客の価値観の変化に気が付いていても，企業としては，それに蓋をしてきたのだと思います。

3-2　厳しい業績評価

2000年ごろから企業の経営管理におけるITツールの導入が進み，ERPやバランストスコアカードなどで，組織や個人の業績管理を細かくリアルタイムに行えるようになりました。その業績管理は，顧客の変化に伴う新製品・新事業やサービスの企画創造よりも，手っ取り早い過去と現在の業績比較に活用されていきました。同時に成果主義を重視した賃金制度も導入され，管理は一層厳しくなりました。

管理が厳しくなり，給与もそれに連動するとなると，多くの人は，新たにチャレンジするよりも，自分の現在の役割，持ち場を固めるようになります。その結果，組織もそこにいる個人も保守的になり，外部の変化に鈍感になります。挑戦や成長よりも，守りを重視するようになるのです。

顧客の感覚，感情，思考，行動などの心理的な変化は，データになりにくいものです。データ化されたころには市場での競争はすでに終わっているかもしれません。ヒットが生まれる時は**センスを磨いた社員が，顧客の感覚・感情・思考，行動の変化の兆しを肌身で感じ，商品やサービスに反映させる必要が**あります。そこにはある程度の**自由度が必要**となります。細かな行動管理，業績管理からはクリエイティブなものは生まれません。

3-3　ピラミッド型組織と顧客から遠い経営トップ

ある企業で，数年の間，全役員が出席する経営会議で決定した新商品の上市後の販売が振るわず，特別な理由から経営会議を通さずに上市した新商品の売れ行きが良いということが続いたのだそうです。役員の方々はとても真摯で，そのような実態を率直に受け止め，原因を考えた結論が，「毎日黒い高級車に乗って会社と家を往復している役員が一般の消費者から最も遠い存在なのに，商品の売れ行きなどに口を出していること自体がおかしい。経営者にはもっと別の役割があるはずだ」というものでした。まさにそのとおりだと思います。

これも工業化時代のなごりなのでしょうか，組織は基本的にピラミッド型です。命令，実行が確実に行われるピラミッド型組織は，設備投資型の製造業や，銀行，電力などの規制産業には適しており，それ自体に問題があるわけではありませんが，顧客の変化には対応しにくい組織構造です。顧客の変化を柔軟に先取りして対応するとなると，顧客に近い組織に権限を委譲し，任せないといけません。

　多くの日本企業が，過去の組織構造を変えずに今日に至っていることが多く，顧客の感覚，感情，思考，行動，共感の変化を取り込みにくい構造のままです。

　以上，顧客の感覚，感情，思考，行動，共感の変化へ対応するにあたっての3つの壁について述べましたが，このような現状の冷静な客観化が，将来変化するためには必要だと思います。そこで**救いとなりうるのは，多くの企業の働く個人は時代の流れに敏感で，顧客の立場で考え，その感覚，感情，思考，行動，共感の変化も良く理解している人が多いことです。**

4 ｜ 情報やサービスが商品開発に組み込まれているか

4-1　情報を基軸に商品やサービスが購入され利用される現実

　スマートフォンなど情報機器が隅々まで普及することで，商品の購入，利用にあっては，"情報"がとても重要になっています。何か新しいものを購入する際は，消費者でも法人でも，小売りの店頭に行ったり出入りの業者に直接問い合わせたりする機会よりも，インターネットで調べることが多くなっています。つまり顧客のファーストコンタクトがインターネット上の情報なのです。

　また，購入前に比較検討する際は，リアルの店頭に足を運ぶよりもネット上の比較サイトを検索することも多いでしょう。顧客の商品選択もまたネット上です。消耗品であればこの段階でネットで発注になることが多いでしょう。自動車，家具，住宅設備などの耐久消費財の場合は，店頭で現物を見たり，触れたりすることも多いと思いますが，そういった耐久消費財であっても，時間がない人，いますぐに必要な人はネットで購入する場合も少なくありません。

購入後の使用段階ではどうでしょうか。詳しい利用方法，より高度な使い方など製品の機能を十分に引き出すためのノウハウや，故障時の対応もまた，ネットで調べることが多いと思います。

図表1-1　顧客経験価値ライフサイクルにおける顧客情報接点の例

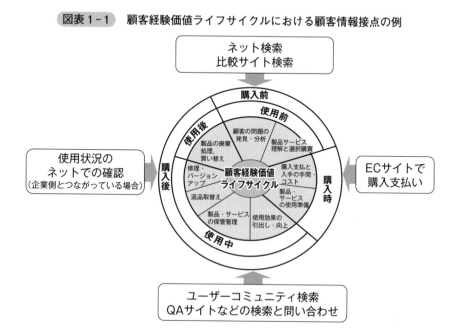

このように，多くの商品が，購入前，購入時，購入後・使用中，使用後の廃棄買い替え時，**顧客経験価値のライフサイクルすべてにわたって，商品そのものだけでなく商品にかかわる情報を基軸に取引が行われています**。この購入前，購入時に関して，インターネット化をいち早く，しかもグローバルレベルで展開したのが米国Amazonであり，日本でいえば楽天，中国であればAlibabaなどのECサイトです。

TVショッピングで有名なジャパネットたかたは，消費者が購入したものの使い方，修理に関する情報をわかりやすいネット動画で配信し，またコールセンターで徹底してサポートしています。つまり購入後の手厚いサポートで，リピート購入を獲得しているのです。同時に使用中の顧客が抱える悩み，問題をデータベース化し，仕入れ先のメーカーへの情報提供や価格交渉に役立ててい

ると推測されます。

　B2Bビジネスであっても顧客との情報接点は極めて重要です。センサー機器のキーエンス，ドイツに本社を置くランドリー＆ホームケア，ビューティーケア，接着技術などを手掛けるヘンケルなどのホームページは，必要な商品に関する情報が顧客視点で載せられており，情報も豊富で検索しやすくなっています。

　最近は，企業の開発調達や，調達部門，その他外部から何かを新しく購入する立場の人たちも，働き方改革で時間内に仕事を終えなければならないため，購買にかかわる労力の省力化を心がけています。実際にサプライヤーと会って商品やサービスの話を聴くのは，最終決定段階になるケースが多いでしょう。また購買にかかわる担当の方が，生まれた時からデジタル機器にかこまれて育った世代，いわゆるデジタルネイティブであることが年々多くなってきていて，商品との接点はネットであることがほとんどと言えます。

　以上のようにB2C，B2Bにかかわらず，ほとんどの商品は，**顧客との接点がネットであることが多くなってきていることから，商品そのものだけでなく，商品にかかわる情報が重要であることが理解**いただけるでしょう。

4-2　情報が重視されていない商品の現状

　商品にかかわる情報は企業の生命線であることはご理解いただけたかと思いますが，企業の現状はどうでしょうか。多くは，顧客の抱える問題の把握，商品の購入前，購入時，購入後・使用中，使用後の顧客経験価値ライフサイクルにかかわる情報を重視していない状態になっているのではないでしょうか。B2Cであっても，重点商品を除いてホームページは一部の商品の写真と主な用途とスペックだけという企業がまだ多い印象です。

　このような状況は，商品という概念の中に情報が抜け落ちているからでしょう。**あくまで情報は商品の付属であって，商品そのものではない**という考えです。数年前，中国のメガディーラーの社長とお会いした際に，「日本の自動車メーカーのサービス，特に情報提供レベルは高くない。ドイツ車とは比べものにならない。韓国車と比較してもよくない」と言われたことがあります。日本企業はモノづくりが得意なので，それほど多くの情報提供は不要だと考えてい

るようです。

　しかし顧客の立場で考えてみると，情報も重要な商品の一部であることがわかります。顧客は，自らが抱える問題，商品の購入前，購入時，購入後・使用中，使用後などの顧客経験価値のライフサイクルを通じて，情報を得ることで安心し，嬉しく感じ，また情報をもとに考え判断します。商品とのかかわりは，商品を利用している時間の物理的効果だけではありません，その前後，または長い間のかかわりつまり経験を通じて常に感じ，考えるもので，そこで情報は欠かせないものです。

4-3　IoT，AIなどのDXで商品の使用状況をモニタリングできるようになってきた

　最近は，モノのインターネット，いわゆるIoT（Internet of Things）を活用して，商品の使用状況を把握し，そのデータをAI（Artificial Intelligence）で解析し，顧客に有用データをフィードバックしたり，自動制御したりするDX（デジタルトランスフォーメーション）に取り組む企業も多くなりました。

　よく例に出されるのが，建設機械メーカーであるコマツのKOMTRAX（コムトラックス）です。KOMTRAXとは，GPSを搭載したコマツの建設機械の稼働状況をリアルタイムで把握するシステムです。どの機械場所，エンジンの稼働状況，燃料残量などがコマツのオフィスでわかる仕組みです。KOMTRAXにより顧客は，建設機械の稼働無駄，効率的配置，メンテナンスのタイミングの把握などができます。メーカーであるコマツ側も，このKOMTRAXからの情報を顧客の危機の利用状況，故障原因など商品にかかわる情報の把握から，建設機器の需要予測，コマツのサプライヤーの発注予測までに活用しています。

　最近は自動車もようやくIoT化され始め，自分のスマホで，施錠の状況，燃料の残量などがわかりますし，乗車前に外から目的地をカーナビでセットできるようになってきています。電気を消費する住設機器であれば，電力消費から各機器の使用状況も把握できるようになりました。

　このように"つながる商品"が多くなっていくと，つながってサービスを提供することが商品となっていきます。そのような背景もあり，シェアリングエ

コノミーやサブスクリプションといった商品を所有するのではなく，必要な時に利用するサービスも生まれ，急速に成長しています。

　また，"つながる商品"が増えるに従い，**顧客経験価値のライフサイクルとの情報のかかわりを持っていない企業は，いくら良いハードを企画しても，かなり劣勢に立たされてしまいます。**

4-4　これからは商品そのものに情報要素が組み込まれていることが必須

　メーカーで商品開発部門というとモノだけ，ハードだけの開発をする組織である企業が多いでしょうが，これからは顧客経験価値のライフサイクルにかかわる情報をも企画する商品開発部門でなければ，通用しない時代に入ってきています。

　しかし，ほとんどの日本企業は，商品開発部門と顧客にかかわる情報を把握している営業部門が分かれていますし，うまく連携しきれていないことが多くみられます。商品開発部門は，数カ月に1回，分析され，数値と要約された顧客情報を見せられることがほとんどでしょう。一方で顧客サポートなどの顧客情報との接点をもつ営業部門は，顧客クレーム処理などの顧客対応に追われていることが多いと思います。

　これは**商品開発部門が，ハードの商品を開発することだけの組織構造になっている**ためです。先ほども挙げた**商品開発という組織のミッションに，顧客経験価値にかかわる情報開発を排除してしまっている**のです。商品開発という組織のミッションそのものを設定し直す必要があるのです。

5 ｜ 顧客は何を購入しているのか

5-1　顧客と企業の大きなギャップ

　社会そして顧客は常に変化しそして進化しています。インターネットが普及してからはそのスピードが加速化しています。しかし企業やそこで働く人の多くは，ビジネスの生産性を上げ，より多くの利益を獲得するために，過去投資

したものをより効率的に活用し，社会や顧客の変化や進化を避ける傾向があります。企業は，「今，顧客は誰なのか？」「顧客は何を購入しているのか？」を常に新鮮な目で見つめなければなりません。

　これまでも述べてきましたが，顧客はもはやモノを買わなくなってきています。モノとその周辺の情報やサービスがもたらす「顧客経験価値」を購入しています。もし顧客がモノにお金を払ったとしてもそれは，単に顧客の1つのプロセスとして「モノを購入した」だけであって，モノの購入は最終ゴールではありません。しかし多くの企業は毎日，毎月，毎年のモノや一部のサービスつまり商品の「売上」や「利益」に注目します。売上に現れない「購入しなかった顧客」や「購入したが利用していない顧客」「2回目は購入しない顧客」の情報に注意を払う企業はごくまれです。購入した顧客について，それをどう活用し，楽しんだり，利便性を感じたりしているかといった情報を把握している企業も少ないのではないでしょうか。

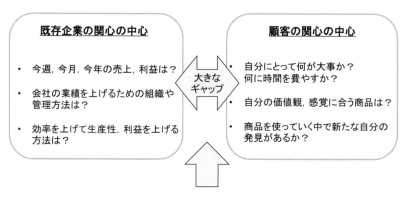

図表1-2　既存企業と顧客の関心のギャップ

　企業の経営トップや部長，マネージャーの仕事の多くは，自社の売上，利益などの企業業績管理などに時間を費やされています。そのため変化する環境の中で，顧客が今そして将来何を購入するのかを把握し，それへの布石を打っている経営トップや管理職は少ないと思われます。そこに企業と顧客との間に極めて大きなギャップが生じているのです。しかしこの既存企業と顧客のギャッ

プはまた，新規参入者の大きなビジネスチャンスとも言えます。

5-2　商品開発の仕事の本質は商品の企画開発ではなく，顧客経験価値のデザイン

　今あなたが商品開発の仕事を担当していて，商品の企画開発そのものだけに注力していたとしたら，将来のビジネスの成長は難しいものとなると思われます。もはや多くの顧客は商品を購入するのではなく，自らが抱える問題，商品の購入前，購入時，購入後・使用中，使用後などのライフサイクルすべてにわたる顧客経験価値を購入していますので，その顧客経験価値そのものを探り，デザインしなければなりません。

　しかし多くの場合は，商品開発の担当者は従来通りの「商品」を求められ，顧客経験価値を調査したり，そのために顧客と場を共有しコミュニケーションしたりする機会を与えられていません。

　もし企業内で顧客経験価値をデザインしたとしても，その実現に必要なモノ，サービスや情報，アプリケーションを外部から調達するのが難しいケースが多く，はじめから顧客経験価値をデザインすることをあきらめている商品開発担当者も多くいると思われます。

　既存企業が顧客経験価値のデザインの必要性に気が付くのは，新規参入企業が，既存企業の販売する商品＝モノを，全く新しい価値を提供するビジネスモデルで参入してきたときです。そのような新規参入を「破壊的参入」と呼びます。多くの破壊的参入はインターネットをベースとしたいわゆるDXにより情報提供やサービスをともなって，新たな顧客経験価値を創造し，ニッチな顧客に提案し，素早くそれを拡大していく傾向が高いと思われます。バーチャルリアリティをはじめとした情報技術，遺伝子治療などのバイオテクノロジーなど，今後も多くの技術イノベーションが起こりますので，それらの技術イノベーションがビジネスモデルイノベーションにつながり，新しい顧客価値が創造され続けることが考えられます。

　このようなことから既存企業も新規参入企業も，成長発展する道は，誰よりも早く新たな顧客経験価値を見出し，普及することにしかありません。その中核的な役割を担うのが商品開発部門であり，開発担当なのです。

5-3 顧客経験価値創造の3つの考え方

これまでも述べてきた通り，顧客経験価値とは，顧客が企業の商品やサービスとのかかわりの中で，実際に感動し，さらには思考し，行動して，より深い関係性が生まれる一連の経験のもたらす価値です。

それは，顧客の購入前，購入時，購入後・使用中，使用後にわたる一連の顧客活動を企業が支援することによって顧客が経験する価値で，商品のみならず，情報提供はじめ企業のさまざまな活動と顧客とのかかわりによって創造されます。

詳しくは第2章で述べますが，コロンビア・ビジネススクールのバーンド・H・シュミット教授は，経験を分類し，企業のマーケティング戦略を構成する要素として活用できるようにするために，認知科学と進化心理学の概念をベースに「5つの戦略的経験価値モジュール，（Strategic Experiential Modules）」を考えました。5つの戦略的経験価値モジュールとは，図表1-3のような，Sense（感覚的経験価値），Feel（情緒的経験価値），Think（価値観的経験価

図表1-3　シュミットの戦略的経験価値モジュール

Relate	顧客の自己実現を達成させるために，顧客の望む集団との関係を経験させること
Act	顧客の肉体に働きかけることにより，顧客の五感，感覚，感情，思考の総合的な経験を引き出すこと
Think	顧客の価値観，思考面に働きかけることにより，顧客の認識，問題解決的などの経験を引き出すこと
Feel	顧客の内面にある感情や気分に訴えかけることにより，情緒的に生み出される経験
Sense	顧客の五感（視覚・聴覚・触覚・味覚・嗅覚）に働きかけることによる審美的な楽しみや，刺激的な経験を引き出すこと

出所：バーンド・H・シュミット『経験価値マーケティング：消費者が「何か」を感じるプラスαの魅力』（嶋村和恵・広瀬盛一訳，ダイヤモンド社，2000年）より引用し，筆者加筆。

16

値），Act（行動的経験価値），Relate（関係的経験価値）の５つです。

　顧客経験価値とは企業の働きかけを通じて，顧客個人の心身内部で起こる事象です。それは「個人的主観的な事象・出来事」であり，外部から観察するのが極めて難しいことです。

　たとえば，企業が提供したある食品が，辛いと感じるか，辛くないと感じるかは，個人それぞれ異なります。その食品のTV広告を見て，楽しいと感じるか，楽しくないと感じるかも異なりますし，どのような行動を起こすのか，その企業や商品ブランドを購入するか個人によって異なります。またその食品を食べた際に起こる身体の変化（行動的経験価値）も人によって異なります。

　しかし，モノがあふれ，物理的には満たされた成熟社会では，この見えにくい人の心身で発生することを見える化し，価値として創造することができるか否かが，ビジネスの成功要因となってきています。

　この顧客の心身で起こる事象をターゲットとした顧客経験価値を企業経営として創造するために，基本的にどのようなことが必要なのでしょうか。詳細な分析手法などは第２章で述べることにして，ここでは企業が顧客経験価値を創造するための３つの考え方を述べたいと思います。

　１つは，**企業として社員の主観を重視すること**です。市場調査，事業戦略計画，業績管理など，企業が活用しているデータのほとんどは，客観的なデータです。その多くは第三者が過去のデータを分析，加工したものです。しかし顧客経験価値で必要なのは，顧客の主観データで，把握するのが困難です。そこで**社員を顧客と見立てた，社員の主観データの把握，分析**が役立ちます。

　しかし，ほとんどの企業は，自社商品，サービスに対する社員の主観データを社内の公式データとしては認めません。そればかりか社員自身が自社商品をあまり利用していない企業もあります。顧客経験価値が重視される状況では，社員も重要な顧客です。顧客経験価値のデータは，自社のバイアスがかかった顧客ではありますが，企業のマーケティング活動を理解した社員だからこそ入手できるものとも言えます。

　社員を顧客と考えるには，その多様な意見を率直に採り入れる会社組織の風土が必要です。社員が自社製品を愛し，自由に意見を言える組織環境づくりが重要です。

図表1-4　社員個人の主観を活かせていないのではないか

一個人の顧客として重視すること　　　　　　企業の社員として重視すること

✓ 好き嫌いなどの自分の好み重視　　◀──▶　✓ 自分の好みでなく会社・上司の方針
✓ 自分らしい生き方を表現したい　　◀──▶　✓ 自分を会社の業務に合わせる
✓ 世の中の流れ, 流行を取り入れたい　◀──▶　✓ 会社, 業態の制約条件が前提
✓ 自分にとっての価値に敏感　　　　◀──▶　✓ 会社の利益, 業績に敏感

　　　　　　顧客視点の主観重視　　　　　　　　会社視点の客観性重視

　　　　　　顧客経験価値を重視　　　　　　　　顧客よりも企業業績を重視

┌─────────────────────────────────────┐
│　　感覚, 感情, 思考などの顧客経験価値重視の時代に,　　│
│　　社員の主観による発想を活かせていないのではないか?　│
└─────────────────────────────────────┘

　2つ目は, **社員が顧客経験価値の発生現場を体験する**ことです。社員は商品企画開発, 製造, 販売などの企業側での活動の体験は豊富と思われますが, 顧客の購入前や購入後に顧客は実際どんなことに悩み, また満足しているかといったことはあまり詳しくないケースが多いと思われます。購入時だけではなく, 購入の前後の顧客経験価値がどんなものかを知ることが, 顧客経験価値を発想する上では重要です。

　購入時も含めた購入前後の顧客経験価値を実際に観察したり, ヒアリングしたりする方法はいくつかあります。第5章「商品企画開発仮説フェーズ」でも紹介しますが, タウンウォッチングや現場観察, ペルソナデザインやカスタマーエクスペリエンスマップなどがそれにあたります。

　いずれの手法も, 社員自らが顧客と信頼関係を作った上で, 顧客とある一定時間を共にし, 社員が自分の感覚, 感情, 思考, 行動, 共感を使って顧客経験価値を把握し, 共感することが重要となります。そのために企業は, 社員が顧客経験価値を直に観察したり聞いたりする時間をある程度確保しなければなりません。

　3つ目は, **顧客とともに顧客経験価値を共創する仕組みをもつ**ことです。顧客経験価値とはそもそも, 企業が提供するさまざまな商品, サービス, 情報と

いった刺激に対して，何らかの主観的な感覚，感情を感じ，価値観を持ち，行動し，関係していくことです。したがって，顧客経験価値は企業活動とともに発生するものです。それはワンウェイの活動ではなく，顧客と企業の相互のコミュニケーションであり，そこから作り出される共創活動であると言えます。自動車や家電などの製造業でも，飲食店やスポーツクラブなどのサービス業でも顧客経験価値は顧客と企業の共創活動です。

　またDXが普及することでその共創活動が可能となってきました。問題は，企業が，顧客と共創するという考え方を持って行動しているかです。商品の詳しい知識を持つのは企業で，顧客は知識がないから共創などあり得ない，などと考えていては，社会から取り残されてしまいます。マサチューセッツ工科大学のエリック・フォン・ヒッペル教授は2000年代初めに「ユーザーイノベーション」という概念を紹介しました。イノベーションの起点を企業内部だけでなく，顧客にするという考えです。

　ビジネスの歴史の中で，唯一変わらないこと，「市場環境の変化とその変化をいち早くとらえ，商品を準備した企業が勝ち残ること」です。現代の最も重要な市場の変化の1つに「顧客経験価値経済」へのシフトが挙げられます。この「顧客経験価値経済」へのシフトは，経済・社会の発展にともなって人の欲求がより高次元にシフトすることから起こる現象です。心理学者のマズローの五段階欲求説で言えば，生理的欲求や安全欲求の低次の欲求は満たされ，社会的欲求，承認欲求，そして自己実現欲求などの高次の欲求へとシフトしていることを意味します。

　この「顧客経験価値」は，顧客の感覚，感情，思考，行動など主観をベースにしており，外部からはとらえにくいと従来は考えられていました。しかし近年，DXの普及・発展や，認知心理学，進化心理学，脳科学などの発展により，顧客経験価値は定量的に把握できるようになってきました。

　「顧客経験価値経済」へシフトする上での問題は既存企業の考え方です。多くの既存企業は，工業化時代に経営基盤を構築したためか，生産性中心または企業業績中心経営となりがちで，顧客経験価値の発想とは正反対に位置することが多いのです。そこで重要なのは，社員です。自社の社員を顧客と見立て，

活用し，その商品の選択，購買，利用，買い替えまでの顧客経験価値ライフサイクルを体験させることで，多様な社員の主観から顧客経験価値を分析，推測することが可能になります。そのためにも，企業は，多様な社員の主観を重視し，自社商品に対して自由に意見，アイデアが言える組織風土づくりが重要なのです。

第**2**章

コトづくりのための
「顧客経験価値」の理解

1 | 「商品」の定義はハードの機能に偏っている

コンサルティングの仕事で欧米の競合企業のベンチマーク比較を行うと，日本企業は技術や商品機能では競合と同格，場合によっては勝っていることもあるのですが，売上やシェアにおいて大差で負け，利益ではさらに大きく引き離されていることが少なくありません。それは素材，部品，完成品など業種業態にかかわらず同じような傾向です。

業績で大きく負けている原因は，日本企業と欧米企業の販売している「商品」の定義の違いにあると思われます。日本企業の商品の定義は，基本的にハードの機能ですが，優れた業績をあげる欧米企業の商品の定義は，ハードの機能に加え，顧客の選択・購入，メンテナンスなど商品購入後のサポート，業務を止めることなく新商品と交換できることなど，サービスや情報提供が含まれています。それらのサービスや情報提供がインターネットのプラットフォームを通じて提供されていて，顧客がオンラインでアクセスできるようになっています。さらに顧客と長期的な関係を構築するために，ブランド戦略を重視し，企業としてのパーパスを明確に打ち出し，それが実感できる象徴的なハードやサービスを徹底強化しています。

欧米のトップ企業とかなりの業績の差が出ているにもかかわらず，なぜ日本企業の商品の定義はハードの機能に偏ったままなのでしょうか。それにはいくつか原因があると思います。

1つ目の原因は，**そもそも商品開発のターゲットが，技術開発とそれによるハードの機能に特化したものである**ことが挙げられます。情報提供や顧客ソリューションなどのサービスは開発ターゲットに含まれていないことが多いのです。その結果，開発された商品はハードの機能が中心となってしまいます。

　2つ目の原因は，**組織構造**にあります。日本企業多くは，商品開発部門は技術とそれによるハード機能の開発が主業務で，情報提供や顧客ソリューションなどのサービスの企画は営業部門の中の販売促進が担当であることがほとんどです。しかもその販促担当者の業務はすでに開発された商品のプロモーションが中心で，顧客の問題に踏みこんだ情報提供や顧客ソリューションなどのサービスなどは含まれていません。また，それらを企画開発する権限も予算も与えられていません。さらに営業部門が，事業部門と切り離されて独立している場合もあり，その場合営業部門の声は事業部門とそこに所属する商品開発部門には届きにくい傾向があり，ハードの機能中心の開発を変えにくくしている原因ともなっています。

　3つ目の原因は，**「業界区分」の概念**です。「業界」とは古い産業であれば第二次世界大戦前に政府が産業の統制のために区分した定義です。企業はこの「業界」の区分概念と国が定めた業界の法律や制度に縛られ，過去の商品の定義から脱しきれなくなっているのではないでしょうか。

　商品の定義がハードの機能に偏っていることによる，日本企業の市場シェアダウンとその損失は少なくないと思います。シェアダウンの要因を具体的に考えると，欧米の同業によるものと，ネットベンチャーを含めた異業種参入によるもの，さらには中国や新興国のハードの低価格戦略によるものなどです。

　シェアダウンのリスクは今後ますます拡大すると考えられます。その理由は，B2B，B2Cにかかわらず顧客がハードを買うことからシェアリングやサブスクリプション，リカーリングなどの利用型のスタイルに変化していくことや，それらを後押しするDXが普及していくことなどです。日本企業が顧客視点で商品の定義そのものを変えることは，大変重要で急務なのです。

2 | 強みを生かした「コトづくり」への進化ができないか

　多くの日本企業の「商品」の定義がハードの機能に偏っていると述べましたが，では日本企業のモノづくり精神が間違っているのかと聞かれたら，「モノづくりこそ世界に通用する強みである」と私は答えます。ただ，その範囲をもっと自由に変えていこうと呼びかけたいのです。

　モノづくり精神を受け継いだと感じられる言葉に「コトづくり」があり，近年多くの会社で「モノづくり」から「コトづくり」ということが言われています。実態が伴っているかは別として日本人の徹底して客の立場に立つ精神を，モノを超えて情報提供やサービス（＝コト）にまで拡張するという意味が含まれた，よい概念だと思います。他に，モノのストーリー性を掘り起こし訴求しようという「モノがたり」などといった言葉もあります。

　私の考えでは，「コトづくり」こそ「顧客経験価値」そのものです。日本と欧米では文化が異なりますので，欧米から発信された顧客経験価値（Customer Experience Value）という概念のとらえ方には多少違いがありますが，日本のモノづくりにも顧客経験価値は存在します。モノを購入して使った際に，顧客の感覚，感情がこれまでと異なる特別なものとなり，その体験から，予想できない成果が生まれることは珍しくありません。

　伝統工芸品だけでなく，アパレル，家具，自動車，カメラ，時計といった工業製品でも世界中の人を魅了しているモノはたくさん存在します。あくまで私の意見ですが，日本人が考える「コトづくり」とは，提供者側と顧客の関係そのものです。

　たとえば，能やお茶などの日本を代表する文化は，提供者側と顧客の共同作業で生まれた独自の雰囲気，精神性を楽しむといった考え方があります。鉄道オタクの「鉄ちゃん」やアニメファンなども，提供者側と顧客が場を共にして，新たな世界観を創発しています。このような現状を「商品に顧客が参入していく」と呼んでいます。

　日本のサービス業の「おもてなし」も同様な世界観で，サービスを提供する

ほうと受けるほうの心の交流が「最高の経験」となって互いの心に残っていくという発想ではないでしょうか。欧米発の顧客経験価値も，スタート地点は提供者側と受ける側との区別がはっきりしていますが，究極では日本と同じ，顧客との場の共有と共創になると思います。

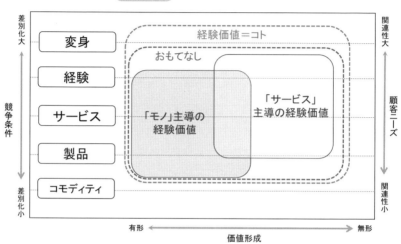

図表2-1　コトビジネスの領域

（出所）B.J. パインⅡ世・J.H. ギルモア著『［新訳］経験経済』（岡本慶一・小高尚子監訳，ダイヤモンド社，2005年）をもとに作成。

　日本企業の顧客経験価値は得意なモノづくりを起点にし，「おもてなし」「コトづくり」に発展していくのではないかと思います。

　ここで私が提案したいのは，日本企業は，独自の強みであるモノづくりそして「おもてなし」「コトづくり」の精神をしっかりと持ち，また自信と勇気をもって「商品」の定義を見直してほしいということです。まずは相手を思いやる精神と行動を大事にし，そこから顧客経験価値の議論，その実現手段としての情報，サービスそしてエコシステム・ビジネスモデルを考えてみましょう。

3 | 「おもてなし」「コトづくり」の精神を起点にした「商品」の定義

　それでは，日本社会の強みである「おもてなし」「コトづくり」の精神を起点にした「商品」とはどのような構造なのでしょうか。

　その起点は，提供者側である企業と顧客側が互いにかかわることで生まれる独自の意味を創り出すことです。独自の意味とは，個人でいえば生きがいや自分価値観の実現，企業でいえばビジョンや戦略の実現です。いずれも社会にとって存在価値のあるものでなくてはなりません。短期的に儲かるとか，ライバルに対して競争優位に立てるという発想だけを起点にするべきではありません。あくまでも互いがどのような意味を創り出し共有したかという点を理念として持つことが重要です。

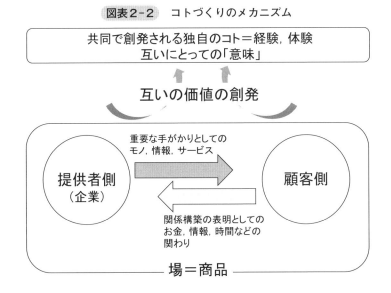

図表2-2　コトづくりのメカニズム

共同で創発される独自のコト＝経験，体験
互いにとっての「意味」

互いの価値の創発

重要な手がかりとしての
モノ，情報，サービス

提供者側
（企業）

顧客側

関係構築の表明としての
お金，情報，時間などの
関わり

場＝商品

　その上で，提供者側は，顧客にとって必要な情報，サービス，モノなどを提供します。しかしそれは顧客にとっての手がかりであり，きっかけです。しかし顧客にとってそれはとても重要です。顧客はその情報，サービス，モノなど

を使って，自分の夢，願いを達成するように努力します。その過程でやり取りされる情報は，次に提供される情報，サービス，モノに反映され，互いがワンランク成長していきます。

　図表2-2は，提供者である企業と顧客との関係をわかりやすいように，シンプルに1対1で描いていますが，実際は提供者側にさまざまな関係する企業や商品が存在し，また顧客側にも，顧客同士のネットワークや顧客が別の場面で利用している商品がつながっているといった複雑な状況になっていると思われます。このような状況は，結果的にエコシステムやビジネスモデルといわれているようなものになっています。

　これまでのことをまとめてみると，**商品とは，提供者と顧客の双方が，独自の顧客経験価値を創造するための「場」である**といえます。日本企業の多くは，「おもてなし」ということばにも表れているとおり，常に顧客を敬い，お困りごとを解決することに全力で取り組んできています。その精神が企業の基盤にあれば，自社の商品を，単なる物理的な機能を提供するだけではなく，顧客の感覚，感情，思考，行動など精神的な満足を伴った顧客経験価値創造の主役にすることも可能なはずです。

4 | 商品開発にとってなぜビジネスモデルが重要なのか

4-1　コトづくりのための商品開発にとって何が必要か

　私たちは今，「わが社の商品」とは何かという根本的な問いに対する答えを考えなければなりません。前述のとおり，商品は単純なハードやサービスではなく，顧客との関係の中で発生するすべてのことが含まれます。顧客の問題の分析，顧客のあるべき姿の提示，何を購入するべきかといった選択に資する購入前の情報提供，コンサルテーションや，購入後の商品の利用方法，性能を引き出すための知識，スキル，故障した場合の解決方法，故障中の代替商品の手配，顧客同士の顧客と企業の情報交換，交流など多くのことが必要です。

　さらには役目を終えた商品の廃棄，環境配慮，次の商品の検討なども外せま

せん。また，前述のように顧客やパートナーとの共創の仕組みも組み込まれていなければならないでしょう。このように商品には物理的な機能だけではなく，実にさまざまなデータ，情報，人的／機械的な動作を伴ったサービス，そして，パートナーとの共創の仕組みが必要なのです。

　前にも述べたとおり多くの企業の場合，このような情報やサービス，仕組みの企画は，商品の定義に入っていないことがほとんどです。商品が開発された後で，営業企画，販売促進，顧客サービス部門といった商品開発部門以外の組織が企画し，実行します。したがって，顧客にとって情報やサービスが既存の商品（ハードや単純なサービス）よりも重要なケースであっても，情報やサービスが商品企画段階で優先的に検討されることはありません。その結果「商品」の範囲は極めて限定されたものとなり，顧客や市場との間に大きなギャップが生まれることになっているのでしょう。そのツケが，売上維持につなげるための無理なコストダウンや利益を無視した乱売，商品数の増加となるのです。

　このようなことを防ぐには，商品の概念を，ハードや単純なサービスだけでなく，情報や付加価値サービス，仕組みにまで広げ，ビジネスモデルを企画することに変えなければいけません。

4-2　ビジネスモデルとは何か

　「ビジネスモデル」は，日本語にすると「収益構造」と訳されます。ビジネスモデル企画とはまさに「構造」つまりシステムを設計することです。ビジネスモデルのゴールは，継続的な顧客経験価値の提供です。求められる顧客経験価値を実現するために必要な，ハード，データ，情報，人／機械の動作をともなったサービス，保険・保証などが1つのシステムとして組み込まれ，作動し，顧客経験価値が提供され続けます。このシステムを設計することがビジネスモデル企画です。

　ビジネスモデルは，自社だけで完結することはほぼありません。顧客は当然のこと，顧客の顧客や，業界内外のさまざまなパートナーとの連携が必須となります。また，モノや単純なサービスの販売だけを考えるのではなく，顧客やパートナー間に流通する情報や知識，ノウハウの流れを注視し，ビジネスモデルに組み込まなければなりません。さらにその情報や知識，ノウハウが自社や

他のパートナーのコア・コンピタンスにフィードバックされるようになっている必要があります。

　このビジネスモデルは，1つのシステムですが，時間の経過とともに，進化していく必要があります。システム自体が外部のビジネスモデルとの接点から刺激を受け，学習・進化しなければなりません。自社のビジネスモデルは外部のビジネスモデルと連動し，大きなビジネスモデルを作ります。このような仕組みを「エコシステム」と呼んでいます。日本語に訳すと「産業生態系」となるでしょうか。つまり，**ビジネスモデルはエコシステムなどの外部の変化，変動を取り込むオープン系でなければならないのです。**

4-3　商品開発の仕事の中でビジネスモデル企画を阻害することは何か

　日本だけでなく欧米や中国，アジアの新興国でも，伝統的な製造業やサービス業において，商品開発の仕事の真ん中にビジネスモデル企画を取り込むのは難しいことでしょう。

　商品開発の仕事の中でビジネスモデル企画を阻害することはどのようなことでしょうか。

（1）商品開発業務の範囲がハードの企画に限定されていて視野が狭い

　まず商品開発の業務範囲が問題です。ハードの企画に限定されているのです。前にも述べましたが，差別化された顧客経験価値を創り出すのに情報やサービスが重要であるにもかかわらず，それらが後付けになってかつ別の部署で企画されていることです。その結果，多くは価格競争になってしまいます。この問題は，商品の利益責任の曖昧さが原因になっていることが少なくありません。プロダクトマネージャーが不在であったり，存在していても名ばかりで，権限も責任もあいまいだったりということです。商品の利益に責任を持つプロダクトマネージャーが存在すれば，商品にかかわる情報やサービスにも注意が払われるはずです。

（2）商品を上市することがゴールで，その後を見ていない，見る余裕もない

　多くの企業の商品開発担当は多忙です。なぜなら商品アイテム数が能力以上に多く，売上が新製品（マイナーチェンジも含め）に依存しているからです。そのような状況では，商品開発担当は，商品を市場に出すことがゴールとなり，上市後の状況はほとんど見ていない場合も少なくありません。ある飲料メーカーの商品開発担当者は「商品開発はタッチ＆ゴーです。電車の改札のように後ろを振り返ってはいけません」と自嘲しておしゃっていました。

　自社商品の社員モニターすら行っていない会社も多いのではないでしょうか。開発した商品がどのように使用され，どのような顧客経験価値を生み出しているのかを実感できていないまま，次の商品開発に追われています。したがって，「顧客経験価値を生み出すビジネスモデル」といったシステムまでは考える余裕がありません。

（3）アライアンスすべき外部パートナーを知らない，関心がない

　ハードや単純なサービスを商品として定義している場合は，たいがい商品をつくるためのバリューチェーンすべてを自社で完結しています。したがって外部とのパートナーシップで仕事をする習慣がなく，外部パートナーとの接触もほとんどありません。革新的な顧客経験価値の実現のためには，自社の商品，サービスだけでなく，関連する商品・サービスを保有する外部パートナーは必須ですし，外部パートナーによって自社の商品も拡大していきます。

　革新的な顧客経験価値は，外部パートナーとのコミュニケーションの過程で生まれてくることも少なくありません。外部パートナー候補企業と絶えず接触を持っておくことが大事ですが，多くの企業はそのようなことは無駄と考えてしまい，接触機会すらないこともあります。

　時に外部パートナーを交え商品やビジネスモデルを企画する機会があっても，自社でなんでもやろうとする意識が強くなってしまい，うまくコラボレーションできません。またコラボレーションするにあたって自社の情報を開示していなかったり，開示範囲が不明確だったりして話が進まないことが少なくありません。経営トップの考えや企業体質として外部パートナーとコラボレーションするという意識が乏しいからです。

（4）情報，ノウハウ，知識の流れに注意を払わない

　ビジネスモデル企画においては，顧客，パートナー，自社などの参加プレイヤー間を流れる情報，ノウハウ，知識が重要です。このことを重視する経営者や企画担当者はまだ少ないと思います。どうしても自社のハード，サービスなどの商品そのものに視点が行きがちだからです。

　しかし，各種ネットビジネス，シェアリングエコノミーなど，成長著しいビジネスはすべて，情報，ノウハウ，知識の流れを活用したものです。自動車，住宅，食品などこれまでハード中心であった産業も，情報，ノウハウ，知識の流れが重要となっています。

　自社に有利な情報，ノウハウ，知識をフィードバックさせることは，自社の中核的強みであるコア・コンピタンスを強化し，商品の顧客経験価値の独自性を高めてくれます。同時にコア・コンピタンスが強化されればパートナー企業への交渉力もアップします。

（5）情報技術活用に苦手意識がある。成功体験がない

　多くの企業は情報技術を生産性やコストダウンのみに活用し，その投資の回収ができているとは思えません。たとえばDXの本質は，デジタル化によってビジネスや経営そのものの競争力を高めようというものですが現実は過去の「ICT化推進」と変わらないことが多いと思います。つまり，ビジネスモデル戦略を企画構想し，それを実現させるためにビジネスの中核に情報技術を据えるという発想が乏しいからです。

　DXを単なる流行語だと思っていては市場競争についていけないでしょう。部材，素材産業，部品，コンポーネント，各種サービス業すべてがインターネット上でビジネス展開されることで，デジタルによる異業種連携が進み，ビジネスモデルや顧客経験価値は大きく変わります。

（6）変化よりも安定を志向する

　ビジネスモデルやエコシステムを前提とした商品開発では，社内外が常に変化することを原動力として常に進化成長することを，競争のポイントにしています。しかしモノや単純なサービスでは，自社完結型でビジネスを行っている

こともあり，どうしても「高い品質の商品を安定供給する」ことだけに目が行きがちです。顧客やパートナーの変化や進化を取り込み，競争優位に立つという意識がありません。経営トップや働く人も同じで，周りの変化を他社よりも先取りする意識が薄いように思われます。

　こういった意識や思考，行動などの組織風土もまたビジネスモデルといった概念を持ちにくくする原因となっています。現在の高い品質モノづくりやサービスは強化し，変化を積極的にとりいれる成功体験が少しでも得られれば，ビジネスモデル企画もできるようになるでしょう。

5 | 商品開発は誰の仕事か？　むしろあいまいな位置づけでよい

5-1　商品開発の上手い会社と下手な会社の違い

　仕事柄さまざまな業種の企業を訪問して感じるのは，商品開発が上手い会社と下手な会社の違いです。商品開発が上手い会社が戦略フレームワークを使いこなし，MBA経営的な商品マネジメントを行っているということではありま

図表2-3　コンサルティングの現場で感じた商品開発が上手い会社と下手な会社の違い

商品開発が上手い会社	商品開発が下手な会社
・自社商品を家族や知り合いに勧める	・自社商品を家族や知り合いに勧めない
・顧客との直接対話，情報共有	・顧客への一方的な情報伝達
・自社らしさ，個性重視	・市場への適合重視
・顧客との関係，プロセス重視	・売上，シェアなどの結果重視
・商品企画開発は部門を超えた関わり	・商品企画開発は担当者任せ
・新商品は継続し改善，修正する	・新商品の改善，修正が少ない

せん。商品開発が上手い会社は，何か独自の文化のようなものが流れていて，決して論理的観点ばかりから判断しているのではなく，時には儲けにつながらないこともたくさん行っています。

　以下，いくつかの観点で，商品開発の上手い会社と下手な会社を比べてみましょう。

（1）商品開発の上手い会社は自社商品を家族や知り合いに勧める

　商品開発の上手い会社は常に自社商品を家族や知り合いに勧めます。下手な会社は自社商品を家族や知り合いに勧めません。家族や知り合いに商品を勧めるのは，決して商品のできが良い時だけではありません。できが悪い時も勧めます。その結果，文句を言われたりすることもありますが，それを乗り越えようと苦笑しながらもさまざまな努力をします。

　しかし商品開発が下手な会社は，自社商品を周りに勧めることをしませんし，その結果苦情を受けることもありません。社員という立場と商品を切り離して距離を置く，冷たい関係です。

（2）商品開発の上手い会社は顧客との直接対話，共有に熱心

　私の主催する異業種研修に，ある飲料メーカーから数名が参加されたことがあります。彼らは，時間があれば他社の研修生に自社商品について熱心に説明していました。講師の私に対しても，商品に関する意見や感想を求めてきました。それもその飲料メーカーの研修生全員が，です。研修生は商品開発担当者だけでなく，営業担当もいれば，生産担当もいました。その飲料メーカーの社員は自社商品の良さを自分の言葉で直接伝え，顧客の感想を直接聞きだすことを習慣にし，楽しみにさえしています。そうすることで，何か目に見えない強いエネルギーを得ているようでした。

　一方，商品開発が下手な会社は，テレビ，雑誌などの媒体での一方的な宣伝に依存する傾向が強いように感じます。消費者の反応も広告代理店や市場調査会社の調査結果に依存しています。ある一部門の一担当だけが顧客の声を聴き，分析してまとめて関係部署に報告する形式が多いのです。確かに効率的ですが，加工されたデータからは顧客の商品に対する生きた実感は感じとれません。

（3）商品開発が上手い会社は，自社らしさ，個性を重視する

　商品開発が上手い会社は，自社らしさ，個性といった内的なものを重視します。商品開発が下手な会社は，内的なものよりも市場での競合を過度に意識し市場への適合を重視します。その結果，競合と似たような平均的な商品を二番煎じで出すことが多くなり，独自性が薄まり，価格競争に陥りがちです。自社らしさや個性とは，企業のフィロソフィーでありブランドです。顧客は商品を通じて独自の経験を楽しみたいのです。

　自社らしさ，個性とは，顧客との対話や経験の共有の中の互いの感覚，感情，思考などから見いだされ，互いに育てていくものであり，市場調査の平均値などからは生まれません。

（4）商品開発が上手い会社は，顧客との関係，プロセスを重視する

　商品開発が上手い会社は，顧客との関係，プロセスを重視しますが，商品開発が下手な会社は，売上やシェアなどの業績結果重視です。もちろん商品開発が上手い会社も業績結果も重視しますが，それは顧客との関係，プロセスへの努力によって最終的に生まれた成果の一部と考えます。業績結果を重視しすぎると，顧客の満足がおろそかになる可能性があります。自分が顧客の立場で考えるとよくわかるでしょう。

（5）商品開発が上手い会社は，部門を超えた商品企画開発を行う

　商品開発が上手い会社は，商品開発を担当部門，担当者任せにせずに部門を超えた商品開発を行います。研究開発，開発，生産，営業，顧客サポート，総務，経理，法務・知財などさまざまな部門が関わります。もっとわかりやすく言えば，商品開発に誰でも口を出せます。

　商品開発が下手な会社は，商品開発が聖域扱いだったり，あるいは孤立していて他の部門の人が口を出しにくかったりします。商品開発が成功するかしないかの責任は，商品開発部門とその担当者だけに集中します。しかしこれはとてもおかしな話です。

　現在，商品とは，モノや単純なサービスだけでなく，情報提供や周辺のサービス，それを創り出す仕組みやビジネスモデルも含まれるとすれば，商品開発

は一部門，一担当だけの仕事ではないはずです。

（6）商品開発が上手い会社は，一度出した商品の継続した改善，修正を行う

　商品開発が上手い会社は，一度出した商品の継続した改善，修正を行いますが，商品開発が下手な会社は，出しっぱなしのことが多いように見受けられます。商品開発が上手い会社には，商品上市の背景に，思いや理念などが存在し，その軸をしっかり持った上で，継続して商品を改善，修正します。商品は企業理念の重要な表現と考えているのでしょう。それが顧客の期待値となりブランドとなっていくのです。

　商品開発の上手い会社は，顧客からのフィードバックを日々リアルタイムに受け，改善テーマが常に明確になる仕組みを持っています。

5-2　商品開発はかかわる社内外すべての人・組織の仕事

　商品開発は誰の仕事でしょうか。かつては担当する部門があって，周りの素人が口を出しにくい一種の専門集団でした。確かに商品開発には，専門知識や，技術，スキルが必要です。しかし商品の本質はモノやサービスの機能ではなく，それを使用する顧客の感覚，感情，思考，などの顧客経験価値です。特にB2Cの消費財の場合，顧客経験価値はあくまでも主観です。B2Bの生産財であっても，作られる商品が消費財に近ければ，主観としての顧客の経験価値が重視されます。

　そういった顧客経験価値を把握するには，社員の力を借りることが必須なはずです。社員を分業された一業務だけに従事させることは，人を活かしていることになりません。

　また顧客経験価値とは，顧客と会社，具体的には社員とのさまざまなコミュニケーションで生まれてくるものです。商品の購入，利用を通じて顧客も経験しますが，供給する側の企業の社員もまた商品企画，広告，販売，アフターサービスなどを通じて経験します。その相互のやり取りで生まれてくるコトが顧客経験価値です。したがって顧客経験価値を創り出すためには，商品開発部門のみならず，研究開発，生産・物流，営業，総務や経理，法務・知財そしてパート社員，取引先などさまざまな人が関わることが必要です。

商品開発は，社員全員，かかわる社内外のすべての人・組織の仕事であることを認識しなければ，顧客経験価値は作り出せないと認識すべきです。

5-3　改めて商品とは何か

改めて「商品とは何か」を考え直すことが1つの戦略になりえると思えてきます。商品という概念をいくつかの視点で考えると，以下の点が思い浮かびます。

- 商品とは顧客との「つながりの仕組み」
- 商品とは顧客と企業やかかわる人の「学習の場」
- 商品とは顧客と企業の「信頼関係」
- 商品とは「顧客経験価値の創造の場」

消費者が自分の価値観を意識し，それに合った商品を使い，時間を過ごすことで「顧客経験価値」を感じる機会が多くなってくると，企業の「売れればいい」「シェアが高ければいい」といった発想が通用しなくなってくるように思えます。意味のある「失敗」や「試行錯誤」が，魅力的な顧客経験価値や社員の仕事経験価値を生むのです。そうしたトライアル＆エラーが実現できる企業や組織が選ばれる時代になってきたと言えます。

6 ｜ コトづくりのための「顧客経験価値」を理解する

ビジネス・デザイナーの佐々木康裕氏は，「『モノからコトへ』とういったシフトではなく，『コト付きのモノ』という積層にしていくべき」という問題提起をされており[1]，大変印象的です。モノの強みを生かした独自のコト開発の必要性を訴えておられます。結局顧客がお金を支払うのは顧客経験価値であり，そのための「モノ」と「コト」であるべきという考えです。

そのコト開発とは必ずしもモノ開発の延長線にはありません。コト開発は，顧客経験価値開発に直結し，モノ開発とは違うアプローチが必要です。それでは顧客経験価値重視の商品開発とはどのようなものなのでしょうか。以下に述

1　『D2C：「世界観」と「テクノロジー」で勝つブランド戦略』（NewsPicksパブリッシング，2020年）

べていきます。

6-1 顧客経験価値重視の商品開発とは，顧客の個人の感覚，感情，思考，行動，共感に働きかけるものである

　顧客が購入する究極的な目的は何か？　商品の特性にもよりますが，やはり「よく生きる」ことにつながっていることだと思います。それが日用品であれ，住宅や自動車などの高額品であれ，すべては顧客自身が「よく生きる」ことにつながっていなければなりません。豊かになり，マズローの五段階欲求説の上位に位置する社会的欲求，承認欲求，自己実現の欲求などに関連したことが重視されます。

　その際に重要なのは企業のフィロソフィー，世界観です。企業のフィロソフィーや世界観が希薄であったり，顧客の考えと合わなかったりしたら，購入されることが難しくなります。Apple，ディズニーなどはモノやサービスよりも明確な世界観を訴求しています。アウトドアウェア用品を扱うパタゴニアも自然環境保全や地域の伝統文化保護といった考え方を前面に出し，さまざまな活動を行っています。

　顧客は企業のフィロソフィーや世界観から，自分のライフスタイルのあり方を学び，企業が提供するモノやサービスを使って自分のライフスタイルを開発します。

　したがって，これからの企業経営や商品開発ではまず，どのような独自のフィロソフィーや世界観を持つかが勝負となり，記憶に残らないような，うわべだけの経営理念での経営や商品開発では，顧客に相手にされなくなる可能性があります。

6-2 顧客経験価値重視の商品開発とは，ワンウェイではなく双方向コミュニケーションである

　顧客経験価値重視の商品開発では，企業と顧客はパートナー関係と考えます。言わば友だちのような関係でなければなりません。マスメディアで集中的に情報を流し，広く流通に商品を並べ購入を刺激する方法はコストが高くつくだけでなく，顧客の情報が入らず，また顧客と企業のコミュニケーションによる新

たな発想が生まれることはありません。B2Bでも顧客とのコミュニケーションは売り込みのための営業とクレーム対応だけという企業も未だ少なくありません。

　顧客経験価値重視の商品開発では，企業と顧客の壁を壊し，SNSや店舗をコミュニケーションツールとして活用し，自由でクリエイティブな会話を気軽にします。常に商品が顧客と寄り添って，フィロソフィーや世界観を共有し，新たな商品開発の要素を創造します。

6-3　顧客経験価値重視の商品開発とは，顧客との継続した関係の中で行われる

　顧客経験価値重視の商品開発は，顧客との信頼関係を重視し，顧客との継続した関係の中で行われます。顧客との継続した関係構築のためには，常に顧客のおかれた状況とニーズを把握し，適切なものを提供しなければなりません。そのためには，商品の物理的な機能だけでなく，購入前から使用後における顧客の感覚，感情，思考，行動，共感などの顧客経験価値を高める開発が必要とされます。

　靴，カバン，ノートなどの身の回りの商品やスマートフォンをはじめとする電子機器やアプリでも，長く使い続けるものは，商品の機能の高さだけでなく，購入前から使用後まで快適で，便利でさらに精神的に前向きになれる要素を提供してくれます。それが結果として「ブランド」となり，長期間使い続けることにつながります。

　つまり長期間愛される商品とは，既存商品の購入前から使用後の顧客経験価値はもとより，新商品や改良品モデルであっても，常に顧客経験価値が意識されているのです。最近アプリケーションはじめクルマや住宅などでもサブスクリプションが普及してきましたが，サブスクリプションモデルは，顧客との継続した関係の中から生み出されたビジネスモデルと言えます。

6-4　シュミットの経験価値モジュール

　これまで述べたとおり，企業が顧客経験価値を生み出すためには，独自のフィロソフィーや世界観を持ち，企業と顧客の壁を壊し，顧客と友人のような

関係を，長期間にわたって構築できるかが問われています。では顧客経験価値とは具体的にどのようなものなのでしょうか。著者もこれまで，いくつかのフレームワークを使用してきましたが，最もフィットするのはコロンビア大学ビジネススクールのバーンド・H・シュミット教授が提唱する経験価値モジュールです。

図表2-4　シュミットの戦略的経験価値モジュール（再掲）

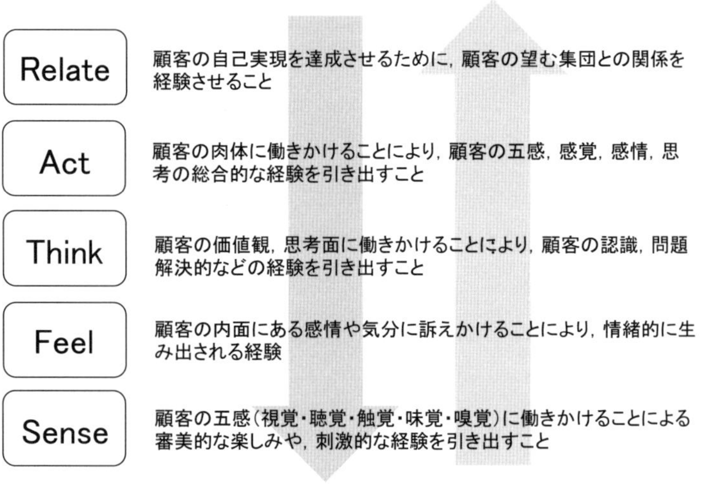

Relate　顧客の自己実現を達成させるために，顧客の望む集団との関係を経験させること

Act　顧客の肉体に働きかけることにより，顧客の五感，感覚，感情，思考の総合的な経験を引き出すこと

Think　顧客の価値観，思考面に働きかけることにより，顧客の認識，問題解決的などの経験を引き出すこと

Feel　顧客の内面にある感情や気分に訴えかけることにより，情緒的に生み出される経験

Sense　顧客の五感（視覚・聴覚・触覚・味覚・嗅覚）に働きかけることによる審美的な楽しみや，刺激的な経験を引き出すこと

出所：バーンド・H・シュミット『経験価値マーケティング：消費者が「何か」を感じるプラスαの魅力』（嶋村和恵・広瀬盛一訳，ダイヤモンド社，2000年）より引用し，筆者加筆。

　シュミットの経験価値モジュールは，認知心理学をベースに経験価値をマーケティングに応用したものです。

① Sense（感覚的経験価値）

　顧客の五感（視覚・聴覚・触覚・味覚・嗅覚）に働きかけることによる審美的な楽しみや，刺激的な経験を引き出すことです。たとえばペットボトル入りの冷たい緑茶であれば，飲んだときの冷涼感や日本茶のほどよい苦みや香り，ペットボトルのデザインからくる和風で落ち着いた感覚などです。

② Feel（感情的経験価値）

　顧客の内面にある感情や気分に訴えかけることにより，情緒的に生み出される経験です。ペットボトルの緑茶を飲んだ際に，先ほどのような感覚から結果的に落ち着いた感情，ほっとした感情，冷静な感情などが生まれるといったことです。

③ Think（思考的経験価値）

　顧客の価値観，思考面に働きかけることにより，顧客の認識，問題解決などの経験を引き出すことです。ペットボトルの緑茶の例でいえば，お茶を飲むことで，自分らしく冷静な思考をしようと考えたり，物事を素直に受け入れようと考えたりすることです。

④ Act（行動的経験価値）

　顧客の肉体に働きかけることにより，顧客の五感，感覚，感情，思考などの総合的な経験を引き出すことです。ペットボトルの緑茶の例で説明すると，お茶をよりおいしく感じる和菓子を一緒に食べるとか，正座をしてより心を静かにするなどといったことです。

⑤ Relate（共感的経験価値）

　顧客の自己実現を達成させるために，顧客の望む集団，組織との関係を経験させることです。簡単にいえば憧れの仲間になることです。

　ペットボトルの緑茶の例でいえば，メーカーが広告で起用する芸能人のようなライフスタイルを共有することや「和の伝統を重んじる」価値観をだれかと共有することなどです。

6-5　顧客経験価値とは

　5つの顧客経験価値モジュールは，単独で存在していません。SenseはFeelに，SenseやFeelはThinkに，ThinkはActやRelateに相互関係しています。またその反対に上位のActやRelateがSenseやFeelをつくり出すこともあります。したがって，各経験価値モジュールの相互関係を何らかの方法で分析し，主な

関係を把握し，商品に反映させることが必要となります。

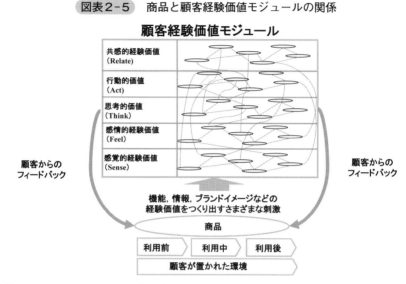

図表2-5　商品と顧客経験価値モジュールの関係

出所：バーンド・H・シュミット『経験価値マーケティング：消費者が「何か」を感じるプラス α の
魅力』（嶋村和恵・広瀬盛一訳，ダイヤモンド社，2000年）より引用し，筆者加筆。

　顧客経験価値は商品価値とは異なります。顧客経験価値とは，商品そのもの
の持つ機能や情報，ブランドイメージなど，商品と商品に関連する人，モノ，
情報，そして顧客が置かれた環境が生み出す刺激によって生まれます。
　顧客経験価値は，顧客が商品に関する情報収集，選択などの商品利用前と，
購入後，利用中，そして利用後の保管，修理，廃棄，買い換えなどといったよ
うに時間の経過とともに発生するものです。そしてその顧客経験価値はあくま
でも個人的で主観的なもの，いわば心の動きで，外部から観察できるのはごく
一部です。

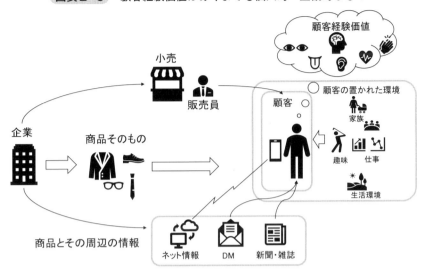

図表2-6 顧客経験価値はあくまでも個人的・主観的なもの

6-6 売り手視点の「顧客提供価値」「商品価値」,顧客個人視点の「顧客経験価値」

「顧客経験価値」を理解すると,これまで私たちが使ってきた「顧客提供価値」「商品価値」という概念は,売り手の視点が強かったことに気がつきます。「顧客提供価値」は企業が顧客に「提供する」価値であり,商品価値は,商品そのものに関する平均的顧客の価値であったのではないでしょうか。「顧客経験価値」は,商品とその周辺の刺激から発生する,それぞれの顧客の主観的な感覚,感情,思考,行動,共感などです。

このように商品は顧客経験価値をつくり出す多くの中の1つの刺激の手段であり,顧客経験価値とはあくまでも顧客の個人的,主観的なできごとであることがわかります。顧客経験価値が注目されてきているのは「個人的」「主観的」なものが重視されている表れだと思われます。別の言い方をすれば「パーソナライゼーション」の時代ともいえます。

7 | 「顧客経験価値」の基本構造を理解する

　顧客経験価値の概要がおおよそ理解できたところで，次に顧客経験価値をデザインするために，顧客経験価値と事業活動の関係や，顧客経験価値の基本構造，さらにはその時間軸での変化生成をどう把握するかといったことに関して説明します。

7-1　事業活動と顧客経験価値の生成・変化

　顧客経験価値という考え方では，商品は顧客にとって刺激の一部でしかありません。顧客経験価値は，商品情報，広告はじめ，家族や周りのコミュニティ，経営や事業のフィロソフィーや背景にあるマクロ環境・社会トレンドなど影響因子から生成されます。さらには世の中の動き，社会トレンドや企業が発信するコーポレートブランド，企業戦略などからも影響を受けます。

　たとえばアウトドア向けのアパレルや用品を販売する米国パタゴニアは，地球環境の悪化という社会課題をとらえ，2019年に，パーパスを「私たちは，故郷である地球を救うためにビジネスを営む」に変更しました。そして「Worn Wear（アパレルのリユース事業）」や「リジェネレティブ（環境再生型農業）」「環境配慮型の食品事業」を展開しています。このようなパタゴニアのパーパスの変更や事業革新は，顧客に影響を与え，新たな顧客経験価値を創造し始めています。具体的には，パタゴニアの新品ではなくリユース製品を購入する，これまでなかったパタゴニアの環境配慮型の食品を楽しむことなどです。このようなパタゴニアの顧客経験価値はSNSで共有，拡散され，新たな顧客を獲得したり，購入量を増やしたりしていると推測されます。パタゴニアはビジネスだけでなく，パーパスを達成するために，外部のNPOなどへの寄付，社員や顧客を巻き込んだボランティア活動も推進しており，他社にはない新たな顧客経験価値を生み出しています。

　パタゴニアの例でもわかるとおり，顧客経験価値という考えの中では，商品はその一部でしかなく，**図表2-7**にあるように事業活動を取り巻くさまざまな環境因子の影響を受け生成変化しているのです。

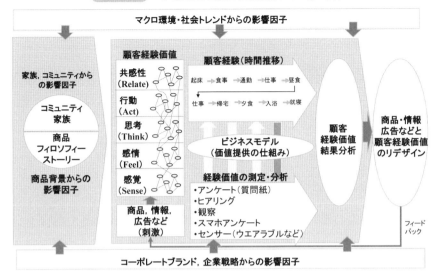

図表2-7 事業活動と顧客経験価値の生成・変化

マクロ環境・社会トレンドからの影響因子

顧客経験価値

共感性
(Relate)

行動
(Act)

思考
(Think)

感情
(Feel)

感覚
(Sense)

家族, コミュニティからの影響因子

コミュニティ
家族

商品
フィロソフィー
ストーリー

商品背景からの
影響因子

商品, 情報
広告など
（刺激）

顧客経験（時間推移）

起床→食事→通勤→仕事→昼食

仕事→帰宅→夕食→入浴→就寝

ビジネスモデル
（価値提供の仕組み）

経験価値の測定・分析
・アンケート（質問紙）
・ヒアリング
・観察
・スマホアンケート
・センサー（ウエアラブルなど）

顧客
経験価値
結果分析

商品・情報
広告などと
顧客経験価値
のリデザイン

フィード
バック

コーポレートブランド, 企業戦略からの影響因子

7-2 そもそも顧客価値とは何か

　ところで私たちは「顧客価値」という言葉を日常よく使っていますが，顧客価値とはどのようなものなのでしょうか。よくあるのが，価値とベネフィットを同義語と捉えているケースです。ベネフィットとは，厳密に言えば，顧客が受け取る便益つまり「得すること」です。価値とは**図表2-8**にあるようにそのベネフィットを得るために負担するさまざまなコストをを割ったものです。

　顧客は常に，商品のベネフィットとコストの両方を考え購入を決定しています。しかし，ベネフィットも商品の機能だけでなく，ブランドイメージやデザイン，使いやすさなど機能そのものではなく，顧客が感じたり考えたりする要素があります。同時にコストも，顧客が支払う金銭的コストだけでなく，ネガティブなイメージや，使うための学習の面倒くささや難しさなどのコストが存在します。

図表2-8　顧客価値の概念モデル

$$顧客価値 = \frac{ベネフィット}{コスト}$$

7-3　顧客経験価値と直接的商品価値に分ける

　そこで顧客価値を大きく2つに分け，顧客経験価値と直接的商品価値に分けて考えます。

　顧客経験価値は，前にも述べたとおりシュミットの5つの経験価値モジュール，つまり感覚（Sense），感情（Feel），思考（Think），行動（Act），共感（Relate）のそれぞれにベネフィットとコストがあると考えます。

　たとえばペットボトル入りの冷たいお茶を飲んだ場合，感覚的ベネフィットとしてはひんやりして清涼感が感じられますが，コストとしては冷たすぎて少し歯にしみたりするコスト（負担）が考えられます。同様に感情としては自然で落ち着いた感情ベネフィットが味わえる一方で，地味で驚きやエキサイティングさに乏しく地味な印象をもつという心理的コスト（負担）が若干生じるかもしれません。思考面では，ベネフィットは「自分らしく，落ち着いて」で，コストは「地味で，活性化されない」，行動面では，ベネフィットが「静かな，動じない」コストは「動きが無い，老けた感じ」，共感ではベネフィットが「相手を受け入れる関係」でコストが「受け身で，消極的」というように，ベネフィットとコストが存在し，経験的コストを上回る経験的ベネフィットが生まれることで，高い顧客経験価値と認識されるのだと考えられます。

　直接的商品価値では，コストは顧客が実際に支払うコストであり，ベネフィットは商品の持つ物理的機能，いわゆるスペックと考えます。実際はこの直接的商品価値が，顧客への1つの刺激として顧客経験価値をつくり出していくと考えられます。

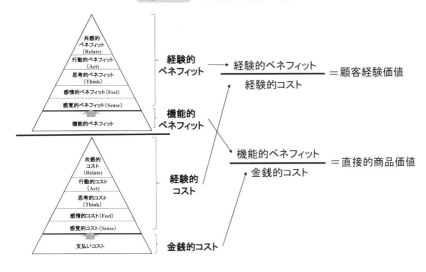

図表2-9　顧客経験価値の構造

7-4　時間的視点でみた顧客経験価値

　顧客経験価値という考え方は本来顧客の時間的視点で考えるべきものです。わかりやすく言うと，使用前，使用中，使用後という時間軸で顧客経験価値は生成・変化していきます。顧客経験価値マーケティングとは，この顧客の時間軸での経験をいかに効果的に開発するかが目的となります。

　使用前には，商品などに関する情報収集，評価・選択，購入手続，支払，受取などのプロセスがあります。使用中には，使用方法の学習，保管・管理，使用行為そのもの，問題解消，返品，故障修理など，使用後には廃棄，売却，リサイクル，買換などがあります。

　ものづくりにだけに目を向けていると，このような顧客の時間軸での経験プロセスには目が届きにくくなります。提供側がモノの断面で考えていても，顧客側は時間軸で考えます。最近普及し始めたサブスクリプション，シェアリングといったビジネスモデルでは，商品の選択後の使用中，使用後がより重要になります。気に入らなければすぐに解約できるからです。価値を時間軸つまり経験価値で見ることが今後は必須となります。

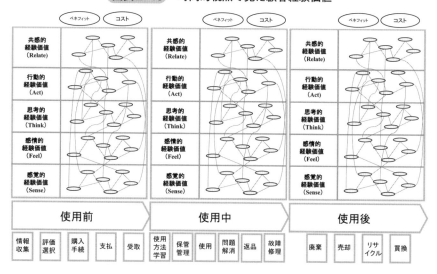

図表2-10　時間的視点で見た顧客経験価値

この時間軸でみた顧客経験価値においても，当然ベネフィットだけでなくコストの視点もいれて分析する必要があります。使用前，使用中，使用後で，コストを超えた独自のベネフィットを生み出せれば，顧客は継続して選択してくれる可能性があります。またコストをコストでなく，ベネフィットに感じさせる訴求方法，仕掛けがあれば，高いベネフィットを創造できます。

7-5　優れた顧客経験価値とは「夢にあふれた顧客の経験ストーリー」である

よく新商品や新事業企画などで，コンセプトやマーケティング戦略には，独自のインパクトあるストーリーが必要だと言われます。ストーリーとは簡単に言えば，さまざまな要素の関連性を時間的な流れや動きで表現したもので，人に意味を与えるものです。

優れた技術で商品スペックをカタログに示しても，顧客にはあまり意味が無いことが多いと思われます。商品や商品を提供する企業や人の背景などから，顧客が自発的に「夢にあふれた顧客の経験ストーリー」を語ってくれるような仕掛けが必要です。顧客経験価値のデザインとは，この「夢にあふれた顧客経験ストーリー」が起こりやすい仕掛けをあらかじめ用意しておくことです。そ

の点で，先述した顧客経験価値のコストは，コストでおわるのではなく，ベネ
フィットに置き換えることがありえますし，世の中の大きなトレンド変化が，
顧客経験価値というストーリーに大きく影響を与えることが十分にあり得ます。

　このように商品企画は「夢にあふれた顧客経験ストーリー」であると考えて
いくと，商品企画というものがとても楽しく，エキサイティングな顧客参加型
の仕事に思えてくるはずです。

第**3**章
顧客経験価値創造のための
商品開発の７つのコンセプト

1 これまでの「商品開発」と「顧客経験価値創造のための商品開発」の違い

　近年のようにネットが普及し，シェアリング，リカーリング，サブスクリプションといった利活用ベースのビジネスモデルが普及すると，顧客は商品そのものではなく，そこで得られる顧客経験価値を購入するようになります。その傾向はB2Cだけでなく，B2Bにおいてもシェアオフィス，クラウドサービスなど急速に拡大しています。しかし多くの日本企業の商品開発は，シーズ・技術をもとにつくり出された商品を起点に，それが適合できる顧客や市場を調査，分析し，販売提供してきています。技術を起点にすること自体は否定されるべきことではないのですが，どうしても思考がモノの機能に偏り，顧客経験価値という考え方からは遠くなってしまう傾向があります。

　そこで顧客経験価値を重視するためには，商品開発の考え方や方法を大きく変えなければなりません。

　図表3-1では，これまでの商品開発と顧客経験価値創造のための商品開発の違いを表しました。図の左側，「**これまでの商品開発**」は，自社のシーズや強みをベースとして自社単独で顧客へ商品を提供する一方向の力が強いといえます。一方，右側の「**顧客経験価値創造の商品開発**」では，社員自らの主観的なイメージも活用し顧客経験価値仮説を立て，自社，顧客，パートナー企業とのオープンなコラボレーションによりその仮説を検証し商品化する双方向力が

強いという大きな違いがわかります。

　これまでの商品開発と顧客経験価値創造の商品開発の違いがわかったとして
も，顧客経験価値創造の商品開発へ組織を変革することは簡単なことではあり
ません。変革のためにはまず，具体的な手法を学ぶ前に，顧客経験価値創造の
商品開発の基本的な考え方＝コンセプトをしっかり理解していただきたいと思
います。

図表3-1　これまでの商品開発と顧客経験価値創造のための商品開発の違い

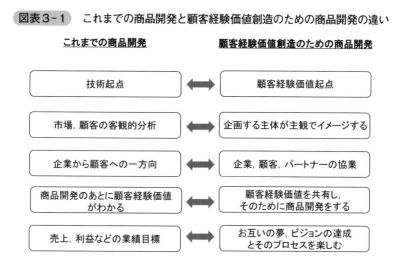

2 ｜ コンセプト1：商品の開発ではなく意味の開発を目指す

　多くの国や地域が豊かになり成熟し，個人の自由がある程度確保されてくれ
ば，個人にとっての「意味」が大変重要になってきます。「意味」とは，働く
意味，休む意味，食べる意味，移動する意味，学ぶ意味，そして生きる意味な
どです。少し抽象的になりますが「意味」とは，部分や一機能ではありません，
各個人の信条，目的，生きがい，夢などを起点に形づくられる文脈（コンテク
スト）であり，ストーリーといってもよいと思います。自分らしさを感じるこ
との要素のネットワークといってもよいかもしれません。

図表3-2は「意味」をイメージしたものですが，顧客経験価値の創造とは
この意味を企画することと言えます。一商品となると人生全体の意味という広
い範囲ではなく，あるカテゴリーの範囲に限定されますが，カテゴリー同士が
結びつけば人生全体の意味の文脈となりえます。

　この「意味を開発する」ということは，皆さんご自身の立場に立って考えみ
るとわかるはずです。自分にとって重要な物事を選択する際には，自分の人生
にとってどのような意味があるかを考えて慎重に選択し，選択したらそれを徹
底的に活かすはずです。

　**商品とは，この意味を刺激し，支援するものでなければなりません。意味の
開発のためには，開発する本人が，自分に関するさまざまな場面での意味を考
えることが重要となります。**難しく考える必要はありませんが，自分やまわり，
社会のために何が重要なのかを考える思考力や行動力が求められます。

　そのためには日頃「誰のため」「何のため」「なぜそれが必要なのか」といっ
た本質的なことを考える習慣を持つようにすることが大切です。日本では，学
生時代から「何のため（Why）」を置き去りにして「どうやるか（How）」を
問う傾向が高いように思われ，企業においても同じように見えます。「何のた

図表3-2　意味とは何か

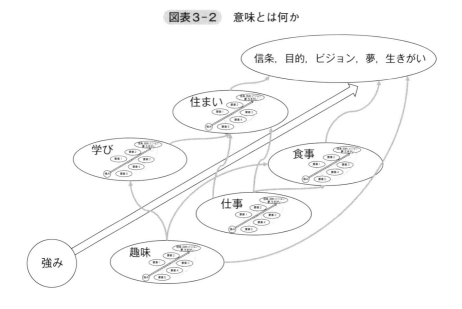

め（Why）」を考えるのは時間がかかりますが，顧客経験価値を考える上では
とても重要なことです。

　「何のため（Why）」を考えることに加え，それを実現させるための「何を
（What）」を見つけ出すため，自分や所属する組織の専門分野を超えて必要な
人・組織，知識，ノウハウとつながり，取り込んでいく発想と行動力を身につ
けることが必要です。

　まとめると，**独自のとんがった「何のため（Why）」を実現するために，分
野を超えたつながりによる革新的な「何を（What）」を見つけ出すことで，新
たな意味を創造することができるのです。**

3 | コンセプト２：新しい意味を創り出せそうな異業種でプロジェクトを組む

　商品開発や事業戦略など高度な企画業務は，誰がそれを行うかで成果は決ま
ります。誰もが手順通り進めてやればできるものではありません。「顧客経験
価値創造のための商品開発」は，誰が行うべきなのでしょうか。多くは社内の
人を考えますが，新たな革新的意味を創り出すのであれば，社内だけのメン
バーではないはずです。社内であっても組織横断的なプロジェクトメンバーの
選出が必須ですし，社外のメンバーも必要です。

　異業種でのコラボレーションの重要性に関しては拙著『デジタル異業種連携
戦略』（中央経済社，2019年）で紹介していますが，コラボレーションする社
外メンバーは，スタートアップ企業経験者，またはスタートアップ企業に所属
している人，デザイン事務所に所属している人，フリーのデザイナー，事業開
発コンサルタントなどもよいでしょう。つまり，異業種のクリエイティブな仕
事の経験のある人たちです。言い換えるとクリエイティブなアウトプットを出
さないと食っていけない人達です。

　必要なメンバーを自由に選定できないとよい結果は期待できないといっても
言い過ぎではありません。一方プロジェクトで社外の良いメンバーを選定する
ためには，外部の優れた人材と接点がなければなりません。外部コンソーシア
ムやセミナー，学会，イベントなどに顔をだし，日ごろからネットワークづく

り，外交戦略を実践しておくことが大事です。開発部門にはそのような自由度が必須ですが，日本の多くの企業はルールに縛られ，自由が利きにくいのが現状です。

4 | コンセプト3：調査分析からではなく，個人の主観からスタートさせる

　これまでも何度か述べてきましたが，顧客経験価値は，従来の市場分析からは生まれません。従来の市場分析は，既存市場の検証には向いていますが，新商品開発ましてや顧客経験価値創造には向いていません。しかし多くの企業の経営者や管理職は，市場規模，その成長性などの市場分析結果を求めます。そこでは参入戦略は見い出せますが，市場創造戦略を企画することは難しいと思います。

　私の経験から言えることですが，**ヒットしている新商品や新事業のほとんどは，ある優れた個人の主観からスタートしています。市場分析は，あくまでその検証にしかすぎません。**

　ある食品メーカーの事例ですが，商品開発担当者がさまざまな方法で市場分析したものの，これといった明確な結果が見えてこなかったところ，私が「この商品がヒットする自信がありますか？」とたずねてみると，「私と私のお母さんがこの商品が大好きです。それと過去10回お母さんにこの商品をあげましたが，毎回近所の人にお裾分けして，『どこで買えるのですか』と聞かれています。だからヒットします」と熱意をもって答えてくれたことがありました。そのことは事業構想書には入っていませんでしたが，役員と相談して上市することにしました。その結果，商品はヒットし，成功をおさめました。この事例にある「近所の人にお裾分け」はいわば主観テストの実証実験を繰り返したようなもので，実際効果的であったのだと思います。

売り手の視点の「顧客提供価値」，顧客個人視点の「顧客経験価値」

　「顧客経験価値」を理解するとこれまで私たちがこれまで行ってきた商品企画は，売り手の視点が強かったことに気がつきます。「顧客提供価値」は企業

が顧客に「提供する」価値ではないでしょうか。

　一方「顧客経験価値」とは，商品とその周辺の刺激から発生する，それぞれの顧客の主観的な感覚，感情，思考，行動，共感などです。つまり商品は顧客経験価値をつくり出す刺激の１つの手段なのです。

5 ｜ コンセプト４：世の中の変化の本質をつかむ

　政治（Politics），経済（Economy），社会（Society），技術（Technology）の分析をPEST分析と呼びます。これは，世の中のマクロトレンドの変化を分析するもので，戦略企画の基礎です。しかしPEST分析を一通り行っただけでは事業機会や脅威を見いだすことはできません。そのマクロトレンドの変化の本質をつかまなければならないからです。

　変化の本質とはどのようなことなのでしょうか。それは，世の中の重要と思われるマクロトレンドの変化が，顧客にどういった影響を与え，その感覚，感情，思考，行動などの顧客経験価値をどのように変えていくかを読み解くことです。つまり，マクロトレンドの変化を顧客経験価値の変化に変換することなのです。

　感覚，感情，思考，行動などの経験価値の変化は，人それぞれに異なり，数値化しづらいため把握しにくいものです。また変化が急でないもの，たとえば人口構成の変化や，自然環境の変化などは，事象がゆっくり進むため，意外に認識しにくいものです。だからこそそれらを顧客経験価値として読み解いた人がビジネスチャンスを獲得できるのです。

　PEST分析などのマクロトレンドの変化から，顧客経験価値の変化を読み解くにはどのようなことをするべきなのでしょうか。まずはっきりと確認することができるのは人の行動です。具体的には人の時間の使い方です。食事，仕事，趣味，睡眠，運動など，何にどのぐらい時間を費やしているかを把握することが大切です。お金の使い方を把握することも効果的です。そういった目で見える，統計データとして出されるものから価値観，感情を推定します。

　もう１つは，自分の肌感覚です。自分自身，家族，友人，職場の同僚などと会話したり，観察したりして，世の中の変化が，周りの人にどう影響を与えて

いるかを観察します。私はSNSを通じて人の行動や関心事を探り，世の中の変化が人にどう影響を与えているかを推測する手立てにしています。この方法が良いのは，周りの人と会話し，仲良くなれることです。周りから学ぶことそのものです。そのためには特定の人との付き合いではなく，さまざまな国籍，性別，年齢，居住地，趣味の人と付き合うことが大事です。

またテレビ，新聞などのニュース，さまざまなジャンルの週刊誌などの記事，書籍，その中に掲載されている各専門家の知見は効果的です。そういった身近な情報をいかに丹念に読み解くかが自分の肌感覚を磨く上でとても大事です。

過去を振り返ってみるとバブル経済の崩壊や，インターネットの普及，リーマンショック，東日本大震災，最近では新型コロナショックなど，大きな社会動向の変化は必ず顧客経験価値に影響しています。大きな社会動向は特に注意したいものです。

6 | コンセプト5：計画を立てるよりも身近なことで実証を繰り返す

ビジネスに長けている人の共通点は，日常的に検証する習慣を持っていること，そして試行錯誤の中から革新的な方法を見いだすことができることです。反対に，ビジネスが中々成功しない人や組織は，計画ばかり立てて，なかなか実行しません。そして実行する時には，失敗が許されない状況になっています。

顧客経験価値の変化は過去のデータの分析だけからは見えてきません。こちらから行動にしてぶつけていくことによって，初めて新たなインパクトのある顧客経験価値が見えてくるのです。

高学歴の人や知識が豊富な人は逆に気を付けなければなりません。ついつい難しい分析を行ったり，詳細な計画を長時間かけてつくったりする傾向があるからです。組織で言えば，既存の大企業や大学，行政，官庁などの大きな組織では，すぐできる小さな実証を行わずに，計画と予算取りから始める場合が多くあります。おかしな話ですが，計画と予算取りが仕事になり，実証実験の期間が異常に短かったり，試行錯誤が行われないまま立派な報告書ができあがったりすることも少なくありません。こういった環境では，顧客経験価値を把握

することはあまり期待もできません。

　顧客経験価値の主体は人です。人の思考や行動，感情は，変化しやすく，相互の関係で変化していきます。したがって，身近なこと実証実験を繰り返し，検証しつつ，人に影響を与えていき，その変化を組織学習することが大事です。

　2019年からトヨタ自動車が始めた自動車のサブスクリプションサービスKINTO（キント）は，2022年3月期決算時で加入者は伸びていますが大幅な赤字で，苦戦しています。しかし，はじめは赤字でもこうしたビジネス実験の積み重ねが大変重要なのです。今は認知度が低く，利用者も少ないのですが，試行錯誤の中から，ターゲット顧客が見つかり，他社が追いつけない，顧客経験価値を構築できる可能性は十分にあります。なぜなら実証実験をしているからです。実証実験しなければ，失敗もしませんが新たな試みの成功可能性はゼロです。トヨタの企業規模にしてみればKINTOは小さな実証実験に過ぎません。顧客経験価値を構築するにはこうした小さな試行錯誤が何よりも大事です。

7 | コンセプト6：一商品で終わらせずにコンテクスト化する

　顧客経験価値とは，感覚（Sense），感情（Feel），思考（Think），行動（Act），共感（Relate）といった各経験価値モジュールの一連の文脈（コンテクスト）であことはすでに述べました。この一連の経験価値にインパクトを与えるには，商品は他の要素と組み合わさった一連の文脈（コンテクスト）でなければなりません。つまり単発の商品では顧客経験価値にはインパクトを与えることができません。

　したがって商品開発を考える際に重要なのは，単発の商品で終わらずに，サービス，情報，他社商品などが組み合わさって一連の意味を形成するようにしなければなりません。

　たとえば，「コンパクトデジタルカメラより小さいカメラ」は1つの商品ですが，それに加え，「長時間動画が撮影でき，防水処理が施され，気軽にSNSで楽しめ，さまざまなシーンで使えるようなアクセサリーが付属品でそろっている」といういくつかのアイデアを組み合わせると，1つのコンテクストとな

り独自の意味をつくり出すことができます。

　最初の商品だけですと，おそらく顧客経験価値のようなものは発生しにくいと思います。しかし後者のようなコンテクストになると，サーフィンやスノーボード，スキューバダイビングなどのアウトドアスポーツで使えるといったいくつかのエキサイティングな顧客経験価値が生まれてくるはずです。実際このような発想から生まれたのがGoProです。

　このように顧客経験価値を生み出すには，単なる１つの商品ではなく，いくつかのアイデを効果的に組み合わせたコンテクストにしなければなりません。そのためには，コンテクスト力つまり意味を創造するためのアイデアの組み合わせる力，編集力を身につけていく必要があります。

8 | コンセプト７：ストーリーとしての面白さを妥協しない

　一橋大学の楠木健教授の『ストーリーとしての競争戦略：優れた戦略の条件』（東洋経済新報社，2010年）という名著があります。本書には「大きな成功を収め，その成功を持続している企業は，戦略が流れと動きを持った『ストーリー』として組み立てられているという点で共通している。戦略とは，必要に迫られて，難しい顔をしながら仕方なくつくらされるものではなく，誰かに話したくてたまらなくなるような，面白い「お話」をつくるということなのだ」（まえがきより）と書かれています。

　顧客経験価値を生み出す商品開発もまた，優れたストーリーでなければなりません。楠木教授は本書で「戦略を構成する要素がかみあって，全体としてゴールに向かって動いていくイメージが動画のように見えてくる」（まえがきより）と著しています。顧客経験価値も「静止画」ではなく，「動画」でなければなりません。**つまり商品そのものに時間的な変化の要素が組み込まれていなければならないのです。その時間的な変化が，顧客にとって予想外の部分があり，発展的で夢でなければなりません。**

　優れた商品には，すべて独特の物語があります。その物語は，偶然のものもあれば，意図したものもあります。たとえば米国のグリーティングカード製造

販売の企業，ホールマーク社は，自社の販売するグリーティングカードの利用者から自社に対する感謝の投書を，年間12本の感動的なコマーシャルフィルムにして放映しています。すべてとても印象的で記憶に残ります。

　グリーティングカードは言ってしまえば単なるカードですが，その受け渡しには，さまざまな利用者の物語が存在しており，感情が込められています。ホールマークは，その顧客の物語を，製品の物語にして，顧客経験価値を創造しています。同社は自社のビジネスドメインを「エモーショナルインダストリー」と位置づけ，ブランドマネジメントを行っています[1]。

　インパクトある商品開発を行うということは，このストーリーとしての面白さを妥協しないということだと思います。どれだけ良い動画のシナリオを書き，それを感動する映像にできるかです。

1　スコット・ロビネッティ，クレア・ブランド，ヴィッキー・レンツ『エモーションマーケティング：「感情」こそが生涯顧客をつかむ』（ニューチャーネットワークス監訳，千野直志・伊藤武志・倉辻直子訳，日本能率協会マネジメントセンター，2002年）

第 4 章

顧客経験価値のための商品開発の
全体設計と準備，事業企画開発フェーズ

1 | 顧客経験価値のための商品開発の全体像とフェーズ

1-1　商品開発の全体像

（1）商品開発プロセスは捉えにくい

　商品開発のプロセスは，生産や物流，営業などのオペレーショナルなプロセスと比較し全く異なる特性をもちます。既存製品のマーケティング戦略プロセスなどと比較しても異なるところが多いでしょう。商品開発にはプロセスという概念は当てはまらない気さえします。

　いわゆる"業務"と言われるプロセスと商品開発プロセスが異なるのは以下のような特徴があるからです。

　1つ目は，商品開発では，偶然発生する社会のトレンドが成功につながる可能性があることです。たとえば，これまでそれほど売れなかったある健康食品が，ある偶然から起こった社会トレンドにより急に売れ出し，その後定番となるケースです。事業を長期的に成長させることができるかどうかはマネジメント力によりますが，商品は偶然トレンドに乗ってヒットすることはあり得るのです。

　2つ目は，直感に優れた1人のキーパーソンが発想するアイデアが当たる場合があることです。商品開発では，学歴が高く多くの知識を持った人がヒットを当てるとは限りません。知識よりも市場を読む力に長けた直感に優れた人が

1. 偶然発生する社会のトレンドが成功につながる可能性がある

2. 直感に優れた一人のキーパーソンが発想するアイデアが当たる場合がある

3. 実証実験を繰り返す中で，偶然ヒントが見つかることがある

4. 企画する主体の知識，論理よりも顧客の感覚（Sense），感情（Feel），思考（Think），行動（Act），共感（Relate)といった顧客経験価値に依存する部分が多い

5. これまでの常識では失敗だと考えられるものからヒットする企画が生まれることも多い

テキストや書籍にある手順やフォーマットに準拠しても
結果が出ないことも多い

ヒットを出すことも多いのです。ポストイットやダイノックフィルムなど，ハイテクからコンシューマ商品まで幅広く多くのヒット商品を生み出している米国３Ｍでは，社員全員が担当の業務以外に自分考えた商品のアイデアを実現させるために業務時間の15％を費やしてもよいという15％ルールという制度があります。これはヒットするアイデアはだれからいつ出てくるかわからないから，常に全社員チャンスを探しましょうと言うことです。

　３つ目は，実証実験を繰り返す中で，偶然ヒントが見つかることです。多くの場合，商品コンセプト仮説などは，マーケティングリサーチや，実証実験（Proof of Concept：PoC）の段階で否定的な結果が出ることが多いと思います。その一見失敗と考えられる中に，商品がヒットする要因が隠れていることがあります。しかし多くの場合，仮説検証段階で諦めてしまったり，検証結果から学ぶことができず成功要因を見逃してしまったりすることが多いのです。企画した仮説を変えることを，最近ではピボッティング（方向転換）と呼んでいますが，ピボッティングはいざ実行するとなると固定概念が邪魔をして容易にはできません。

　４つ目は，企画する主体の知識や論理よりも，顧客の感覚（Sense），感情（Feel），思考（Think），行動（Act），共感（Relate）といった顧客経験価値に依存する部分が多いことです。これまでも何度か述べてきましたが，顧客経

験価値とは主観です。したがって，商品開発においても，知識や理論よりも企画する人の主観が重視されます。主観的な顧客経験価値は，会社のオフィスで生まれるとは限りません。通勤途中，自宅での生活，趣味に没頭している時などいつ認識されるかわかりません。つまり会社業務として管理することが難しいものなのです。

　5つ目は，これまでの常識では失敗だと考えられるものからヒットする企画が生まれることが多いことです。商品開発では，企画や実証実験の失敗と思われたことがヒットにつながることが多くあります。3Mの商品「ポストイット」は，3Mの研究者であるアート・フライが間違って開発した粘着力の低い接着剤から生まれました。なぜこのようなことが起こるのでしょうか。商品開発とは，将来の顧客経験価値を前提としますが，その将来の顧客経験価値につながる開発要素は，過去の常識からみれば失敗と考えられることがあるからです。過去の常識から見た失敗も，実は現在，将来の顧客経験価値から見たら大きな成功要因であることが少なくないのです。

　このような商品開発プロセスの特徴から，商品開発は他のオペレーショナルなプロセスのように会社内の手順書通りに進めても結果が出るとは限りません。しかしプロセスとして押さえどころが全くないわけではありません。

　私は商品開発プロセスの押さえどころは，「コンセプチャルな仮説を持つことと，その仮説を計数的，論理的に検証すること」にあると考えます。重要なのはこの2つのことです。つまり商品開発のプロセスとは，顧客経験価値を実現するコンセプト仮説をもつことと，それが顧客に受け入れられるかどうかの結果の数値と，その根拠を明確にする課程であり，その課程で商品が売れる法則性を見いだし，継続性のある事業システムを構築することなのです。

（2）商品開発の全体像

　商品開発プロセスを効果的に理解するためには，商品開発の全体像，つまり商品開発の要素とその構造を理解しておくことが必要です。

　商品開発の全体像で最初に理解しておくべきことは，商品開発と事業企画開発の関係です。事業とは，技術，製造，販売などの業務プロセス基盤の共通性が高いいくつかの商品をひとつのグループにした単位です。つまり事業は商品

で構成されています。

　新商品を開発する多くの場合，新たな事業企画開発を前提とします。近年ほとんどの産業において，IoT，AIなどのDXが商品開発に活用されており，商品の開発はDXを活用した事業企画開発を伴うことが多くなってきています。

　図表4-2は，そのことを図示しています。商品企画開発レイヤーは，事業企画開発レイヤーの要素を伴ったものでなければなりません。事業企画開発の要素とは，事業に活用すべき自社の中核能力である「コア・コンピタンス」，ビジネスの仕組みや他社との共生システムである「エコシステム・ビジネスモデル」，それと商品共有にもたらされる「顧客経験価値」などです。

図表4-2　商品開発は新事業企画開発を前提とする

AI，IoTなどによるDXが普及し，エコシステム・ビジネスモデルが重要になっているため，商品企画開発は事業企画開発が前提となってきている

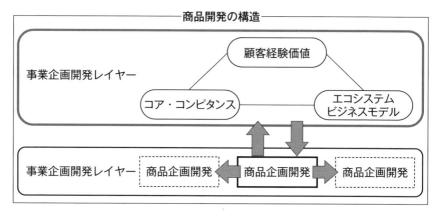

　本書の主題は商品開発ですが，商品開発には事業企画開発的要素がありますので，その関係や構造を理解しておきましょう。

　商品開発の全体像は，**図表4-3**にあるように，6つのフェーズで構成されています。この全体像の特徴は，事業企画開発仮説フェーズで，コンセプチュアルな仮説を立てて，仮説検証フェーズで計数的，論理的に検証することです。そして，準備フェーズで立てた目的，目標を達成する可能性がある程度見えるまで検証仮説を何度か回すことです。この仮説検証は，商品企画開発レイヤー

と事業企画開発レイヤーでの仮説検証となります。仮説検証が終われば，商品企画開発を含む，事業戦略構想フェーズに進み，財務計画を含む事業計画を作成します。その後事業化準備などを含むスタートアップフェーズに入ります。

　事業戦略構想フェーズ，スタートアップフェーズの段階でもしピボッティング（方向転換）が必要であれば事業企画開発仮説フェーズに戻ります。つまり商品開発とは絶え間ない仮説検証であることを理解してください。

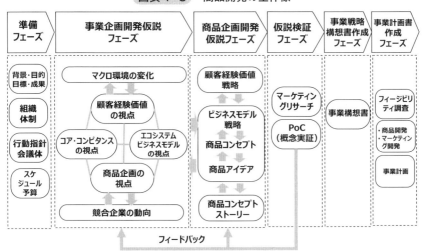

図表4-3　商品開発の全体像

　失敗する商品開発は，柔軟性がなく硬直的で学習，修正ができません。反対に成功する商品開発は，成功するまで粘り強く仮説検証を繰り返します。図表4-3の商品開発の全体像にある仮説検証フェーズから商品・事業企画フェーズに戻っている「フィードバック」もの線は仮説検証のサイクルを示したものです。

1-2　商品開発のフェーズ

　次に商品開発の各フェーズの説明と実施すべきことを大まかに説明します。ここでは，各フェーズの狙いと，おおよそのようなことを行うのかを理解して，商品開発の全体像を把握することに役立ててください。

（1）準備フェーズ

　準備フェーズは，商品開発プロジェクトを実施するための事前準備を行うフェーズです。具体的には，プジェクトに関する与件の把握，プロジェクトの背景・問題意識の整理，プロジェクト組織体制づくり，プロジェクトの目的，ゴール・成果，プロジェクト実施スケジュール，予算などを企画し，事業部長などの事業部門のトップとすりあわせます。

（2）事業企画開発仮説フェーズ

　前にも述べたとおり事業とは複数の商品を束ねた集合体です。事業企画開発を行うということは，その核になる商品を企画開発することが必須です。一方商品開発は，開発から製造，物流，営業，カスタマーサービスまでの事業としてのバリューチェーン開発，さらにはビジネスモデル開発が必須となります。

　昨今AI，IoTなどによるDXが広く普及していくなかで，ビジネスモデル戦略が重要視され，商品開発も，過去のように単発企画ではなく，ビジネスモデル戦略も含めた事業企画開発がベースとなってきています。

　このようなことからここでは，商品よりも大きな視点の事業企画開発仮説を最初に企画します。事業企画開発仮説では，顧客経験価値の視点，コア・コンピタンスの視点，エコシステム・ビジネスモデルの視点，商品企画の視点の4つの視点で仮説を企画します。4つの視点での仮説の企画により商品を含む事業全体の重要な仮説を企画できます。

（3）商品企画開発仮説フェーズ

　商品企画開発仮説フェーズでは，事業企画開発仮説の大きな視点を元に商品企画開発仮説を考えます。商品企画開発仮説は，はじめに最も重要な「顧客経験価値企画」を行います。顧客経験価値企画は，本書の最も大事な部分です。その顧客経験価値を実現するための「商品アイデア」仮説を企画し，さらに「商品コンセプト」の仮説を企画します。それらをもとに「ビジネスモデル」を企画します。顧客経験価値を実現するものを商品アイデア（要素）⇒商品コンセプト（概念）⇒ビジネスモデル（仕組み）と構造化していきます。

顧客経験価値，商品アイデア，商品コンセプト，ビジネスモデルは商品コンセプトストーリーとしてまとめ，顧客やパートナーに対して説得力ある内容である内容かどうかを確認します。最近はこのストーリー性のことを「ナラティブ」とよび，商品企画開発を行う上でも重視しています。

（4）仮説検証フェーズ

仮説検証フェーズとは，事業企画開発仮説フェーズや商品開発仮説フェーズで企画した商品・事業仮説を，マーケティングリサーチとPoCとの2つの観点で検証します。

マーケティングリサーチは，マクロトレンド，エコシステム分析，有望市場分析，ターゲット市場分析，ターゲット顧客分析，競合分析，SWOT分析などの一般的なマーケティングの手法を活用して仮説を検証します。

PoCは，商品コンセプト，ビジネスモデルの各要素，顧客経験価値など，商品・事業企画仮説において重要な部分を可能な範囲の実証実験を通じて検証します。

（5）事業戦略構想書作成フェーズ

事業戦略構想書作成フェーズでは，仮説検証フェーズで検証された結果を元に，商品企画開発戦略を含めた事業戦略構想を策定します。顧客経験価値に重きをおいた事業戦略構想では，事業のパーパスやビジョン，企画する事業が創造する顧客経験価値戦略を重視します。その他，顧客経験価値を実現するためのビジネスモデル戦略や顧客経験価値開発マーケティング戦略，財務計画，ロードマップなど，経営トップの投資判断を仰ぐための事業戦略構想を作成します。本書ではこの事業戦略構想書作成までを詳しく説明します。

（6）事業計画書作成フェーズ

事業戦略構想書が経営トップの承認を受けたあとは，事業戦略構想実現のために，

- 市場や顧客が確かにあるか，商品の受容性があるか，ビジネスモデルが成立しうるかといったフィージビリティ調査

(1)準備フェーズ
- プロジェクトの背景
- プロジェクトの目的
- プロジェクトの目標・成果
- プロジェクト組織体制づくり
- プロジェクトの行動指針
- プロジェクトの会議体
- プロジェクト実施スケジュール
- プロジェクト予算

(2)事業企画開発仮説フェーズ
- 事業企画開発仮説の企画
  - マクロ環境分析
  - 競合分析
  - 事業企画開発仮説

(3)商品企画開発仮説フェーズ
- 商品企画開発仮説
  - ペルソナデザイン
  - デプスインタビュー
  - カスタマーエクスペリエンスマップ
  - 商品アイデア発想
  - 商品コンセプト原型
- 商品コンセプト
- ビジネスモデル戦略
- 顧客経験価値コンセプト
- 顧客経験価値ストーリー

(4)仮説検証フェーズ
- マーケティングリサーチ
  - マクロトレンド分析
  - エコシステム分析
  - 有望市場リスト
  - 有望市場別調査
  - ターゲット市場分析
  - ターゲット市場競合分析
- PoC（Proof of Concept・実証実験）
  - PoC概要企画
  - PoC結果分析

(5)事業戦略構想書作成フェーズ
- 背景・問題意識と事業のパーパス，ビジョン
- 事業企画開発仮説
- 仮説検証①マーケティングリサーチ
  - マクロトレンド・エコシステム分析
  - 市場セグメント・ターゲット市場分析
  - カスタマーエクスペリエンスマップとアイデア発想
  - 競合分析
- 仮説検証②PoCの実施分析結果まとめ
  - PoCの概要
  - PoCの実施分析結果まとめ
- 事業戦略構想
- SWOT分析と事業成功の要因
- 商品コンセプト戦略
- ターゲット顧客と顧客経験価値戦略
- ビジネスモデル戦略
- マーケティング戦略①②
- マーケティング開発計画
- 財務計画
- リスク分析，対応策
- 事業開発ロードマップ
- アクション，実行体制

(6)事業計画書作成フェーズ
- フィージビリティ調査
- 商品開発
- マーケティング開発
- 事業計画
- 顧客経験価値ヒストリー戦略
- 開発計画
- 商品開発計画（技術開発含む）

- 技術開発を含む商品開発やビジネスモデルや顧客開拓などのマーケティング開発活動

などを実施し，それらの活動によって事業化の可能性が見えた段階で，詳細な事業計画を策定し，経営トップの事業化への最終意思決定を仰ぎます。そのために必要なのがこの事業計画策定フェーズです。

次に**図表4-4**の①準備フェーズから④事業戦略構想書作成フェーズまでその実践手法を詳しく解説していきます。以下，解説に当たっては，分析企画フォーマットにシューズ素材メーカーの事例を入れて説明していきます。

2 準備フェーズ

2-1　商品開発プロジェクトの背景，目的，目標・成果の設定

（1）商品開発プロジェクトの背景とは何か？

　商品開発プロジェクトにかかわらず，プロジェクト提案には，どのような問題意識，背景認識を持っているのかが極めて重要です。プロジェクトを提案する主体者が，社会や市場をどのように捉え，どう変革したいのか？　そしてどのような社内外の問題意識を持っているのかが，提案を受ける側の経営者に限らず，社内の支援人・組織，顧客，サプライヤーはじめ社外のパートナーなどステークホルダーを引きつける力の源泉そのものだからです。

　では商品開発プロジェクトの背景とはどのようなことを考えることなのでしょうか。大きく4つあります。1つはPEST（Politics（政治），Economy（経済），Society（社会），Technology（技術））と呼ばれるマクロ環境の大きなフレームワークから見て，この商品はどのような理由で必要とされるのかを的確に把握することです。

　2つ目は，業界，エコシステムの視点からみた商品開発の可能性です。業界，エコシステムとは業界構造の大きな変化や業界参加者，競合の変化，業界の中での収益源の変化などです。特に過去の業界の枠組みを超えた新たなエコシステムが発生する可能性がないかを把握することが重要です。

　3つ目は自社経営の視点からみた商品開発の必要性，可能性です。自社経営

の視点とは「財務の視点」「顧客の視点」「業務プロセスの視点」「学習と成長の視点」です。

　4つ目はプロジェクトの与件の視点です。プロジェクトの与件とは，社内外のプロジェクトの制約条件やプロジェクトの可能性など，商品開発プロジェクトを実行するうえでの社内外の踏まえるべき制約条件や可能性を示します。

　プロジェクトの背景を確認することとは，これら4つのことを単に書き並べるのではなく，文脈つまりストーリーとして展開することです。文脈・ストーリーとして展開するためには，その軸になるものがなければならず，それが独自の世界観やパーパスなどの目的（理念）です。

　最近では，この商品開発プロジェクトの背景そのものが大変重要視されています。それは消費者や顧客企業が，企業の社会的責任を重視し，購入の基準になってきているためです。企業の社会的責任の第一歩は，その企業が顧客，国，地域，社会に対しどのような課題認識を持ち，世界観を持っているかにあります。いまや，消費者は商品だけではなく，企業がどのような社会課題とその解決ビジョンである世界観，パーパスをもっているかを重視するようになってきています。

　このことが影響してか，D2C（Direct to Customer）と呼ばれるビジネスモデルでは，製品・サービス上の差別化も重視しますが，同時にWebサイトやSNSを活用し，顧客に直接的に独自の世界観を提示し，強い共感とコミュニティをつくることでブランドを形成し，急速に成長します。これは，ビジネスの「背景」や「問題意識」そのものをブランドにする戦略です。

　一方で，多くの企業の既存事業では，この「背景認識」つまり世界観がとても貧弱で，消費者，顧客始めステークホルダーに響かないものが多いように思えます。

（2）商品開発プロジェクトの「目的」を設定する

　商品開発プロジェクトの目的とは，いわばプロジェクトの理念です。誰の，何のために，最終的に何を目指すのかを示したものです。プロジェクトの目的は抽象概念ですから，商品スペックなどとは違い直接フィジカルに影響するものではありません。人の感情，思考に働きかけ共感をつくることを意図として

います。

「目的」の出来映えとは，顧客，社員，ビジネスパートナー，株主などのステークホルダーに対して，どのようなインスピレーションと期待を持たせられるかです。これは「背景」と併せてプロジェクトの重要な要素となります。

「目的」を具体的に分解すると，誰に対して，どんな使命役割で，ステークホルダーに提供する「善」（社会的に正しく発展性のあること）などです。

（3）ゴール・成果

ゴールとは目的が達成された時の状態を数値で表したものです。数値の設定というと機械的な感じがしますが，目標設定は1つの表現だといえます。ゴールが達成された状態を誰にでもわかりやすく明瞭に表現するためには，指標とその数値が必要です。もし「適切な指標がわからない」というのであれば，目的が達成された状態がイメージできていないと認識するべきです。

ゴールはストレッチなものでなければなりません。ストレッチとは，挑戦的だが達成可能であるもので，達成不可能なものではありません。ストレッチゴールを設定することで，プロジェクトにかかわる人や組織が成長します。

商品開発プロジェクトの「成果」とは，商品開発プロジェクトを行うことで生み出される新規顧客，ノウハウの獲得，人材育成，仕組みやブランドの確立，そしてキャッシュなど経営の「資産」になるようなものです。この成果もできるだけ定量的に示すべきですが，難しい場合は定性的な表現でもかまいません。

2-2　商品開発プロジェクトの組織体制づくり

商品開発プロジェクトでは，過去成功した経験のあるメンバーを集めてもうまくいかない場合があります。それは過去成功した経験のある人が，現在および将来の顧客経験価値をつかめる確証がないからです。むしろ過去の成功体験が思考，発想の邪魔をする可能性さえあります。一方，コンセプトがある程度決まって開発の段階になると過去の実績がある人が有利な状況も多く出てきます。具体的には，設計開発，デザイン，生産・物流企画，販売計画などです。

したがって，商品開発プロジェクトの組織体制づくりには，未来に向かった新たな企画発想ができそうな人と，商品開発経験のある人をバランスよく配置

背景

社会的視点
- Politics（政治）：医療費，CO2削減，SDGsなど
- Economy（経済）：世界的な不況，労働単価上昇など
- Society（社会）：ライフスタイルの多様化，人口減少など
- Technology（技術）：AI, IoT,リサイクル技術の深化

業界，エコシステム視点
- 業界構造の変化：アプリを中心に情報を獲得する仕組みの登場
- 業界参加者，競合の変化：シミュレーション，ヘルスケアアプリの参入
- 収益源の変化：シューズだけでなくアプリ，シミュレーションによる収益

自社経営の視点
- 財務の視点：機能性材料だけでなくシミュレーションによる収益増
- 顧客の視点：製品企画・開発DXおよび，マテリアルリサイクルの促進
- 業務プロセスの視点：シミュレーションによる企画・開発の効率化
- 学習と成長の視点：経験価値データ獲得と分析による材料価値改善

プロジェクトの与件
・プロジェクトの制約条件
- 社内
  ：営業利益が赤字商品の見直し
  ：抜擢人事の導入
- 社外
  ：シミュレーション，アプリ企業が2社新規参入
  ：石油価格高騰による材料のコスト高騰

・プロジェクトの可能性
- 社内
  ：材料，シミュレーションでは業界No.1技術
- 社外
  ：スポーツ業界およびランニングなどの日常運動でのヘルスケアアプリとシューズの連携が加速

プロジェクトの問題意識
時代感，世界観
- アウトドアブームおよび高機能性シューズへの需要増加，タウンユースでもアウトドアシューズを利用するユーザーは増加傾向にある
- 一方で高機能性のシューズはタウンユースでは歩きづらく，履き心地が悪い傾向にあり，高機能にもかかわらず日々の運動量（歩行量）落としてしまう傾向にある
- また，SDGsやGXへの関心が高まっており，シューズにおいても環境を考慮する必要が生じている

目的

材料の持つ価値をコアに多様な価値を信頼でつなぎ，社会とお客様の変化に適応したマテリアルソリューションを提供することで，誰もが安心，安全，快適に日々を過ごせるサステナブルな社会をつくる

ゴール・成果
- 20〇〇年に0.5億円の利益，20□□年に累積黒字の実現を目標とする
- 20〇〇年に材料経験価値プラットフォームおよび材料ブランドを立ち上げ，顧客企業に認知させる
- アウトドアメーカーA社にの新規高機能樹脂繊維およびシミュレーションを納入

した組織づくりが必要となります。それらを鑑み，以下のような点を考慮して商品開発プロジェクト体制づくりを行います。

（1）プロジェクトメンバーの選定

プロジェクトメンバー選定は主に以下の5つの視点で考えます

視点1：未来の視点を持ち議論できる人

視点2：商品開発，事業開発（エンジニアリング）などの経験がある人

視点3：社外，業界外の視点を持ち自社の可能性を議論できる人

視点4：失敗を恐れずチャレンジすることを楽しめる人

視点5：周りと連携し絶えず学習することができる人

視点1では，入社年次の若い人や場合によってはインターン生もよいと思います。視点2では，商品開発，事業開発などのいわゆるエンジニアリングの経験があり，しかし過去にとらわれないタイプで，周りの意見を引き出せる人，視点3では，外部の契約コンサルタントや期間限定の専門知識，スキルをもつ契約社員，大学の研究者が良いでしょう。視点4と5は，社内外のすべてのメンバーに求められます。

（2）プロジェクトの組織構造

プロジェクト組織体制は，**図表4-6**のように，会社として公式の意思決定ができるスポンサーとしての担当役員，プロジェクトを牽引するプロジェクトリーダー，そしてプロジェクトメンバーが必要となります。そのほか開発，生産，営業などのプロジェクトの利害関係者となる各部門組織の部長がサポーター役として必要です。複数プロジェクトが走るようでしたら組織間調整などを行う事務局もあったほうが良いでしょう。

プロジェクトメンバーに求められる専門分野は，研究開発，マーケティング，商品企画開発，製造，営業，情報技術，知財・法務などで，その多くは事業の各機能部門の経験者です。1人が複数の機能を兼務してもかまいません。

（3）プロジェクトのオーソライズ

プロジェクト組織は，プロジェクト開始前に，オーソライズし，社内外の関係者にプロジェクトの存在を周知させる必要があります。そうすることにより周囲の力を借りやすくなります。そのためにも，プロジェクト関係者を集めたキックオフミーティングは必須です。スポンサーのメッセージ，プロジェクトリーダーによるプロジェクト背景，目的，概要の説明，そして各プロジェクトメンバーの自己紹介，意気込みなどを皆で確認共有します。また参加者からの期待，疑問点を吸い上げ，プロジェクトの協力関係をプロジェクト初期の段階で構築します。

（4）チームビルディングのための合宿

プロジェクトメンバーのバックグラウンドは多様ですから，チームを1つに

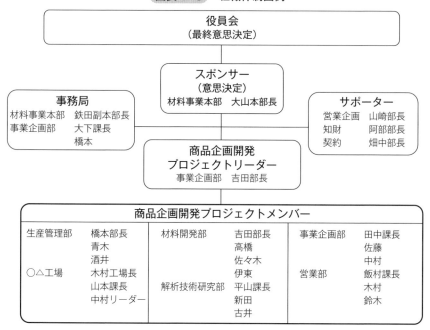

図表4-6　組織体制図例

役員会
（最終意思決定）

スポンサー
（意思決定）
材料事業本部　大山本部長

事務局
材料事業本部　鉄田副本部長
事業企画部　　大下課長
　　　　　　　橋本

サポーター
営業企画　山崎部長
知財　　　阿部部長
契約　　　畑中部長

商品企画開発
プロジェクトリーダー
事業企画部　吉田部長

商品企画開発プロジェクトメンバー

生産管理部	橋本部長	材料開発部	吉田部長	事業企画部	田中課長
	青木		高橋		佐藤
	酒井		佐々木		中村
○△工場	木村工場長		伊東	営業部	飯村課長
	山本課長	解析技術研究部	平山課長		木村
	中村リーダー		新田		鈴木
			古井		

するためのチームビルディングは必須です。そのためよく行うのがチーム合宿
です。1泊2日程度で、プロジェクトの初期にプロジェクトのマインドセット
を行い、プロジェクト目的、目標・成果や進め方に関して集中して議論します。
長時間同じ場所にいて、夜の時間も使えますので、メンバーは互いを知り、そ
の後とても仕事がしやすくなります。

（5）プロジェクトの議論のルールをつくる

　メンバーは最初、どこまで議論をしたら良いのかわからないためか周りを気
にし、その結果議論が小さくまとまる傾向があります。また経験の差、社歴の
差、価値観の違いなどから「自分のアイデアや発言が否定されるのでは」と
いった不安を感じることもあります。そのような不安を解消し「心理的安全
性」を確保するためには、**図表4-7**のような議論のルールを含めた行動指針
をつくるのが効果的です。このようなルールがあれば「心理的安全性」が確保
され、遠慮なく本音で話せ、議論の生産性も高くなり、各メンバー個人の可能

図表4-7　プロジェクトの行動指針例

自由な発想，オープンな議論
行動，挑戦，トライアルアンドエラー
失敗から学ぶ
発想を変えたスピード，生産性
互いの個性と専門から学ぶ

性を最大限引き出し，チームとして革新的な商品を企画できる可能性が高まります。また健全な対立（ヘルシーコンフリクト）も大事です。商品開発ではこの健全な対立から有望なアイデアが生まれることが多いからです。

このようなことを念頭においてリーダーは，議論の流れ，方向性，雰囲気に常に注意を払い，ルールに照らし，それにそぐわない状況になったら方向を修正しなければなりません。

（6）プロジェクトの会議体を決める

商品開発プロジェクトに関わる会議はあらかじめ体系化し，どの会議で何を意思決定するか，その際の意思決定者は誰で，参加者は誰なのかなどの詳細を決めておく必要があります。大手企業でも，新商品，新事業開発に関しては，どこで誰が意思決定するのかが曖昧な場合が少なくありません。会社によっては，新商品や新事業がどこの部門にも属さないため，結局社長が決定することになっている場合もあります。最終意思決定者が曖昧だと，合意をとるために，多くの会議が必要となり，会議のための資料づくりなどでプロジェクトの活動が停滞することも少なくありません。プロジェクト開始前にあらかじめ，商品開発業務に関わる会議体と，意思決定のための会議体を明確にしておくことが重要です。

商品開発に関わる会議体は**図表4-8**のようなものです。

図表4-8　プロジェクトの会議体（例）

ミーティング名	参加メンバー	所要時間 (目安)	キな実施内容
キックオフミーティング	・スポンサー，サポーター，事務局，プロジェクトメンバーなどプロジェクト関係者全員	半日程度	・スポンサーの競争戦略ビジョン仮説をトップダウン ・メンバーによる競争戦略プロジェクトの進め方の議論，企画 ・上記スポンサー，サポーターへの報告 ・スポンサーからのフィードバック，最終承認
中間報告，最終報告	・スポンサー，サポーター，事務局，プロジェクトメンバーなどプロジェクト関係者全員 ・必要に応じて外部コンサルタント	2時間程度	・商品開発プロジェクトに関する中間および最終報告 ・スポンサーの意思決定，フィードバック
プロジェクト全体ミーティング	・プロジェクトメンバーなどプロジェクト関係者全員 ・必要に応じて事務局，外部コンサルタントが参加	1, 2時間程度	・プロジェクトの進捗管理 ・特定のプロジェクト活動に関する討議，ワーク
プロジェクト分科会	・技術開発，特許，商品企画，製造などプロジェクトの特定のテーマに関する分科会	2時間程度	・分科会の進捗管理 ・特定の分科会活動に関する討議，ワーク
事務局会議	・必要に応じてメンバーを招集	1, 2時間程度	・プロジェクトの全体の企画運営 ・プロジェクトの進捗管理 ・プロジェクトサポート ・スポンサー，サポーターとのすり合わせ

（7）プロジェクトに必要な知識・スキルを共有する

　プロジェクトに必要な知識・スキルとは，商品企画開発，事業企画開発，顧客経験価値マーケティングなどですが，通常の業務の中で経験したことがある人は多くありません。また，エコシステム・ビジネスモデル，コア・コンピタンス，バリューチェーンなどの商品や事業企画開発で使われている用語も，メンバーにはなじみがないものである可能性が高いでしょう。

　このような事業企画開発に必要な基本知識やスキルがないために，プロジェクトが滞り，中断するようなことがあってはなりません。これらの基本知識，スキルは，プロジェクト初期の段階で，1～2日の勉強会にて「共通言語化」しておくとその後の運営が大変スムーズに進みます。時間がない場合は，オンライン，オンデマンドなどの動画で勉強するのも良いでしょう。メンバーが講師を務めるのも，互いを知る上で良いと思います。

（8）初期の段階でスタートアップ文化を創る

　商品開発プロジェクトは，いわば1つのスタートアップ企業と考えて良いと思います。通常の業務のスピード感ではうまくいきません。スタートアップ文化とは，下記のようなものです。

> ・仕事のスピード，タイミングを重視する
> ・無駄な仕事，手続きは省略する
> ・過去の成功体験にこだわらない
> ・挑戦し続ける，失敗を恐れない
> ・メンバーの個性を重視し，メンバーの行動の自由と責任を担保する
> ・コンテンツクリエーションを重要する
> ・忍耐力もつ

　これらはプロジェクトの行動指針として明文化し，常に意識するようにすべきです。

　他の仕事と区別してスタートアップ文化を創るために，プロジェクトルームをつくったり，グループウエアやチャット機能など活用したりすることが効果的です。

（9）競合，異業種ベンチマークでビジネスのイメージづくりをする

　商品開発のプロジェクトの初期の段階で，成功のイメージづくりの題材として，競合・異業種ベンチマークを行うのが効果的です。競合ベンチマークは事業戦略の策定段階で本格的に実施しますので，この段階ではざっくりと情報を集め皆で議論する程度で良いと思います。競合や異業種を意識することで，事業の全体感やレベル感が共有でき，プロジェクトメンバーによい緊張感が生まれるはずです。

2-3　プロジェクトの実施スケジュールと予算

　戦略に対する経営者の本気度を確認するには，予算やスケジュールなどの資源配分を見ればわかると言われています。いくら立派な戦略でも，資源配分が伴っていない場合は，経営者は本気ではないことが多いのです。

　商品開発のプロジェクトのスケジュールと予算配分も同様です。会社の戦略

的重要性に応じた資源配分をすることが大変重要です。多くの会社が例年ベースの予算の調整によって予算と人員配置はじめスケジュールが決められていますが，会社の将来の業績を決定づける重要な商品開発プロジェクトに対する予算が戦略的に配分されないのは，大きなリスクと言わざるを得ません。

　一方で，潤沢な予算と時間があれば成功するかと言えば，そうでもないことも多いのです。予算や時間はその必要性を厳しく精査することで，プロジェクト活動自体が緊張感のある引き締まったものになります。

　このようなことを踏まえ，商品開発プロジェクトのスケジュールと予算計画では以下の7つのことを重視しています。

（1）バックキャスティングで計画する

　「スケジュールは右から引け」とよく言われていますが，最初にプロジェクトの最終的な結果である「ありたい姿」とその期日を設定して，その結果を生み出すために，「誰が，何を，いつまでやるべきか」ということをワークブレークダウンします。このような発想，思考方法を「バックキャスティング」と呼びます。バックキャスティングでスケジュールをつくる意味は，最初に「ありたい姿」の仮説を明確に描くことと，これまでの発想を変えた時間，成果意識とその達成方法を生み出すことです。

　バックキャスティングの対語はフォアキャスティングです。フォアキャスティングは日本語でいえば積み上げ式で，すでに実施方法が明確なプロジェクトに向いています。商品開発プロジェクトは，新規性，革新性が重視されますので，バックキャスティングでスケジュールを描きます。

（2）ワークブレークダウンとKPIの明確化

　スケジュールは，半年のプロジェクトの場合，大スケジュールを月単位，中スジューを週単位，小スケジュールを日単位にします。最終ゴールからバックキャスティングの発想で，月，週，日の単位でワークブレークダウンします。少なくとも週単位で目標を設定し，ポイントとなる中間ゴールにはKPI（Key Performance Indictors＝重要成功要因）を設定しておいてください。最終ゴールは大きな目標になりますので，このKPI達成を目指して集中してワークしま

す。

　当然初期の段階では，スケジュールが見えない部分もありますが，時間的なイメージを持つことが大事です。もちろんこのスケジュールは，スポンサーの許可を得て，修正されていきます。

（3）検証調査などフィールドでの活動に十分な時間をとる

　商品開発プロジェクトで最も大事なのが，顧客の現場で行動し考えることです。その時間が少なく机上で考える時間が多いと，市場から遊離した商品開発になりがちです。具体的には，概念実証＝PoCとその結果による仮説修正のサイクルをできるだけ早く回すことが重要です。このPoCの精度で商品開発の成功は決まります。

　最も良くないケースは，社内報告業務に時間の多くを消費してしまうことです。顧客や市場のフィールド調査やそれをもとにした企画する時間が少なくなり，社内の関係者への報告の時間が多くなってしまうからです。会議は簡素化し，スポンサー，サポーター，事務局が一同に集まり，その場で意思決定する工夫をするなど，スタートアップ企業と同じようなワークスタイルで取り組むべきです。

図表4-9　月度スケジュールのイメージ

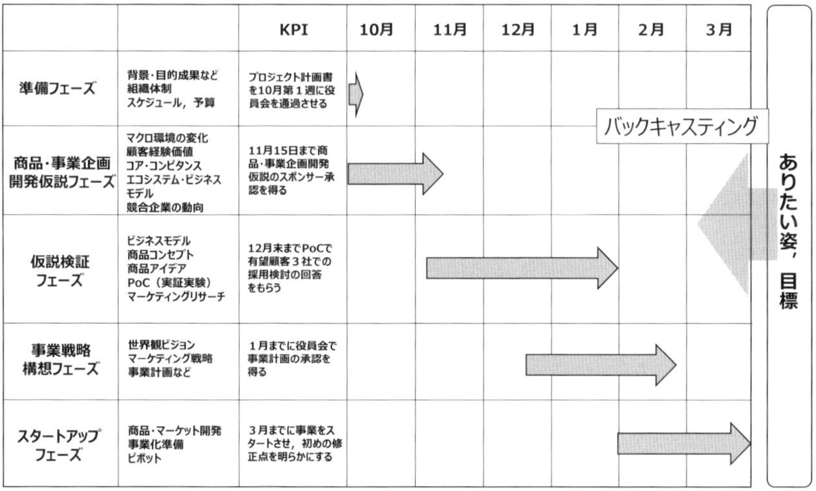

（4）進捗チェックは事務局などの役割にする

　プロジェクトの進捗チェックは，プロジェクトリーダーやメンバーが行うとどうしても甘くなりがちです。事務局などの第三者が行うのが適切です。そして進捗が遅れたらその理由を冷静に分析し，リソースの追加，ムダな報告をやめるなどの適確な対応をしなければなりません。プロジェクト当事者が言いにくいこと，やりにくいことを含めて，事務局がファシリテートするのがベストです。その確認や修正の中には，プロジェクトを中止するというのも含まれます。プロジェクトの目的，目標が達成されないと判断した時点で，それ以上進めるのは資源のムダなので，途中でやめるのもあり得ます。

（5）リスクプランをつくっておく

　スケジュール通り進まない場合のリスクプランを持っているかどうかが，柔軟な思考と行動の原点です。決まったスケジュールでしか進めないとなるとプロジェクト全体が硬直的になり，良い発想も浮かばないし，チャンスにつながる機会もキャッチできません。

　リスクプランは２つか３つ作成しておき，スポンサーと共有しておけば組織は機動的に動けます。

（6）必要な外部リソースに十分な予算を確保する

　商品開発は，イノベーティブなものであればあるほど，そのための経営資源は社内に存在しないことがよくあります。多くの日本企業は，社内にその必要な知識，スキルが実際はないにもかかわらず，社内の人材でなんとかしようとする傾向があります。特に必要とされる知識，スキルとは，ビジネスモデル戦略の設計や商品コンセプト企画のノウハウ，商品や関連するモノのデザイン，インターネットプロモーションスキルなどです。

　必要な外部資源が使えないとなると思った通りの商品開発プロジェクトにはならず，不本意なものに終わることになります。プロジェクトを成功させようと思うならば，必要な外部リソースを調達するために，プロジェクトリーダーは，スポンサーや，場合によっては社長・役員にその必要性を理解してもらう努力が必要となります。

（7）予算が十分確保できない場合は，予算申請前に実績をつくる

　プロジェクトリーダーが努力しても，予算が獲得できない場合もあります。その場合は，とりあえずプロジェクトをスタートさせて，短期間（たとえば90日以内）に，部分的であっても高い実績を上げ，その実績を元に経営者に対し予算獲得を交渉するという方法があります。たとえば有望顧客を3社獲得するとか，概念実証＝PoCを実施して有効な結果を得るとか，簡単な施策を作成し重要顧客に提案してよい結果を得るなどです。小さくても実績が出ていれば，経営者も予算を配分しやすいはずです。

3 ｜ 事業企画開発仮説フェーズ

3-1　事業企画開発仮説とは何か

（1）事業企画開発仮説があってその次に商品企画開発仮説がある

　これまで，商品とは顧客経験価値を生み出すモノ，コトさらには「場」であると述べてきました。その実現のためには，有用な情報の獲得をはじめそのデータの解析システムや関連するサービスの企画，それらを実現するために外部パートナーとの関係を設計すること，つまり，ビジネスモデルが必要になります。商品を企画することは，ビジネスモデルを企画すること，さらには事業戦略を企画することになるのです。

　たとえば，近年急成長したワークマンは，もともと現場作業員のための作業着や作業用シューズなどさまざまな用品を扱っていたところ，若い女性までもターゲットにしたワークマンプラスという新事業を開発し成功しています。ワークマンプラスは，単品開発の積み上げ開発ではありません。DIY，ガーデニング，アウトドアなどの"趣味，たのしみとしてのワーク"に焦点を当て，若い女性も含めたお客様の新たな顧客経験価値を創造するために，アプリを使った顧客の囲い込み，さまざまな商品・サービスを包含したビジネスモデル，事業戦略を開発して，成長につなげていきました。

　一方，事業戦略を実現させるためには，「商品」という概念もまた外せません。事業戦略のキラーコンテンツとしての商品が求められるのです。アマゾン

はいまや巨大ECサイトになっていますが，スタート当初はインターネットで購入するモノを絞り込み「オンライン書籍販売」という「商品」をキラーコンテンツにビジネスを拡大してきました。また近年のAppleはiPhoneをキラーコンテンツにしてきました。このように，顧客経験を重視したビジネスでは，事業戦略とビジネスモデルを基盤に，その上にキラーコンテンツとしての魅力的な商品を開発し乗せているのです。

（2）事業企画開発仮説の2つの前提

　事業企画開発仮説を検討する前に，2つの前提に関して簡単に分析する必要があります。1つはマクロ環境分析で，もう1つは競合他社分析です。これらの分析は，検証フェーズのマーケティングリサーチのパートで詳細に実施しますので，この段階では手元にある情報で大まかなレベルでよいでしょう。

マクロ環境分析

　マクロ環境分析とは，略称でPEST分析と呼ばれる，政治（Politics），経済（Economy），社会（Society），技術（Technology）に関する大きな潮流の中で，事業や商品に影響を与える要因を把握することです。現在並びに将来の動向を分析することになります。将来は何年先まで分析するかは，どのような事業，商品かによってことなりますが，最低5年以上先は見ておく必要があります。

　PEST分析のデータは，大手シンクタンクなどで調査分析したものを利用するのが信頼性という点からもよいでしょう。しかしこの段階では，高額のレポートを購入する必要はなく，ネット検索で出てくるもので十分です。大事なことは，対象となる事業，商品に影響を与える要因を見落とさないことです。たとえば「新型コロナ」「政治経済での中国の脅威」「脱炭素」などはPEST分析でよく上がってくるトピックで，聞き慣れているため，その影響を軽く見がちです。PESTで上げられた潮流が，業界のエコシステムやビジネスモデルにどんなリスクや機会をもたらすか，鋭い洞察力が求められます。

競合他社分析

　競合他社分析とは，自社と市場，顧客を取り合っているライバルです。競合

	主なトレンド	事業，商品への影響
P（Politics） 政治的要因	・ 医療費削減 ・ 情報セキュリティ強化の要請 ・ SDGs，CO2削減要求 ・ 新興国パワーの増大 ・ 米中対立による緊張関係 ・ TPP参加国の拡大	・ 明確な経験価値の提示および，高いコストパフォーマンスが必要 ・ UI開発およびセキュリティ対策費用の増加 ・ GX，リサイクルプロセスを組み込んだエコシステムが必要 ・ 対立状況により海外展開先を変更する必要性
E（Economy） 経済的要因	・ 労働単価の向上 ・ 世界的な不況による消費低下 ・ ブロック経済化 ・ 新興国の経済成長鈍化 ・ 新興国での中間所得層増加 ・ GAFAのハードウェア事業領域への進出	・ 原材料費や加工費（外注），新規の設備購入費用の増加 ・ 中間所得層の増加による高価格高付加価値製品の売り上げ増大の期待 ・ 明確な経験価値の提示および，高いコストパフォーマンスが必要 ・ GAFAヘルスケアアプリとの連携の必要性
S（Society） 社会的要因	・ 先進国における人口減少 ・ ライフスタイルの多様化 ・ 新型コロナを契機としたWEBサービス普及 ・ 情報セキュリティへの意識向上 ・ SDGsによる環境意識の向上 ・ テクノロジー発展による失業率アップ	・ 売り上げ規模を拡大するには海外市場を考慮する必要あり ・ 多様なライフスタイルに合わせた商品開発，もしくはセグメントの絞り込みが必要 ・ ブロックチェーンなどの新規セキュリティ技術の導入による投資費用の増加
T（Technology） 技術的要因	・ AI，IoT技術の進化 ・ リサイクル技術の進化 ・ 自動化技術の進化 ・ ビッグデータ解析技術の発展 ・ 健康テクノロジー分野の拡大 ・ 新興国企業の技術力，価格競争力向上	・ 情報の取得，分析，活用効率を向上させることが可能 ・ DX，GX人材の確保と教育の必要性 ・ GX，リサイクルプロセスを組み込んだエコシステムが必要 ・ 初期投資は大きくなる

　他社は，現在自社が参入する市場で直接的に競争関係にある「戦略グループ」と，場合によっては競争関係になることもある「産業以内競合」，新規参入や，顧客の購買目的は同じであるが，全く異なる業界から既存事業者の商品を代替する「新規参入・代替品競合」の3つがあります。顧客経験価値を起点にした事業や商品では，3つ目の「新規参入・代替品競合」に注意しなければなりません。たとえば自動車メーカーの競合は，クルマで移動するという経験価値を起点にした場合，同じ業界の自動車メーカーよりもUberなどの配車アプリがより影響力のある競合と考えるべきです。

　競合他社分析は，競合の現在の能力や戦略を把握するだけでなく，競合の将来戦略を推測することも重要です。なぜなら競争は，現在よりもむしろ将来発生する競争関係がより重要だからです。

3-2　事業企画開発仮説の4つの視点の具体的な内容と発想

　事業企画開発仮説とは，何をどのようなレベルで検討すべきなのでしょうか。ここでは，事業企画開発仮説は4の視点で企画検討することをお勧めしています。1つ目はコア・コンピタンスの視点，2つ目はエコシステム・ビジネスモデルの視点，3つ目は顧客経験価値の視点，4つ目は商品企画の視点です。以

分類	主な競合企業	競合の現在＆将来の戦略	事業，商品への影響
戦略グループ	・スポーツメーカーA社 ・アウトドアメーカーP社 ・アパレルメーカーU社	・高機能性を特徴とした下記のシーン向けのシューズの展開 　✓スポーツ，アウトドア，タウンユーズ，ビジネスユース ・材料メーカーとコラボし，機能性を強化 ・エンドユーザーとの接点があり，エコシステム上は最上流に位置する優位性を活用	・シーンごとのシューズのもたらす価値に強みがあり，その価値を増幅するためのアプリやコミュニティ活動などの周辺サービスを含めた事業展開を加速 ・シーンを跨いだ利用が増加しているため，機能性とデザインの両立を図っている
産業内競合	・繊維材料メーカーT社 ・機能性樹脂メーカーA社	・シューズメーカーの依頼を受け，ユーザーニーズを満足する軽量性，通気性，防水性を満足する繊維材料や樹脂材料およびその加工法や1次加工により収益を獲得 ・シューズメーカーとコラボし，特定のシーンに特化した材料を提供	・材料メーカーとしてのブランド力が高くユーザーに対し技術の信頼と安心を提供 ・特定の機能に関して特化した材料を提供しているため，履き心地やデザイン性を保持することが困難となっている
新規参入・代替品競合	・ウェアラブルメーカーF社 ・アプリベンダーX社	・ウェアラブルセンサーによる運動習慣改善やシューズメーカーとコラボした運動習慣改善ソリューションなど，シューズを利用したサービス展開により収益を獲得 ・エンドユーザーと直接接点があるが，シューズ販売はせず，デバイスおよびアプリの販売により収益を獲得	・サービスによる顧客接点を拡大し，コミュニティ活動などの周辺サービスを含めた事業展開を加速 ・食品，サプリメントなどの異業種との連携も加速 ・シューズ単体ではなく，シューズを利用した体験をサービス化

下，事業企画開発仮説の4つの視点に関して詳しく説明します。

（1）コア・コンピタンスの視点での仮説

　コア・コンピタンスの視点の仮説とは，自社の持つコア技術やスキルから商品・事業の仮説を立てるものです。コア・コンピタンスは企業の本業と呼ばれるメイン事業のベースになっているものです。たとえば製造業の場合，技術がコア・コンピタンスであることがほとんどで，具体的には要素技術，設計技術，製造技術，利用技術などの各技術カテゴリーにあるもの再認識したり，さらに複数のコア・コンピタンスを組み合わせたりすることで見出します。

　それらのコア・コンピタンスは，最終受益者の感覚，感情，思考，行動，共感，つまり顧客経験価値に大きなインパクトを与えうる商品になるものでなければなりません。つまり，コア・コンピタンスは下記のような状態を目指して発想します。

- ・ある特定市場の需要を急速に拡大するものである
- ・ある特定市場のエコシステムを大きく変えるものである
- ・これまでに無い市場や顧客経験価値を創造するものである

たとえば米国発の配車アプリのUberは，クルマ利用の価値観，行動を変え，快適性，利便性を提供し，モビリティ産業市場全体のイノベーションを起こしました。Uberのコア・コンピタンスは，アプリケーションのデザインとAIを組み込んだ配車プログラム，ビジネスモデルなどです。

コア・コンピタンスは，絶対的なものではなく，ある市場領域を前提にした際に想定される競合との比較のうえで相対的に見出すものです。したがってコア・コンピタンスは，市場領域を変えること，つまり競争する競合を変えることで，捉え方が変わってきます。たとえば日本の大手ビールメーカーなどでは，ビールで培った酵母の技術を保有しており，ビール以外の薬品市場においても，酵母を使った製品で優位性があるといった例です。既存事業の市場と比較し顧客の要求がそれほど厳しくない市場においては，自社の技術がコア・コンピタンスとして有望かもしれません。

新たなコア・コンピタンスは，社内外の強い能力を組み合わせ，つくり出すこともできます。たとえば社内の異なる事業や部門に点在する能力を組み合わせることで創り出すことです。組織が縦割りで組織間コミュニケーションが少ないと思われる企業には，この方法をお勧めします。それぞれの部門に存在する独自性のある強みを組み合わせるのが，新たなコア・コンピタンスを生み出す近道です。

また，オープンイノベーションの発想で大学や他社からの技術やノウハウを導入し，自社のコア・コンピタンスと組み合わせることで独自のコア・コンピタンスを創ることも効果的です。技術開発スピードが飛躍的に上がっている現在では，外部の強いコア・コンピタンスをいかに素早く獲得し，自社のコア・コンピタンスと組み合わせていくかが極めて重要になっています。

ちなみにコア・コンピタンスと類似したものに「ケイパビリティ」という概念がありますが，大きな違いはありません。ケイパビリティはバリューチェーンを横断するものであるとする主張もありますが，コア・コンピタンスも当然バリューチェーン，ビジネスモデルを横断，貫通しますから相対的に強みと認識されます。言葉の違いよりも競争に打ち勝つ相対的強みを認識する重要性を理解いただければよいでしょう。

図表4-12　事業企画開発仮説シート

顧客経験価値の視点

- 軽量，高耐久，高消臭性，高放湿性，高追従性による最高の履き心地とデザイン性の両立
- 日々の運動習慣改善の緩やかな支援
- 材料＆経験価値シミュレーションによる顧客企業の開発プロセスコストの削減
- 顧客企業のSDGs貢献を定量的に支援

コア・コンピタンスの視点

- 業界No1の軽量，吸湿性，高追従性を有する高分子繊維材料を，新規開発素材および材料構造の開発により実現
- 自社および他社材料の合成経路および，材料機能予測が可能なシミュレーションを開発
- 材料ブランドによる高信頼性の提供と顧客情報獲得

エコシステム・ビジネスモデルの視点

- 材料のブランド化およびライセンスによる顧客企業，エンドユーザー情報の獲得
- 原料，シューズメーカー，エンドユーザーをパートナーとした資源循環の実現
- 材料ブランドのライセンス契約によるコラボ商品の増加
- シミュレーション，クラウドプラットフォームのAPI連携によるサービス拡大

商品企画の視点

多孔質樹脂繊維，樹脂ゴム，感圧シート技術を活用した「歩く楽しみを足元から支えるデザイン性の高い」シューズ用高機能性材料および材料経験価値シミュレーション

・高機能性樹脂：
　多孔質樹脂繊維，高弾性，高吸水性，放湿性
・材料シミュレーション：
　①自社材料データおよび収集した顧客経験価値データから，機能によって生る顧客経験価値の予測が可能
　②利用材料におけるリサイクルプロセスの設計，および実施支援が可能

（2）エコシステム・ビジネスモデルの視点での仮説

　エコシステム・ビジネスモデルの視点とは，自社のコア・コンピタンスや顧客経験価値を使ってエコシステムやビジネスモデル全体をどうイノベーションするかという仮説です。エコシステム・ビジネスモデルがイノベーションされたというイメージはおおよそ4つの結果状態で考えるようにしています。

状態1：参加企業が現在の半分以上入れ替わる状態

状態2：参加企業が現在の2倍以上増加していること

状態3：参加企業の関係性が大きく変わっていること

状態4：収益が獲得できる部分（収益構造）が変化していること，増えていること

　変革の割合は，あくまでイメージですが，要はエコシステム・ビジネスモデル全体に大きなインパクトを持たせれられるかということです。

　わかりやすい例で言えば，音楽業界はCDなどのハードを購入するエコシステム・ビジネスモデルからダウンロード型，そしてストリーミングする時代に変化していきました。クルマの業界も，クルマは買うものからモビリティの利用手段としてカーシェアやレンタルなど，オンデマンドで利用料を支払う形式が普及してきました。こういった業界全体に大きなインパクトを発生させるこ

とがエコシステム・ビジネスモデルのイノベーションです。

すでに皆さんもおわかりのように，多くのエコシステム・ビジネスモデルのイノベーションは，IoTやAIなどのDXが関わっています。人を介さずに自動で判断し，ジャスト・イン・タイムで知らせてくれ，また利用する側の情報も記録してくれます。プラットフォームさえできれば，便利なアプリがたくさん開発され，供給され市場が急速に拡大されていきます。

近年のエコシステムのイノベーションは，業種，業態を超え異業種連携で発生することが多く見られますが，その橋渡しになっているのもDXです。従来1つの業種でやっていたものが，顧客経験価値の視点からワンストップで提供できるようになり，さらにまたその中からニーズが創造され事業化され増幅されていきます。

その他，従来顧客が所有していたモノを利用する形態に変えたり（所有から利用へ），固定費や固定資産投資をシェアしリスクを下げたり，顧客のバリューチェーンを短くするために細かく業務を分業しアウトソーシングしたりといったモデルが生まれたりしています。たとえば最近の外食産業では，ゴーストキッチンというビジネスモデルが注目されています。ゴーストキッチンとは，フードデリバリーのキッチンを，他のレストランのキッチンを借りたり，レストラン以外のキッチンを利用したりする方法で，従来の店舗型外食の市場を変革することで成長しています。

（3）顧客経験価値の視点での仮説

顧客経験価値の視点とは，顧客の感覚，感情，思考，行動，共感など顧客経験価値を新しくデザインすることです。新しい商品が購入され，それが使用され続けるということは，その商品の使用がきっかけとなり「顧客の行動が変わる」ということになります。「顧客の行動が変わる」というのは，顧客の望む感覚，感情，思考がある程度満たされ，その結果新たな行動が起こされ何らかの成果が生まれ，さらに同じような体験をした仲間とコミュニケーションし，何らかの共感が生まれるといった「コト」が起こされることを示します。

商品開発において，まずその商品によって達成されるべき新たな顧客の経験価値をデザインしなければなりません。そのためにはまず現在の顧客の経験を

把握し，そこで満たされていないものを分析すると同時に，ありたい顧客の経験を描く必要がありあります。そのありたい顧客経験が，顧客経験価値仮説となります。

　ありたい顧客経験価値とは基本的に主観的なものです。主観的なものを把握するというのは，事業企画開発者自身が顧客経験価値を味わい，主観として理解することが必須です。それでなければ他社と共有できません。

　では実際どのようなことをするべきなのでしょうか。私はまず，その社員に，自社の提供する商品・事業のPoCを体験していただくようにお願いしています。その感覚，感情，思考，行動，共感を可能な限り記録し，分析し，そこから商品・事業の経験を伝えたい顧客＝ターゲット顧客に対する顧客経験価値仮説を創造します。つまり事業企画開発に関わる私たち自身，社員自身の経験が大変重要なのです。自社商品の経験，体験は大変重要なことです。なぜなら，自分が良いと思った商品・サービスの共感を広げていくことがビジネスそのものだからです。

　上記は主にB2Cのケースですが，B2Bでも似たようなことが必要です。それは法人顧客の経営者の経験価値を想定するのです。たとえば，企業の経営者は財務的な結果に追われています。一方経営者は，経営理念，ブランド，技術開発などの長期的な視点の一貫性も問われます。財務的な結果は，その法人顧客の満足や仕事の仕方，業務プロセスに依存しますし，さらにその根源になる人組織，経営基盤にも目を配らなければなりません。B2Bの顧客経験価値仮説とは，こうした顧客の経営トップと同じ目線，さらにはそれを超えた目線で創造しなければなりません。一言で言えば顧客の経営者になりきり，彼らの想像を超えることがB2Bの顧客経験価値を創造することになります。「そこまでしなければならないのか？」と思われるかもしれませんが，実際，そこまでやりきらなければ，顧客である経営者は提案に関心をもってくれないでしょう。

（4）商品企画の視点での仮説

　商品企画の視点での仮説とは，具体的な商品コンセプト仮説を企画することです。そのためにはこれまで仮説を検討してきたコア・コンピタンス，エコシステム・ビジネスモデル，顧客経験価値の３つの視点から商品コンセプト仮説

を検討します。

　商品企画コンセプト仮説とは具体的に何を検討すべきなのでしょうか。一般的にはあまり明確にされていませんが，商品コンセプト企画とは最低限以下の6つのことを検討することです。

検討項目1：ターゲット顧客
検討項目2：顧客のシーン，ニーズ
検討項目3：商品の特徴
検討項目4：提供形態，販売方法，ユーザーインターフェース
検討項目5：価格および顧客の負担するコスト
検討項目6：基本コンセプト（商品コンセプトを一言で言えば何か）

　これらのことは，すでにコア・コンピタンス，市場イノベーション，顧客経験価値の3つの視点での検討の際に想定してきたことです。それをここで一気に明確にしておきます。

　「商品」は技術やマーケティング戦略を考えることとは違います。「商品」とは実際顧客が購入し，利用してくれる「モノやサービス」そのものです。優れたビジネスパーソンは，常に仮説として「商品」はどのようなものかを考えています。自らが商品コンセプトを具体的に企画して，自分自身または他の人に評価してもらい，その結果をフィードバックさせ商品コンセプトを見直し考え続けています。

　しかし現実には，この商品コンセプト仮説がはっきりしないまま企画検討を進められていることが多いように思われます。その理由は，商品コンセプト仮説をはっきりさせることで，売れるか売れないかが明確に評価され，結論づけられるのを恐れているからだと思います。

　しかしよく考えると，この段階はあくまで仮説です。もし厳しい評価を受けたなら，仮説段階なのですからその評価の本質を理解し，修正すれば良いのです。実際は後工程のPoCの段階で，商品コンセプトは，想定顧客に厳しく評価され，修正されるのが普通です。さらには市場に出してさらに顧客から厳しい評価を受けるかもしれません。

　所詮商品企画とは，永遠に試行錯誤を繰り返していく終わりのない仕事なのです。完璧な商品コンセプトなどありません。また顧客の求める経験価値も常

に変わります。本来企業も顧客も，互いに継続的に学習し，それを共有し，進化・成長していく関係であるべきです。

3-3　効果的な事業企画開発仮説のための３つの方法

　事業企画開発，商品企画開発，ともに重要なのはこの仮説設定です。明確な仮説が設定できれば，検証を繰り返し，他社が想像しない独自の企画になります。しかし仮説が不明確だと検証段階でもその問題がなかなか見つけることができず，迷走しがちです。

　仮説段階での問題の多くは，従来からの常識的な発想に縛られていることです。仕事の多くは過去の常識で判断し，処理されていきます。しかし事業企画，商品企画は，常識を超えた発想をしなければ顧客には受け入れられません。常識的な発想に留まっていれば，価格競争が待っているだけです。したがって仮説を考える際には，日常業務の考えや発想ではない，新たな発想法を取り入れる必要があります。ここでは事業企画開発仮説設定に効果的と思われる方法を３つ紹介します。

　１つ目は，**個人，企業などの限られた範囲を超えた社会課題から考える方法**です。たとえば日本ではシングルマザーの貧困の話は表に出にくい社会課題です。その他，増え続けるゴミの問題や，フードロスの問題，ペットの殺処分など，目を背け，耳を塞ぎたくなるような社会の課題は世の中にたくさんありま

図表4-13　効果的な事業企画開発仮説のための３つの方法

社会課題から考える方法
事業，企業という枠を超えた社会課題
から必要なものは何かを考える

新しい価値観から考える方法
時代の変化から必要とされる
新たな価値観とは何かを考える

パラダイム変化から考える方法
時代の前提認識＝パラダイム
はどう変わるかを考える

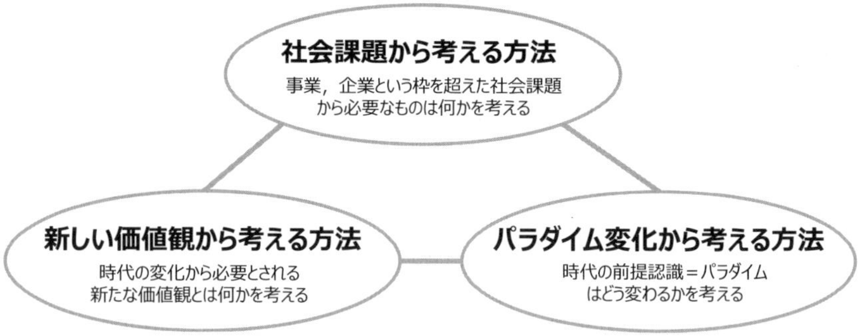

す。その中で自社と関連した社会課題をストレートに認識し，それらを，事業を通じて解決する発想を試みるのです。

　視点を社会に向け，事業を通じて社会課題を解決するためには，強い理念と責任感を持つことや，過去の発想の大きな転換，そして解決のための深い思考や専門知識を学ぶことが必要となります。それらの一連の努力が，結果的に独自の商品・事業仮説となります。多少事業化が難しくてもテーマとする社会課題から目を背けず，問題意識を持ち続け，行動することで，自社が取り組むべき事業企画開発仮説が生まれます。

　2つ目は**新しい価値観を考えることを通じて事業企画開発仮説を企画すること**です。新しい価値観を構想することは，人の仕事や生活に新しい意味を創り出すことです。たとえばリンダ・グラットンの著書『LIFE SHIFT（ライフ・シフト）』[1]では，「衛生環境が改善され多くの人が100歳まで生きる時代になる」と述べられています。これをヒントに考えると，これまでと違った価値観が見えてきます。たとえば，教育，就職，引退といった段階的生き方から，人生の段階にかかわらず常に学習して行動変容していく「マルチステージ」の生き方や，老後の資金といった有形資産よりも，心身の健康，知識，スキル，人間関係など無形資産の運用が重視されてくるといった価値観です。このように人生を100年とみた場合には，人の生き方，仕事の仕方，学びなど価値観が変わり，そこから新たな事業企画開発仮説を考えることができます。

　3つ目は，**前の2つとも関連しますが，社会のトレンドの変化から社会の前提認識変化＝パラダイム変化から考える方法**です。たとえば，人類は狩猟採集から農耕技術へ，科学をベースとした後産業化技術，コンピューター技術による情報化と発展・進化してきました。近年ではAIや人工臓器などの技術の発展は，人の社会の前提認識を大きく変えつつあります。このような社会トレンド変化による社会の前提認識変化を「パラダイム変化」と呼びます。パラダイム変化は，技術以外の経済のグローバル化，金融・経済，国際関係の枠組み，

1　リンダ・グラットン，アンドリュー・スコット『LIFE SHIFT：100年時代の人生戦略』（池村千秋訳，東洋経済新報社，2016年）

米中対立などの大国の動向はじめ政治の動きなどもからも起こります。このようなパラダイム変化の変化は，事業企画開発仮説を考えるヒントになり得ます。

　以上3つの代表的な発想の方法は，知識だけでなく深い思考力が必要で簡単なことではありません。しかしそれは商品・事業仮説だけでなく，自分自身の人生を考えるうえで大変効果的なものです。自分なりの学習スタイルを身につけ，挑戦していただきたいと思います。

第 5 章

商品企画開発仮説フェーズ

1 | 機能とコスト中心の商品開発から脱却するために

　一部の人を除けば日本をはじめ先進国に住む一般的な市民は，衣食住など生きていく上で必要なことでは，ほとんど困っていません。物質的に満たされていることが多いので，家族に「何かプレゼントするから好きなものを教えて」と聞かれても，すぐに答えることができない人が多いのではないでしょうか。

　しかし，自身の精神的なことや夢の実現に関する満足はどうでしょうか。人との関係，昇格昇進，趣味の充実，ゆったりとした生活など，満たされていないことはたくさんあります。心理学者マズローの「五段階欲求説」で言うと，多くの人は，生理，安全の欲求などフィジカルな欲求は満たされていますが，社会的欲求や承認欲求，自己実現の欲求など，高度な精神的な欲求は満たされているとは限りませんし，その追求には終わりがないように思えます。

　そのような中で，既存企業の提供する商品はどうでしょうか。一概には言えませんが，まだまだ機能中心のフィジカル面の訴求にとどまっているものが多いのではないでしょうか。商品機能そのものは優れているのに，それを利用した際の精神，自己実現の面まで踏み込めていなかったり，顧客にとって不要な機能を加えたりしていることが多々見受けられます。

　たとえば乗用車では，多くの企業が，走りや燃費，収納性，空間の広さなどの機能面を訴求していますが，自動車を活用した憧れのワークスタイル，ライフスタイルを訴求している企業は多くありません。その結果多くの消費者は，

価格を中心にクルマを選択します。これはクルマに限ったことではありません。家電や住宅，食品など伝統的業界でその傾向は強いと言えます。

　商品企画開発において，なぜこのようなことが起こるのでしょうか。その理由の1つに，**商品企画開発をする際に，"分析思考"や"積み上げ型の論理思考"に依存しすぎているということ**があげられます。"分析思考"や"積み上げ型の論理思考"は，商品企画開発で，機能面で大きく外すことはありませんが，顧客が予想しないもの，特に新たな顧客経験価値を生み出すようなアイデアは出てきません。"分析思考"や"積み上げ型の論理思考"で企画開発された商品は，顧客も含め誰もが予想しやすいため価格競争になりがちです。また，競合も同様の思考の場合，商品カテゴリー全体が顧客から飽きられ「どのブランドでもいい。安ければどれでもいい」と言ったいわば"コモディティ"となります。

図表5-1　新たな顧客経験価値発想に求められる思考

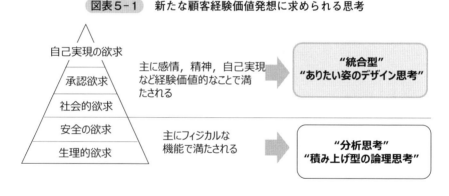

　このような行き詰まり感からか分析思考や積み上げ型の論理思考に代わって，ありたい姿のデザイン思考が求められるようになりました。

　ありたい姿のデザイン思考は，多様な要素の組み合わせや，未来のイメージからのアイデア，観察調査からの湧き出るインスピレーションなど，つねに不安定さがともない，市場で長期間の試行錯誤や検証が必要な，少し面倒な方法という印象があるかもしれません。しかしネットが普及するに従って，顧客の情報が入手できるようになったり，オンラインも含め企業と顧客がコミュニティをつくったりすることで，顧客が商品企画開発に参画することも可能とな

り，ありたい姿のデザイン思考は，近年かなり発展してきました。今後IoT，AIなどのDXさらにはバーチャルリアリティなどが普及すればそれらはもっと進化すると考えられます。

2 顧客経験価値を企画するための6つの手法

　新たな顧客経験価値を重視する商品企画開発で必要とされるありたい姿のデザイン思考はどのようにして行われるのでしょうか。ここではその代表的な方法として以下の6つの発想法を紹介します。

　この6つの方法は，実施する主体の個性，能力に依存するもので，判断が難しい場合や，時間を要することも多いでしょう。だからこそ独自性が発揮でき，競合との差別化につながるのです。

（1）　デザインシンキング
（2）　タウンウォッチング
（3）　現場観察
（4）　異業種アイデアソン
（5）　ペルソナデザイン
（6）　カスタマーエクスペリエンスマップ

---

3 デザインシンキング

3-1　デザインシンキングとは

　しばらく前からデザインシンキングが注目されています。デザインシンキングと対になる言葉はロジカルシンキングで，ロジカルシンキングだけでは出てこない発想を生み出すことに，デザインシンキングが効果的に働くと言われています。

　デザインシンキングとは，グラフィックデザイン，インダストリアルデザインなどのいわゆるデザイナーのデザイン作業をするためのものではなく，感覚，感情から起こるイメージなどをつかって新たなものごとを創り出すことを示し

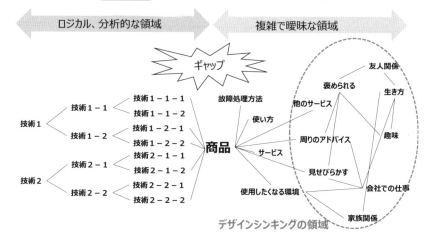

図表5-2 ロジカルシンキングだけでは限界

ロジカル、分析的な領域　　　複雑で曖昧な領域

ギャップ

技術1　　技術1-1　　技術1-1-1
　　　　　　　　　　　技術1-1-2
　　　　　　技術1-2　　技術1-2-1
　　　　　　　　　　　技術1-2-2
技術2　　技術2-1　　技術2-1-1
　　　　　　　　　　　技術2-1-2
　　　　　　技術2-2　　技術2-2-1
　　　　　　　　　　　技術2-2-2

故障処理方法
使い方
商品
サービス
他のサービス
周りのアドバイス
見せびらかす
使用したくなる環境
褒められる
友人関係
生き方
趣味
会社での仕事
家族関係

デザインシンキングの領域

ます。

　1つの商品を作るためには複数の技術を精緻なロジカルで組み合わせていきます。その商品を選択する顧客は，製品の機能を利用するだけでなく，設置方法の案内や修理・メンテンナンスなどを求めています。このあたりまではロジカルシンキングでカバー可能な範囲です。

　図表5-2の左側はロジカルシンキングで構成された技術の世界，右側が実際の商品の選択の方法です。右側は必ずしもロジカルでありません。デザインシンキングとは，簡単に言えば図表5-2の右側のほうの人の感覚，感情，イメージを想定し明確にする作業で，ロジカルシンキングでは発見できない答えを導き出す思考方法です。

　デザインシンキングの目指すことは，人や社会にとって「意味」をデザインすることです。意味とは，時間の経過をともなった人の感覚，感情，思考，行動，共感などの一連の経験であり，それは文脈的なものです。そういった経験は，人の身体を1つの媒体または制約としたもので，個人的，主観的なものになります。一方ロジカルなものは，共通の原理，法則をベースとした，人の身体から離れ言語化，数値化された客観化されたもので展開していきます。

　ロジカルシンキングは客観的で，知識や見識さえあればだれでも共有しやす

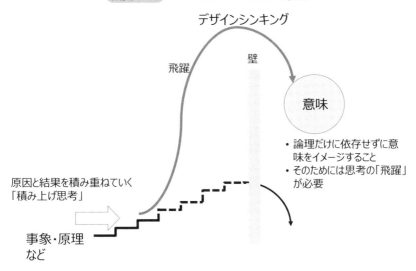

図表5-3　デザインシンキングの役割

デザインシンキング

飛躍

壁

意味

・論理だけに依存せずに意
　味をイメージすること
・そのためには思考の「飛躍」
　が必要

原因と結果を積み重ねていく
「積み上げ思考」

事象・原理
など

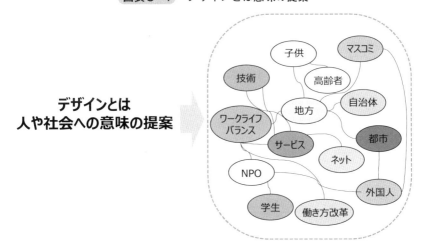

図表5-4　デザインとは意味の提案

デザインとは
人や社会への意味の提案

子供
マスコミ
技術
高齢者
地方
自治体
ワークライフ
バランス
サービス
都市
ネット
NPO
外国人
学生
働き方改革

いのですが，過去にはない新しい発想を生み出しにくい側面もあります。過去に
ない新しいものとは，ロジカルな思考過程を飛ばして，ありたい姿をイメージ
することにあります。ありたい姿ですから何をイメージしても自由です。自由

にイメージするところにデザインシンキングの面白さがあります。

3-2 どうやってデザインシンキングを行うのか

　ここ数年デザインシンキングが普及してきましたが，多くが概念の説明だけ
で，具体的にどうやって実践するかをうまく説明しているものは少ないように
思われます。デザインシンキングは，論理的に文章化，数値化はしてはいけま
せん。どのように思考し，表見するか，主に**図表5-5**のような方法で行いま
す。

　これらをつくりながら，ありたい姿をイメージとして表現します。

　デザインシンキングは，頭で何も思考しないわけではありませんが，主に感
覚，感情，思考，行動，共感することなどの身体をつかってイメージングして
いきます。したがって**感覚，感情，行動などの身体性を鍛えておく必要があり
ます**。同時にそれを表現するスキルも重要です。**スケッチ，写真，詩，音楽，
工作など表現する方法を身につけておくことが大事です**。

　これまでの学校教育では，記憶すること，分析，決まった解を見つけ出すた
めのロジカルシンキングを鍛える面が強かったと思います。もちろんロジカル

図表5-5　デザインシンキングの主な表現形式

①コラージュ　②絵やスケッチ　③段ボール，クレイモデルなどの
モックアップ（試作品）

④動画　⑤音楽（作詞，作曲），演奏，歌　⑥ダンス

⑦詩　⑧キャッチコピー　⑨物語

シンキングも大事ですが，それだけでなく独自の発想を生み出すデザインシンキングも重要です。

3-3 普段の仕事，生活にデザインシンキング的な発想を取り入れる

　さて，我々は仕事や生活の中でデザインシンキングをどれだけ実践できているのでしょうか。もちろん人によって違いますが，仕事となればどうしても業績の分析・把握，市場分析，予算計画など，多くの作業が文書や数字中心で，ロジカルシンキング的なものになりがちです。仕事時間中にあえて，自由に雑談をしたり，スケッチしたり，写真をとったりして自分のクリエイティビティを上げるようなことに取り組むのはなかなか難しいでしょう。しかし，クリエイティビティを上げたいのなら，こうした遊びの時間をあえてとることが効果的だと思います。心理的安全性を確保し，さらにマインドフルネスなどでリラックスし，発想しやすい環境をつくるワークショップなどを定期的に行うことも効果的です。以下，デザインシンキングの効果的な方法を紹介します。

4 ┃ タウンウォッチング

4-1 タウンウォッチングとは

　タウンウォッチングとは，商品企画開発仮説に関わるテーマを決めて，街を訪問して観察し，そこで得たインスピレーションから顧客経験価値や商品アイデア，商品コンセプトなどを発想する方法です。

　タウンウォッチングは，顧客分析や競合分析などの客観分析ではなく，主観による「観察」とそこから観察対象の経験価値の本質を洞察すること，つまりインサイトを得るためのワークです。したがって，観察者自身の感覚，感情，思考，行動，共感に依存します。観察する自分自身の個性をある程度理解し，タウンウォッチングを通じて共感したこと，違いを感じたことなどから顧客経験価値や商品アイデア，商品コンセプトなどを発想します。

　タウンウォッチングはチームで行うのがベストです。チームメンバーの感覚，

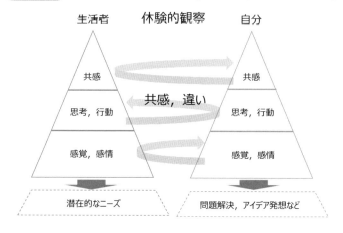

図表5-6 タウンウォッチングでは，自分自身を知ることが大事

生活者　　　体験的観察　　　自分

共感　　　　　共感

共感，違い

思考，行動　　　思考，行動

感覚，感情　　　感覚，感情

潜在的なニーズ　　　問題解決，アイデア発想など

図表5-7　　タウンウォッチングの手順

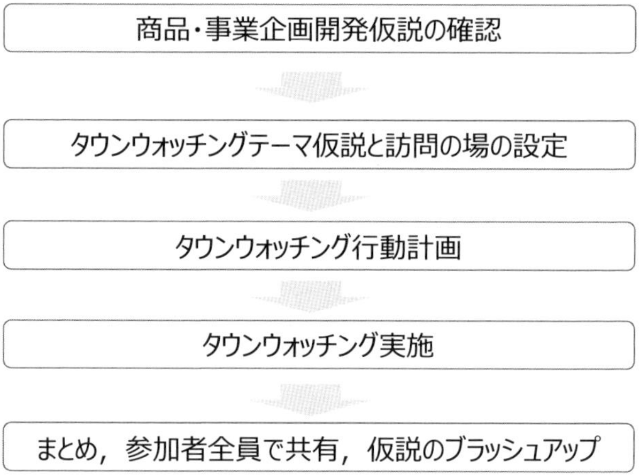

商品・事業企画開発仮説の確認

タウンウォッチングテーマ仮説と訪問の場の設定

タウンウォッチング行動計画

タウンウォッチング実施

まとめ，参加者全員で共有，仮説のブラッシュアップ

感情，思考，行動，共感の個性の違いがアイデアやコンセプトのヒントになるからです。またメンバー同士の対話によって新たな顧客経験価値を創造することも可能です。

　タウンウォッチングは，主に**図表5-7**のような手順で行われます。

　まず，事業企画開発仮説を確認し，その仮説の中で，タウンウォッチングを通じて獲得したいアイデア，コンセプトなど"タウンウォッチングのテーマ仮

説”を設定します。テーマ仮説とは，たとえば「対象顧客のペルソナ（属性や具体的な特徴）の把握と商品・事業の基本コンセプトのヒントを探す」などです。次に，そのテーマ仮説のヒントが得られそうな訪問“場所”“街”を2，3カ所選び，そこで何を観察するかの「タウンウォッチング行動計画」を立てます。実際に，タウンウォッチングには約1日かかります。計画を立てて，街に出かけ，観察してきたことを各自が簡単にまとめ，その内容を参加者全員で共有し，仮説のブラッシュアップを行います。

4-2　あるトイメーカーでのタウンウォッチングの経験

　少々長くなりますが，ここで私が20年以上前に，タウンウォッチングを商品企画に活用しはじめた時の，玩具やゲーム機を開発・製造している企業でのプロジェクト例を紹介します。

　私への依頼は商品開発部門のヒット率をアップさせるためのコンサルティングでした。開発メンバーにヒアリングすると，普段は夜11時まで仕事をし，土曜日もほぼ毎週出勤しているので，趣味を楽しんだりする時間も少なく，好きなアニメも仕事として見るだけで楽しめていないとのこと。

　そこで事業部長にお願いし，開発部門のメンバー15人の時間を2日間借りて，タウンウォッチングと商品企画のワークショップを行うことにしました。テーマを仕事そのものにすると楽しくないので，わざとずらして「子供向けお菓子の開発」にしました。5人ずつのチームをつくり，テーマ仮説を企画し，そのテーマ仮説のヒントが得られそうな街を選び，午後一杯タウンウォッチングし，夕方18時に帰ってくることにしました。各チームには5,000円の「お小遣い」を渡し，何を買ってもよいし，領収書もいらないことにしました。子供の頃お祭りで，親にもらった500円で何を買おうか楽しく悩んだのと同じように，悩み考えることに意味があるからです。

　12時半にスタートし，チームで昼食をとり，各チームが選んだ街に出かけます。早速メンバーの1人である部長から私あてに電話が来ました。「中野の公園に行ったけど，子供がいないんですが……」「部長！いまどき，中野の公園で子供だけで遊ばせる親はいませんよ」と私から返事しました。後で部長さんは，「最近子供がどこで遊んでいるのかさえ解っていなかった……」と，顧客

経験価値を直接把握する意識が少なかったと反省されたようでした。

　18時に全チームが帰ってきて，タウンウォッチング中にデジタルカメラで記録した写真について20時までの2時間で共有する会合を行い，それから皆で食事に行く予定としていました。しかし，会合が終わったのは22時30分でした。皆が観察した情報があまりにも面白く，多くのインスピレーションやアイデアが沸き，止まらなくなったのです。あるデザイン担当者は会議中にポストイット200枚ほどのアイデアを書いていました。「アイデアが出て止まらない……」と言いながら。

　こういった現象は珍しくありません。なぜなら普段の業務でインプットする情報がフレッシュでないからです。このトイメーカーでも，会社では，開発メンバーが競合の動向，市場シェア，自社商品の売上・利益業績などビジネス競争上の情報が多く，最終ユーザーである子供の遊ぶ様子や最近の興味や関心，憧れ，といった子供の遊び，暮らしの情報を直接得たり，経験を共有したりする機会はほとんどありませんでした。

4-3　タウンウォッチングで観察することとは

　タウンウォッチングでは，主に以下のようなことを観察します。

【街そのもの】
　　・人の数（昼夜の人口）
　　・グループか1人が多いか。
　　・風景の特徴，街のテーマ，コンセプト
　　・道の広さ，主な交通手段，駅周辺の様子，特徴
　　・お店や会社の構成や特徴
　　・建物の特徴　　など
【街を歩く人】
　　・年齢帯
　　・男女比
　　・表情，動作
　　・街へ来る目的
　　・ヘアスタイル，ファッション，持ちものの特徴
　　・歩くスピード，会話
　　・立ち寄るショップ，場所　　など

【お店とそこにいる人】
　・お店の立地，大きさ
　・販売している商品，価格，ディスプレイの方法
　・店員さんの動き
　・立ち寄っている人のタイプと動作　など
※街や店内を撮影する際はプライバシーや，著作権侵害にならないように気を
　つけて下さい。

図表5-8　主な観察・体験方法

観る	→	・通行人 ・お店 ・街全体
移動する	→	・街を見て歩く ・お店を見て歩く ・自転車で移動する ・バス・タクシー・自家用車などで移動する
行動する	→	・買う ・やってみる ・飲む，食べてみる
聴く，話す	→	・お店，レストラン ・案内所 ・お客さん ・通行人

　街は時代の価値を表現する媒体と考えることができます。そこには新しい顧客経験価値を発想することやそれを実現する商品企画にとって重要なヒントが隠されています。その街を，自分の心の窓を開けて「観察」するのです。

　皆さんはどうでしょうか。ゆったりとした気分で街を観察しそこから何か発見しようとしていますか？　タウンウォッチングを通じた顧客の観察や顧客として立ち場得られた自分，顧客経験価値は，商品企画にとってとても貴重な情報です。自分自身の価値観，感情，感覚を持ち，タウンウォッチングで共感すること，違いを感じることが大事なのです。

4-4 観察したものをビジュアル記録し，顧客経験価値を共有する

　タウンウォッチングでは通常，半日で1人200枚以上の写真を撮ってきます。その中からチームで50枚ほど印象的な写真を選び，チームを横断して共有します。テーマ仮説は何で，何を経験するためにどこの街に出かけたかを説明し，実際に経験できたこと，そこでの経験した感覚，感情，思考，行動，そして皆に共感してもらいたいことは何かを自由に話していきます。食事しながらリラックスした気分で行うこともあります。

　異なるチームが別々の街を観察し偶然にも感じたこと，考えたこと，共感したことの本質が，同じになる現象は「シンクロ」と呼んで特に注意します。そこには大きな顧客経験価値の開発可能性があると考えられ，商品企画開発で活用する重要要素なのです

5 ｜ 現場観察

5-1　現場とは何か

　顧客経験価値を構想するためには，顧客が商品を購入したり，使用したりする場だけでなく，たとえば消費者であれば日常生活や仕事の場を広く観察し，人の暮らしの文脈を把握する必要があります。その際に効果的なのが現場観察です。

　「現場」という言葉の定義はなかなか難しいでしょう。リアル，フィジカルであればすべて「現場」なのかと言われればそうとも限らず，インターネットを使って何かをする場も「現場」と考えることもできます。たとえばSNSで会話していれば，ネットを媒介にしてはいますが，リアルタイムで会話されていてそこは一種の現場とも言えなくもありません。私は現場を「人がアクションを起こし，それに対して発生する人や物，自然のリアクションや，そこで同時に発生する人間の感覚，感情，思考，行動，共感などが交差するところ」と定義づけています。

　現場は常に動いていますが，記録された情報やデータは静止しています。現

場は常にリアルタイムで変化しています。情報やデータとはその現場で発生した象徴的な一部を切り出し表現したものです。現場は複雑で，区分がしにくく，情報やデータは整理分類したり体系化したりしやすいという特徴があります。現場の状態を情報化，データ化することとは，何かの視点で，現場の状態をわかりやすく言語や数値で表現することです。

　新たな顧客経験価値を探し出すということは，現場でまだ整理されていない潜在的なものを発見することですから，現場を新たな視点で観察することが必要となります。

5-2　現場に出向いて体感するとは

　IoTやAIなど情報環境が発達し，さまざまなことを情報として知ることができるいま，なぜ現場観察が必要なのでしょうか。現場を観察することにどのような意義があるのでしょうか。

　1つ目は，**観察主体が主観で観る**ことです。主体の身体性を通じてどのような感覚や感情を持ち，思考したかを把握するためです。簡単に言えば顧客と同じ場所，同じ時間，同じ立場で，現場を経験し，そこから主体として新しい経験価値を想像してみることです。

　2つ目は，**観察主体が，現場の人，モノなどと相互関係を持ち，リアルに関わっていく中，得られる経験を自己観察したり，そこから新しい経験価値を想像したりしてみる**ことです。

　3つ目は，**関わる人，モノの問題を具体的に解決すること，または実際解決できなくても解決しようと試みる**ことです。現場と相互関係をつくり，そこから何か新しいことを生み出すことです。そういったプロアクティブな動きから新しい顧客経験価値を想像してみることです。

　実際，自分の知らない現場を観察することは，自分自身に大きな影響を与えることです。私は20代の後半にコンサルティング会社に勤務していたころ，掃除ロボットの開発の支援をする仕事で，清掃会社の方にお願いして，早朝のビルの掃除を2週間ほどお手伝いしたことがあります。朝4時半に起きて始発の電車に乗り，6時前からビルの清掃に入る。私も作業員の1人としてゴミを回収したり，机の上を拭いたりする掃除や床掃除をしました。ゴミが分類されて

おらず，ビン，缶のゴミ箱に生ゴミが捨てられていたり，キャップが閉められていないウイスキーのボトルからアルコールの匂いがしたり，その一方でほとんど掃除する必要のない綺麗なオフィスがあったり，さまざまな経験をしました。清掃会社の人に必要なスキルや知識は何か，仕事の達成感はどのようなことなのか，決められた作業時間の中で，どこを自動化すると作業効率が良くなるか，または作業負担が軽減されるかなどを，実際に掃除をすることを通じて体感できました。清掃の現場観察の経験の後は，それまで情報やデータに偏って見ていた自分とは異なる視点ができ，また現場とそこで働く人に愛着が生まれるようになりました。清掃の現場に関わることで，私自身が少し行動変容したのだと思います。

5-3　DXの時代にますます現場観察は重要になる

　今後AI，IoTなどのDXは私たちの暮らしの隅々まで普及すると思われます。つまり，多くのことが情報化，データ化されていきます。情報化，データ化は，社会を標準化，平均化させていくと同時に，社会の複雑性も増幅させます。複雑性→プラットフォーム化，標準化，平均化→新たな複雑性，と揺らぎながら生成変化していくと思われます。**現場観察とは，この複雑性の部分を身体性という制約を持つ人間が，人間のための新たな価値を発見する作業であると考えます。DXが普及しても，そのメリットを享受すべきなのはあくまでも人間であることを前提にした調査手法です。**

5-4　B2Bの現場観察の難しさと注意点

　経験上，B2Bの現場観察ほど難しいものはないと思うことがよくあります。大学で商品企画の講座を10年以上受け持っていますが，学生さんに「B2Bの現場観察，現場調査などは，現場の立場で言えば，邪魔だし，調査されるのは基本的に迷惑であることをまず認識しないといけませんよ」と話しています。

　自分の立場で考えるとよくわかりますが，B2Bの現場で働く人は「現場観察」「現場調査」などに対して，以下のようにふるまったり，考えたりするのが一般的です。

- 自分に不利になることは言わない
- 信用している人しか現場に入れない
- 上から目線で見て，評論家的なことを言う人には本当のことを教えない
- 仕事の効率が低下したり，メンバーのモチベーションが下がったりするようなことを嫌う
- 何も勉強もしないで，初歩的なことから聞いてくる人は相手にしたくない

　B2B企業の現場を観察する際には，自分たちが現場の方々に貢献できることを理解してもらうことが必要です。そうでなければ現場に入ることもできないし，入れたとしても深い調査はできません。そこで，以下のようなことを心がけると良いでしょう。

- 現場に何かメリットを与えることを企画し，十分理解していただく
- 事前に現場のことを学習し，また現場の立場を考えたコミュニケーションに細心の注意を払う
- 極力仕事の邪魔にならないように現場観察の時間，タイミングを選ぶ
- 現場観察させていただいたお礼として，調査結果の報告や提案を行う

　現場観察をさせてもらうには，現場に貢献できる仮説を企画することが前提なのです。

5-5　顧客経験価値創造のための現場観察は「文脈」で観察する

　現場では，何を観察し，聞いてくるのか，それがどのような意味があり，顧客経験価値を創り出すこととどう関係しているのかが明確に意識されていなければ，現場観察自体が無駄になります。つまり，顧客経験価値創造のための現場観察は「文脈」で観察しなければならないのです。現場の文脈とは以下のようなものです。

- 現場でしか知り得ない，現場のおかれた背景の理解
- 現場に行かないと見ることができない場所の周辺環境
- 現場に行かないと見られない人の行動や表情から読み取れる感覚，感情，思考，行動
- 現場に行かないと見られない設備やモノの状況
- 現場に行かないと教えてもらえない本音の話，情報

こういった一連のこと，つまりものごとのつながりである**文脈を読み取って
くること**が大事なのです。その文脈の本質が解れば，その文脈のどこの部分を
どう変えれば，より良くなるか，楽しくなるかが想像できますし，より高い目
的から文脈を大きく変える発想もできるかもしれません。現場の一部分だけを
見てそこだけを変えたところで，新商品も，新規事業も生まれません。

5-6 主観と客観を交互に働かせ，本質に迫る

顧客経験価値想像のための現場観察は，単に客観的に現場を分析するのでは
ありません。主観と客観を交互に働かせながら現場の本質に入っていくことが
大事です。

まず始めに，現場の「文脈を改善する仮説」をイメージします。これは主観
と客観の入り交じった状態です。なぜなら仮説とは現場に対するある程度の知
識や分析（客観）とそこから現場をなんとか変えたいという「思い」「あるべ
き姿」（主観）であるからです。

次に，現場を観察します。その際，分析を意識せず感覚，感情で現場を捉え
ます。論理力の高い人は気を付けなければなりません。ついつい分析してしま
うからです。

まずは主観で捉えることが大事です。**ですから自分の感覚，感情のセンサー
を鋭くしておかないといけません。心身の状態をよい状態に維持していること
も大事です。素直にどう感じるかを捉えられるかどうかがキーとなります。**

次にその感覚，感情で認識したものを事実やデータで検証します。これは客
観です。大事なのは主観で感じたことを検証するために客観的であることです。
ここで観察と分析を繰り返して，現場の問題や課題，未来のあるべき姿の本質
を見つけ出すようにします。

5-7 「これ」と言うものが出ない場合は観察の範囲を拡大し，未来軸で変化を想像してみる

このように主観と客観を繰り返して新たな顧客経験価値の発見，想像に挑戦

しますが，「これ」と言うものが出ない場合は，観察の範囲を思い切って広げてみたり，絞ってみたりしてください。特に広げてみることをお勧めします。たとえば「自動車」を題材に考えるならば，「移動」という範囲だけでなく「暮らし」「仕事」「空間」「クリエーション」といった広い範囲で現場観察すると，新しい視点が見えてきます。

　さらにインパクトを大きくするためには，確実に起こる未来の変化を加えて発想することが効果的です。確実に起こる未来の変化とは，統計上，技術開発の進化上，ほぼ確実に起こると予想される未来です。

　このように顧客経験価値を創造する際には，**範囲と未来軸をどう設定するかが勝負どころです。範囲の捉え方を変え，そこでいま起こっている人間の感覚，感情を，未来軸でイメージしていくことで，全く新しい顧客経験価値が創造できます。**

6 ｜ 異業種アイデアソン

6-1　新しい顧客経験価値は一業種では生まれない

　新しい顧客経験価値を生み出すのはなかなか難しいことで，いくつかの壁が出てきます。その壁の1つに，一業界の限られた範囲で考えてしまうということがあります。多くの既存市場，業界の商品・サービスは成熟し，顧客にとって当たり前のものになっています。同じ業界の範囲の中で新たな技術開発，商品・事業開発を行ったとしても，すぐに競合他社は似たようなものを出してきます。なぜなら業界の中で自社，競合他社にかかわらず開発の方向性がある程度決まってしまっているからです。

　技術イノベーションが売上や利益につながらないことを，ハーバードビジネススクールのクレイトン・クリステンセン教授は「イノベーションのジレンマ」[1]と呼びました。2000年代に入り，リーマンショック，東日本大震災など，日本企業にとって厳しい環境変化が続き，多くの企業は選択と集中の方針の下

1　クレイトン・クリステンセン著『イノベーションのジレンマ』（玉田俊平太監修，伊豆原弓訳，翔泳社，増補改訂版，2001年）

で利益の低い多角化事業から撤退し，本業に集中しました。その結果，業績は
ある程度安定しましたが，市場が成熟し，価格競争が厳しくなり本業のイノ
ベーションが売上や利益の向上に直結しにくい"イノベーションのジレンマ"
に陥る企業が多くみられました。同時に本業集中は，経営者の視野を狭くし，
管理志向が強化され，新たな発想が生まれにくい状況になりました。これは
日本企業だけでなく，多くの先進国の老舗の大企業が直面している壁です。

　そこで注目されているのが異業種連携戦略です。**異業種連携戦略とは，異な
る業種が連携して新しい商品・事業を開発する戦略**です。老舗の既存企業の強
みは，技術や設備，顧客，販売チャネルなどの膨大な資産です。その強みを組
み合わせて，新たな商品・事業を創り出すのです。会社によってはオープンイ
ノベーションというキーワードで異業種連携を進めているケースも多くなりま
した。

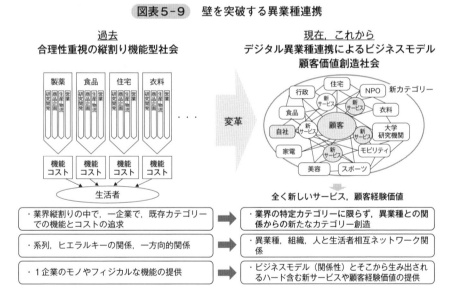

図表5-9　壁を突破する異業種連携

6-2　IoT，AIなどのDXが異業種連携を加速させている

　近年のスタートアップ企業のほとんどは既存の一業種に特化するのではなく，
異業種の要素を融合させたものです。配車サービスを提供する米国のUberは，

タクシービジネスとスマートフォンのアプリケーションやAIなどを使ったITビジネスの異業種を融合させたものと言えますUber Eatsは，さらにフードビジネスを融合させました。日本でも展開するWeWorkなどのシェアオフィスも，不動産賃貸業×カフェ×ITサービス×企業間マッチングなどの異業種を1つに融合させ新たな経験価値をつくりだしました。このような異業を融合させたスタートアップ企業が急増した原因は，IoT，AIなどのDXの普及です。

　ユニークなビジネスアイデアがあれば，すでにある個人や法人のもつ資源・資産をネットで結び付け，ユニークで便利なビジネスを開発し，その結果新たな顧客経験価値を創造できるのです。

6-3　異業種アイデアソンで全く新しい顧客経験価値の文脈を見つける

　シェアリングビジネス始めスタートアップ企業が異業種を融合させたビジネスで成功している中で，既存の大企業も豊富な資産を異業種と組み合わせて，連携することが注目されています。

　そのきっかけが「テーマを決めての異業種アイデアソン」です。アイデアソ

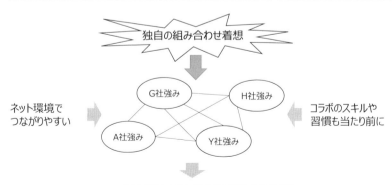

図表5-10　異業種連携で強みの組み合わせで独自の差別化が構築可能

差別化＝①独自の着想×②複数の要素の組み合わせ

独自の組み合わせ着想

G社強み　H社強み
A社強み　Y社強み

ネット環境で
つながりやすい

コラボのスキルや
習慣も当たり前に

1社単独よりも独自性が生まれやすく，
事業の立ち上がりも速くリスクも低い

ンとはアイデアとマラソンを掛け合わせて造られた造語です。良いアイデアが
でるまで徹底的に議論するワークショップです。

　異業種アイデアソンは以下の点で新たな顧客経験価値を生み出すのに効果的
です。

> - 会社の枠組みを外し自由に議論できる。参加者個人の主観が生かされる。
> - 1つの業界，会社の枠組みではなく，複数の異業種の視点でクリエイティブ
>   な議論ができる
> - 異業種の知識，知見が得られ，発想が豊かになる
> - 異業種の経営資源の組み合わせで，全く新しい商品・事業の開発の可能性が
>   見えてくる

　このようなことから，全く新しい顧客経験価値の文脈が見えてくる可能性が
あります。食品企業の経営資源を自動車業界から見たら何が使えるか。その2
つの企業の経営資源をスポーツジム業界が見たらどんな活用ができるか。それ
ら3つを合わせた今までにない何か新しいビジネスができないかなど，異なる
業界の視点でそれぞれの経営資源を見直すと新しい顧客経験価値の文脈が見え
てきます。

6-4　異業種での商品・サービスアイデアから新たな顧客経験価値を創造する

　**異業種アイデアソンは，アイデアを出して終わりだとほとんど意味がありま
せん。アイデアを商品・事業コンセプト，そして顧客経験価値とそれを実現す
るビジネスモデルまで企画しないと効果はあまりないでしょう。そのため1
日ないしは半日を3回ほど実施するのが効果的です。**

　1日目は設定されたテーマに対するアイデアを5つの視点で出します。5つ
の視点とはターゲット顧客，顧客のシーンとニーズ，商品・事業アイデア，提
供形態，価格です。これらは商品・事業コンセプトの要素で，コンセプト原型
と呼んでいます。

　2日目は，いくつかのコンセプト原型から有望なものを選び，商品・事業コ
ンセプトを設計します。商品・事業コンセプトとはターゲット顧客，顧客の
シーンとニーズ，商品・事業基本コンセプトと構造，提供形態，価格および顧

客負担コスト，顧客ベネフィットです。コンセプト原型をより詳しく，構造化したものです。そしてこの商品・事業コンセプトに対し，顧客経験価値を想定してみます。アイデアソンを楽しく，クリエイティブにするために顧客経験価値を紙芝居にしたり，小説風のストーリーにしたり，メンバーで寸劇などをやってみます。このようにビジュアルや動作で表現することで顧客経験価値が具体的によくわかります。

図表5-11　異業種連携の全体像とアイデアソンフェーズの展開ステップ

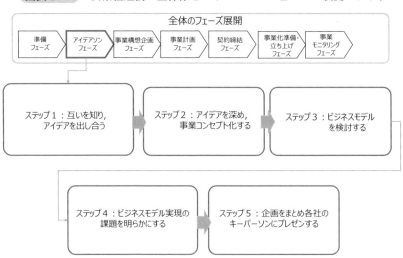

　3日目はビジネスモデルの設計です。商品・事業コンセプトと顧客経験価値が明確になりますので，それを実現するビジネスモデルが設計できます。ビジネスモデルの各要素に参加各社のコア・コンピタンスや経営資源が組み込まれ，独自のものになっていきます。このあたりが異業種アイデアソンの楽しい部分です。1社では実現できない顧客経験価値とビジネスモデルが構想できるのです。もし時間があれば，実現のための課題やロードマップも作成しますが，異業種で実施した場合，異業種のさまざまな知見が集まるためか，一社で実施するよりもスムーズに進みます。これはビジネスの実現も早く進む可能性を表しています。

6-5　本格的な異業種連携にまで発展する可能性

　基本的に異業種アイデアソンは，機密保持契約を結ばずに実施します。もし異業種アイデアソンの結果が有望な商品・事業企画であれば，その後参加企業で機密保持契約を結び事業構想や事業計画を作成するフェーズに入ります。そして最終的には合弁事業などに発展する可能性もあります。一業界，一企業で閉塞感がある現在，このようないわば出島のようなかたちで新商品，新事業開発を行うのも効果的です。

　異業種連携戦略に関しては拙著『デジタル異業種連携戦略』（中央経済社，2019年）で詳しく論じていますので，ご参照ください。

7 ┃ ペルソナデザイン

7-1　対象顧客のリアルな価値や生活実態のイメージを共有する

　「平均的な人」とよく言われますが，実際「平均的な人」などという人は存

図表5-12　ペルソナのアウトプットイメージ

■年齢
　27歳

■学歴，専門分野
　都内私立〇〇大学工学部
　応用化学専攻

■職業
　〇〇化学株式会社
　・オートモービルマテリアル部　商品開発課
　　入社3年目
　・自動車のバンパーの樹脂材料の開発と
　　マーケティング担当

■年収
　650万円

■家族構成
　妻と1歳の娘
　妻はIT企業に勤務し，基本在宅で仕事

■出身と居住地域
　長野県松本市出身
　横浜市都筑区の分譲マンション（75㎡・所有）

■趣味，特技
　春夏はサーフィン，冬はスノーボード。大学時代サーフィン部に所属。一時はプロを目指していた。仕事が自動車も好き。ハイエースをRV仕様に改造して乗っている。クルマの手入れに時間とお金をかけている。

■平日と休日の時間の使い方
　子供ができてからは，サーフィン，スノボとも月に2回ぐらいになったが，以前はほぼ毎週行っていた。
　平日は，7時に家を出て横浜の研究所で仕事し8時から9時に帰宅。クルマ通勤なので外食はほとんどない。

■人とのかかわり
　会社の人と家族との接点が多い。会社では人間関係は良いほう。研究所は年齢，地位に関係なく付き合える。
　大学の研究室やサーフィン部のメンバーとはSNSでコミュニケーションをよくする。

■人生で大事にしていること
　あまり無理しないで楽しく仕事すること。家族生活も大事にしたい。サーフィンやスノボも将来子供とやりたい。
　自分の専門の樹脂開発では負けたくない。昇進よりも専門性を深めたい。

■将来の夢
　千葉房総にセカンドハウスを買って，週末そこでサーフィンをしたり，のんびりしたい。在宅勤務になったら子育てもそこでしたい。自然，特に海の近くにいたい。

在しません。性別，年齢，年収などの統計的な属性で市場セグメントし，そのセグメントを顔のない「平均的な人」と定義して商品・サービス企画をしても，だれにも響かない可能性が高いでしょう。そのようなことを防ぐために「ペルソナ」という方法があります。

ペルソナとは，商品・サービスの典型的な対象顧客に関して，年齢，性別，職業，年収，居住地域などその統計的属性のみを把握するのではなく，価値観，趣味，こだわり，時間の使い方，休日の過ごし方，行動様式，情報入手媒体や方法，交友関係，家族関係，健康状態などの人物像を深く，リアルに把握することです。そのペルソナに向けて顧客経験価値を発想し提案したり，商品を企画開発したりすることを"ペルソナマーケティング"と呼びます。

ペルソナを設定することの意義の1つは，マーケティング戦略のリアリティを高めるためです。私が新商品企画をレビューする際，「身近な人で誰にこの商品を使ってもらいたいですか？　それはなぜですか？」といった質問をよくします。このような質問に対し「静岡に住む叔母です。彼女は，68歳ですが，スマホを使いこなし，いまでもジャズバンドのボーカルをやっています。健康に不安は無いわけではありませんが，毎朝の3キロのウオーキングは欠かしません。体重コントロールにも気を遣い，常に歩数計で運動量を測定しています。こういった新しい価値観のシニアだからこそ若々しいイメージのパッケージデザインが必須です」と明確に答えられる状態であればペルソナの設定ができている状況です。

もう1つの意義は，プロジェクト組織全体でペルソナのイメージを共有することです。プロジェクトの各メンバー，関係者が異なる顧客イメージを持っていては，マーケティング戦略はうまく機能しません。商品企画，開発設計，カスタマーサービス，広告宣伝などマーケティング戦略に関わる人が同じペルソナをイメージし共有することが大変重要です。

ペルソナは，架空の人物ではなく，実際自分の周りにいる誰かをモデルに設定すること，つまりリアリティが重要です。リアリティを持つことにより，提供すべき顧客経験価値が明確になり，マーケティング戦略も具体的なものになります。周りが共有しやすくするために多くの人が知る芸能人や著名人をペルソナにする場合もあります。

7-2　具体的なペルソナを設定し，デプスインタビューを行う

　ペルソナは，対象となる人の感覚，感情，思考，行動，共感を，具体的な事象として捉えることです。これはまさに顧客経験価値の基本となるものです。新たな顧客経験価値とは，このペルソナに商品・サービスを提供した際に新たに起こる行動変容です。

　具体的には，ペルソナ対象候補のモデル顧客を数名選び，デプスインタビューや行動観察などの調査を行います。デプスインタビューとは，ペルソナ対象項候補のモデル顧客に対し，1時間から2時間という比較的長い時間インタビューを行います。インタビューの主な項目は**図表5-13**のとおりです。

図表5-13　デプスインタビュー

基本的なパーソナリティや顧客経験価値のパターンを把握する。可能であれば商品・事業企画仮説の提案によってもたらされる顧客経験価値の変化を推測する

◆信条，価値観，生きていく上で重要視すること（価値観，思考）

◆家族，友人関係，職場，趣味など所属するコミュニティに対する考え，関係性（共感，コミュニティ）

◆平日，休日の行動パターン，時間の使い方。特に時間を掛けること，時間を省きたいこと（行動）

◆喜怒哀楽をそれぞれどんな時に感じるか（感情）

◆快不快をどんな時に感じるか（感覚）

　インタビューに当たっては，その目的と得られた情報の利活用の仕方などをあらかじめ伝えた上で，個人のプライバシーを守ることを条件に依頼します。できれば書面でそのことを伝えたほうが良いでしょう

　インタビューでは，図表5-13のデプスインタビュー項目をストレートに聞いても答えにくいので，対話形式で，順番を考慮し，話しやすい話題から提供し進めます。象徴的な事実，エピソードなどを聞き出すことが大事です。

また相手の価値観，信条まで聴くのですから，限られた時間でいかに信頼関係を構築するか，相手が楽しく心を開いて話してくれるか，高度なコミュニケーション力が求められます。会話しやすいように相手のことをあらかじめ知っておくこと，またインタビュアー自身のこともオープンに話せるよう，事前準備をしておくことが必須です。

　ある飲料メーカーでは，その会社がつくるアルコール飲料を利用する顧客の，人生観，生き様，歴史を感じ取るために，似顔絵を描き，顔の皺まで描くようにしているという話をきいたことがあります。それは絵の上手い・下手ではなく，絵を描きながら顧客の人生経験という物語を深く知ることが目的なのだと思います。

7-3　生活を共にし，行動を観察する

　さらに深く相手を知るために，行動観察という方法があります。半日，1日，場合によっては数日感，対象者と時間を共にし，ペルソナを深く理解します。生活を共にするのですから，メモをもって，常に対象者を観察・記録するのではなく，友だち感覚で楽しい時間を過ごすことになります。あらかじめ対象者の生活時間を尊重し，邪魔にならないようリラックスした環境の中で共にいることにより，人と人との相互関係をきずいて調査する側の主観的な気づきを得ることがポイントです。この調査方法も信頼関係とコミュニケーション力が求められます。

　本当はデプスインタビューも行動観察も，わざわざ「調査」という形式で行うのではなく，日頃の家族や友人，仕事の仲間との関係の中で行うのが良いと思います。調査する側も暮らしの中の1人として，相互関係の中で気づきを得ることが理想です。

7-4　対象とするペルソナから新たな顧客経験価値を発想する

　デプスインタビューや行動調査などでペルソナを把握したら，それをわかりやすく記述して，マーケティング戦略の関係者と共有します。そしてそのペルソナがどのような顧客経験価値を得られればより満足するのかを発想します。

　発想のポイントは，ペルソナ対象者の生き方，価値観，信条を後押しするも

のにつながっていく経験です。またペルソナ対象者の強みがより生かされ，成長発展する経験です。それら生き方，価値観，強みなどを後押しする経験が，対象者の生活の時間，お金，物理的な生活環境，周りの人間関係などの可能性と制約条件の中で，難しくなく実現することをイメージしなければなりません。

デプスインタビューなどで，未来のクルマや未来の住宅といったイメージを見せられることがありますが，多くの顧客は自分とは関係のないことと感じるのではないでしょうか。未来の空想，イメージをもつことは良いことですが，具体的でエキサイティングな顧客経験価値を創り出そうとするならば，顧客の人生の制約条件を踏まえた，手が届きそうで，かつ顧客が重視していることと強く結びついていることが必要です。

8 | カスタマーエクスペリエンスマップ

8-1　人の心は簡単にはわからない

人の心理状態とは一瞬のできごとでもあり，また周りのさまざまな影響を受けながら一連の時間的な流れで生成されるものでもあります。そして振り返ってみるとストーリーとして深い意味が生まれることがあります。

簡単な例で説明してみましょう。

ある男性が奥さんの誕生日に慣れない料理を行ったケース。
レシピサイトをみて，自分なりの工夫を考え，スーパーで材料を購入した。しかし買い忘れに気づき，再度スーパーに買いにでかけ，「ああ〜大変」と思う。
料理を開始し，途中まで順調だったが，塩の分量を間違え，水を加えたら，なんか味の締まりがなくなった。「おいしくないと言われたら……」と不安に。
何とか苦労して3品つくり，テーブルに並べ，奥さんと子供2人が食卓に着く。自分はぐったりと疲れている。「こんなことなら料理でなくプレゼントにしておけば良かった」と後悔。
夕食が始まり，奥さんが「これほんとにパパつくったの？　おいしい!!」子供もつられてか「毎日食べたい」「パパもやればできるね」と褒め言葉が出る。「やっぱり料理して良かった！」と最後に思ったと同時に，朝からの苦労も何か楽しい経験に思えてきた。

この男性に，食事終了後，「奥さんの誕生日に料理をして良かったですか」と聞いたら「とても良かった。気持ちが伝わった」と答えてくれるはずです。しかし料理の途中で質問したら，全く反対の答えが返ってくるかもしれません。

スポーツなどでも，それを行う過程や最中の感情は苦しみのほうが多いぐらいですが，終わった後の達成感でとてもよい経験として記憶されます。人生も同じで，人並み以上の苦労と不幸があっても人生の最後に良いことがあれば，「自分の人生は良いものであった」という経験になると言われています。人の経験とそこから生まれる心の状態は簡単にはわからないものです。

8-2　カスタマーエクスペリエンスマップをつくりギャップを発見する

商品開発のためにあるべき顧客経験価値を発想する際に，顧客の経験を時間の流れにそって分析する方法を「カスタマーエクスペリエンスマップ」と呼んでいます。

カスタマーエクスペリエンスマップ作成では，まず事業企画開発におけるマップ作成のテーマを決めます。たとえば住宅の浴室を企画開発するプロジェクトでは，「自宅での入浴経験」がテーマとなります。

そして縦軸に，顧客経験価値の5つの視点を書きます。5つの視点とは感覚，感情，行動，思考，共感です。横軸は時間の流れです。時間は対象とする商品やサービスにより，10分のものもあれば1日のもの，1週間のものもありそれぞれです。

カスタマーエクスペリエンスマップは，商品・サービス提供者が仮説として書く場合と，その商品サービスの受益者である顧客を交えて一緒に書く場合があります。

まずは行動のプロセスを時間にそって書きます。行動は目に見えますし，認識もしやすいので，ほぼ確実に記述できます。行動を記述すれば，感覚，感情，思考，共感の他の視点も書きやすいでしょう。

カスタマーエクスペリエンスマップの作成は，時間のかかる作業です。テーマにもよりますが，たとえば1時間のカスタマーエクスペリエンスであれば，3時間程度の分析作業になるでしょう。行動を中心に，感覚，感情，思考，共

図表5-14　カスタマーエクスペリエンスマップイメージ

		使用前	使用開始時	使用中	使用後
顧客経験価値	共感(Relate)	スタートアップCEOなどもこの靴を履いており、真似してみた／いつでも履けるというコンセプトに共感	店舗、店員もオシャレで共感／機能説明、環境対策、デザイン、コンセプトに共感	SNSで自分の体験を共有、承認してもらえる／友人や仕事仲間に商品を自慢したくなる	メーカー主催のウォーキングイベントにも出席／SNS、イベントで思考の似ている友人を増やすことができた
	行動(Act)	見た目のオシャレさだけでなく機能性も重視／仕事帰りにウォーキングしたいが、足を整備	店舗で試着して、店内を歩いてみた	ON/OFFを気にせずつい、毎日履いてしまう／習慣改善アプリを使ってみた	隙間の時間で気軽にウォーキングし、緩やかに行動変容できる／食生活も改善
	思考(Think)	WEBサイトにリサイクルや技術的な説明があり信頼できる／スタートアップへのあこがれ	店員から体験談や技術的な説明／リサイクル材パッケージで環境志向を認識／ランニングシューズとしては高いが、毎日使えるなら納得できる価格	データフィードバックによる運動習慣の認知	健康への意識が向上、食生活にも意識がむき始めた
	感情(Feel)	材料ブランドが信頼できる／店舗で1回履いてみたい／運動習慣改善したい	店舗の技術、環境対策の根拠説明に対する信頼感／店員の体験談も納得感が高い	商品への満足感／承認による喜び	毎日履きたくなるワクワク感／ストレスフリーに履ける信頼感
	感覚(Sense)	シンプルなデザイン／WEBサイトがオシャレで好感触	軽量で履き心地が良い／デザインと履き心地を両立	軽量で即両方良くずっと履いていられる	毎日履いても良くなりにくい
	コンタクトポイント	雑誌	WEBサイト	店舗	アプリ	SNS
	商品サービス	軽量、高追従性、高弾性とデザイン性を両立したシューズ	ユーザーの感情、行動測定、FB、アプリ		リサイクルプログラム参加によるサービス／SNSなどのコミュニティ
問題・課題、気づき		店舗での試着／情報収集システム			

118

感を丁寧に把握していくことが必要です。また途中でいくつかのパターンが存在することに気がつき，プロセスを分岐させなければならないときもあります。

またカスタマーエクスペリエンスマップでは，各エクスペリエンスで発生する問題・課題，気づきを書きます。**各エクスペリエンスで期待されること，ありたい姿と現実のギャップが出ればそこが新たな顧客経験価値となります。そのギャップを見つけることが大事**です。そのためには，各エクスペリエンスの期待されること，ありたい姿を明確に想定していなければなりません。

8-3　実際実行するととても活気が出る

実際の商品・事業の企画開発過程で，カスタマーエクスペリエンスマップを作成しているケースは，残念ながら少ないでしょう。ただ何もしていないわけではなく，リーダークラスの方は自分の頭の中でカスタマーエクスペリエンスを想定しているはずです。しかしそれを見えるようにマップなどにして関係者で共有されていなければ，かかわるメンバーのアイデアや改善活動を引き出すことはできません。

チームでのカスタマーエクスペリエンスマップの作成では，多様なメンバーの視点からさまざまな改善アイデアを引き出すことができます。実際に時間をかけてカスタマーエクスペリエンスマップを作成すると，議論は大変活性化します。その理由は下記のようなものです。

- 普段知りたいと思っている顧客の気持ち，心の状態を知ることができ，自分達の仕事にやりがいを感じる
- 改善策が明確になり，その改善策を実行することが顧客の喜びにつながると感じることができる
- 現場で働いている側と顧客との心の交差，ふれあいが明確になり，仕事の満足度が高まる
- 顧客経験価値をアップさせる方法は無限にあり，自分達はそれを実践できる，という自信が持てる

カスタマーエクスペリエンスマップは，事業企画開発のために顧客経験価値を分析，創造したりするためだけでなく，事業企画開発とは関係のない場面でも利用できます。職場の部下，上司，家族，趣味のサークル参加者などを題材

に書いてみると，さまざまな問題解決や新たな関係の創造に役立つかもしれません。人の感覚，感情，思考，行動，そして共感を時間の経過で分析し，よりよい経験価値を提供するにはどうしたら良いかを考える機会になります。

9 | 顧客経験価値の分析と仮説：まとめ

　ここまでは事業，商品戦略仮説をベースに，新たな顧客経験価値を創造するための効果的アイデア発想法をいくつか述べてきました。それは，前に説明したデザインシンキング，タウンウォッチング，現場観察，異業種アイデアソン，ペルソナデザイン，カスタマーエクスペリエンスマップなどです。

　次に，その新たな顧客経験価値の調査，発見，アイデアを，さらに分析し，一連の新たな顧客経験価値としてデザインする方法に"カスタマーエクスペリエンスマップの分析・まとめ"に関して述べます。

　カスタマーエクスペリエンスマップの分析・まとめの観点は大きく2つです。1つは**図表5-14の縦の項目**である，顧客経験価値の5つの視点，感覚，感情，思考，行動，共感の観点です。もう1つは同じく図表5-14の横の項目の，商品の使用前，使用開始時，使用中，使用後という顧客の時間軸の分析です。

9-1　縦文脈：5つの視点で顧客経験価値を分析する

　繰り返しになりますが，顧客経験価値の5つの視点とは，感覚，感情，行動，思考，共感です。**顧客経験価値の縦文脈の分析とは，この5つの視点で，これまで調査，デザインしてきた顧客経験価値を記述します**。具体的には感覚で捉えたものが，どのような感情となり，自己の価値観に沿った思考が発生し，その結果行動が生まれ，他者とその経験を共有，共感するかといった文脈をまとめます。その場合，感覚，感情，思考，行動，共感は下から上がる文脈とは限りません。行動が感情，感覚，思考そして共感を生む場合もあれば，共感から，思考，行動，感情，感覚と上から展開する文脈などさまざまです。

　顧客経験価値の縦文脈の分析は，仮説として企画した商品の使用前，使用開始時，使用中，使用後の4つの時点でそれぞれ分析・デザインします。分析の際には，1つのモデルとなるペルソナを設定します。複数のペルソナを分析し

		使用前	使用開始時	使用中	使用後
顧客経験価値	共感(Relate)	スタートアップCEOなどもこの靴を履いており、真似してみたい / いつでも履けるというコンセプトに共感	店舗、店員もオシャレで共感 / 機能説明、環境対策、デザインコンセプトに共感	SNSで自分の体験を共有、承認してもらえる / 友人や仕事仲間に商品を自慢したくなる	メーカー主催のウォーキングイベントにも出席 / SNS、イベントで思考の似ている友人を増やすことができた
	行動(Act)	見た目のオシャレさだけでなく機能性も重視 / 仕事帰りにウォーキングしたが、足を痛めた	店舗で試着して、店内を歩いてみた / 店員から体験談や技術的な説明	ON/OFFを気にせずつい、毎日履いてしまう / 習慣改善アプリを使ってみた	隙間の時間で気軽にウォーキングし、緩やかに行動変容できる / 食生活も改善
	思考(Think)	WEBサイトにリサイクルや、技術的な説明があり信頼できる / スタートアップへのあこがれ	リサイクル材パッケージで環境志向を認識 / ランニングシューズとしては高いが、毎日使えるなら納得できる価格	データフィードバックによる運動習慣の認知	健康への意識が向上、食生活にも意識がむき始めた
	感情(Feel)	材料ブランドが信用できる / 運動習慣を改善したい	店舗で1回履いてみたできる / 店舗での技術、環境対策の根拠説明に対する信頼感 / 店員の体験談も納得感が高い	商品への満足感 / 承認による喜び	毎日履きたくなるワクワク感 / ストレスフリーに履ける信頼感
	感覚(Sense)	シンプルなデザイン / WEBサイトがオシャレで好感触	軽量で履き心地が良い / デザインと履き心地も両立	軽量で肌触りが良くずっと履いていられる	毎日履いても臭くなりにくい
問題・課題、気づき	コンタクトポイント	WEBサイト		アプリ	
		雑誌	店舗	SNS	
	商品サービス	店舗での試着情報収集システム	軽量、高追従性、高弾性とデザイン性を両立したシューズ / ユーザーの感情、行動測定、FB、アプリ	リサイクルプログラム参加によるサービス / SNSなどのコミュニティ	

たい場合は，最初のモデルのペルソナを基本に複数のバリエーションとして展開していくと進めやすいでしょう。

9-2 顧客経験価値を誘引するきっかけ＝手がかりを見つける

　顧客経験価値を誘因する最初のきっかけを「手がかり」と呼びます。「手がかり」は顧客経験価値マーケティング戦略上とても重要なポイントです。たとえば，これまであまり運動せずに制限なしで飲食をしてきた人が，定期的に運動をし，食事にも気を使うように行動が変容した場合，つまり顧客経験価値が変わった場合，何かしらその手がかりがあるはずです。この例で言えば，友人の指摘や，医師からの忠告など，行動変容，顧客経験価値を変える大きなきっかけとなる事象があったはずです。その手がかりが顧客経験価値の5つの視点のどこに存在し，具体的に何が手がかりになるのかを分析します。

　手がかりは，1つではなく，使用前，使用開始時，使用中，使用後の4つの時点でそれぞれにある場合もありますし，使用前や使用開始の初期段階かもし

れません。また使用することのハードルが低い商品であれば，使用中か，使用後かもしれません。それは商品特性によって異なります。

　たとえばシャンプーや洗剤など消耗品は，消費者の購入，使用のハードルがきわめて低く，その一方でブランドスイッチングも頻繁に発生します。消費者が何かのきっかけで購入した後，使用中，使用後に強力な手がかりを持っていれば継続購買につながります。シャンプーの場合，使用後にしっとり感が実感できる手がかりがあれば，消費者は「やっぱりシャンプーは潤いのある○○だね」とその手がかりから商品の新たな経験価値を認識することができます。

　ECサイトをはじめオンラインビジネスでは，消費者が，なぜ，どの時点で商品に関心を持ち，購入し，使用し，そして新たな顧客経験価値を認識したのかといった"手がかり"をオンライン上でデータとして把握することに注力しています。なぜならその手がかりをデータとして把握できれば，同じ属性をもった消費者にはたらきかけることができるからです。つまりECサイトでは，オンライン上でのタッチポイントがどこかと，そのタッチポイントでのユーザーインターフェースが適切かどうか，なにが消費者の購買に繋がっているのかをデータとして分析できるかが成功のキーとなります。

9-3　横文脈：顧客経験価値の連動性，継続性と最終的な意味づけの分析

　顧客経験価値の横文脈とは，感覚，感情，思考，行動，共感の5つの視点の経験価値が，商品の使用前，使用開始時，使用中，使用後の時間軸でどう変化するかを時系列で分析し，時系列の顧客経験価値モデルとしてのストーリーをまとめることです。

　横文脈は，使用前，使用開始時，使用中，使用後の時間に沿って分析していきますが，「使用前の感覚」→「使用開始時の感覚」，「使用前の感情」→「使用開始時の感情」といったように感覚だけで単純に横には流れません。「使用前の感情」→「使用開始時の行動」，「使用中の行動」→「使用後の感覚，感情」という具合に時間の流れとともに縦文脈と横文脈が複雑に交差し流れていきます（図表5-16参照）。

　グランピングのコミュニティサイトを1つの商品と考えた例として説明しま

す。

- 友だちと車でキャンプに行って，海の見えるグランピングパークドライブして（使用前行動），感覚，感情がリフレッシュされた。（使用前感覚，感情）
- そのリフレッシュされた感覚が記憶に残り，翌週末に自宅にこもっていたことがちょっとしたストレス（使用前感覚，感情）になり，
- そこでグランピングのサイトを見て（使用開始時思考，使用開始時行動），
- グランピングのコミュニティサイトに参加した（使用中行動）
- 先週のキャンプの体験を書き込んだら（使用中行動）
- さっそく「いいね」を5人からもらってオンラインでの友だちもできた（使用中共感）。

このように，実際は縦の5つの視点の文脈は常に時間軸である横文脈を連続的に生成します。それらを細かく正確に記述できるわけではありませんが，モデルとして考えるならば，**縦文脈で生成される経験価値の一部が，横文脈の経験価値をつくり出すようにつながって連鎖していくのだと思います。そのような横に展開するモデルを見つけることが重要で，横文脈をつくる「手がかり」**

図表5-16　横文脈のカスタマーエクスペリエンスマップイメージ

		使用前	使用開始時	使用中	使用後
顧客経験価値	共感(Relate)	スタートアップCEOなどもこの靴を履いており、真似してみたい／いつでも履けるというコンセプトに共感	店舗、店員もオシャレで共感／機能説明、環境対策、デザインコンセプトに共感	SNSで自分の体験を共有、承認してもらえる／友人や仕事仲間に商品を自慢したくなる	メーカー主催のウォーキングイベントにも出席／SNS、イベントで思考の似ている友人を増やすことができた
	行動(Act)	見た目のオシャレさだけでなく機能性も重視／仕事帰りにウォーキングしたが、足を痛めた	店舗で試着して、店内を歩いてみた／店員から体験談や技術的な説明	ON/OFFを気にせずつい、毎日履いてしまう／習慣改善アプリも使ってみた	隙間の時間で気軽にウォーキングし、緩やかに行動変容できる／食生活も改善
	思考(Think)	WEBサイトにリサイクルや、技術的な説明があり信頼できる／スタートアップへのあこがれ	リサイクル材パッケージで環境志向を認識／ランニングシューズとしては高いが、毎日使えるなら納得できる価格	データフィードバックによる運動習慣の認知	健康への意識が向上、食生活にも意識がむき始めた
	感情(Feel)	材料ブランドが信用できる／運動習慣を改善したい	店舗で1回履いてみた／店舗での技術、環境対策の根拠説明に対する信頼感／店員の体験談も納得感が高い	商品への満足感／承認による喜び	毎日履きたくなるワクワク感／ストレスフリーに履ける信頼感
	感覚(Sense)	シンプルなデザイン／WEBサイトがオシャレで好感触	軽量で履き心地が良い／デザインと履き心地も両立	軽量で肌触りが良くずっと履いていられる	毎日履いても臭くなりにくい
問題・課題、気づき	コンタクトポイント	WEBサイト／雑誌	店舗	アプリ／SNS	
	商品サービス	店舗での試着情報収集システム	軽量、高追従性、高弾性とデザイン性を両立したシューズ／ユーザーの感情、行動測定、FB、アプリ	リサイクルプログラム参加によるサービス／SNSなどのコミュニティ	

が何かを分析することで，企業側は「手がかり」をどう支援するかを商品やビジネスとして企画します。上記の例で言えば，グランピングのコミュニティサイトへのアクセスや，さらにそこへの書き込みやオンラインイベントへの参加などです。

　横の文脈は，使用前，使用開始時，使用中，使用後と区切りましたが，実際のビジネス特性や顧客特性に合わせてフェーズをつくっても良いでしょう。自動車や住宅など高額の耐久消費財であれば，顧客の使用前の「気づき」「関心」「情報収集」「コンタクト」「訪問・体験」などの購入前経験がかなり長く，そこがビジネスの成否を決めるフェーズですので，そのフェーズを詳しく分析するとよいと思われます。

9-4　カスタマーエクスペリエンスマップのさまざまな活用

　カスタマーエクスペリエンスマップの活用は，商品・事業を企画する上で大変重要です。いくつか代表的な活用方法を紹介します。

商品企画開発，マーケティング
- 顧客経験価値上重要な"手掛かり"を見つけたり発想したりできる
- 顧客経験価値上重要な情報，サービスの抜け漏れが見つかる
- 顧客経験価値上無駄で顧客に負担となる可能性のある情報，サービスが見つかる
- ユーザーインターフェースの問題点や新たな機会が見つかる
- 顧客経験価値をより高める商品アイデア，コンセプトの改善アイデアが発想できる
- 顧客セグメントの違いによる顧客経験価値の違いや，手がかりの違いを分析する

自社の業務改善
- 事業のプロセスの中で，顧客経験価値に貢献しない無駄なプロセス，業務を見つけることができる
- 事業のプロセスの中で，顧客経験価値を邪魔するプロセス，業務を見つける

ことができる

- 事業のプロセスの中で，より良い顧客経験価値を生み出すプロセスや業務を見つけ出すことができる

投資判断，モニター

- 新規投資（システム投資，設備投資，人材投資など）が，顧客経験価値に貢献するものであるかどうかを判断する
- 投資したものが顧客経験価値に貢献しているかをモニターする

社員のモチベーション，やりがい

- 顧客経験価値を深く理解し，商品を通じてそれを実現することで自社のビジネスの意義や役割を深く理解する
- 個々の業務と，顧客の経験価値の関係を理解し，自己の業務の意義や役割を具体的に理解する

10 商品アイデア発想

10-1　商品アイデアを商品コンセプト要素で整理する

　前にも述べましたが，商品アイデアと商品コンセプトは異なります。商品アイデアは，商品コンセプトの一要素です。商品コンセプトとは，ひとかたまりの概念であり，人に理解される意味を持つ構造的なものです。

　商品コンセプトは**意味を持つ構造的な概念**ですから，段階を踏まずはじめから商品コンセプトをつくるのはかなり難しくなります。そこで，**まず商品アイデアを出し，いったんそれを商品コンセプト要素ごとのカテゴリーで整理する**ことが効果的です。

　商品アイデアの整理の視点は，商品コンセプト要素となります。商品コンセプト要素は，インターネット，AI，IoTなどDXが普及することを前提にすると，①顧客ペルソナ②顧客ペルソナの状況，シーン，ニーズ③基本機能④付加機能⑤商品プラットフォーム⑥提供形態，販売方法，ユーザーインターフェー

ス⑦コラボ他社商品⑧価格，顧客の負担するコスト⑨商品レベル顧客経験価値の9つとなります。

10-2　商品コンセプト要素とは

それぞれの商品コンセプト要素に関して説明します。コンセプト要素は商品アイデアを整理するだけでなく，商品コンセプト企画の際も重要となりますのでよく把握してください。

（1）顧客ペルソナ

前に述べましたが，顧客ペルソナとは商品の対象となる顧客の属性や具体的な特徴のことです。年齢，性別，家族構成，年収，居住地域，職業，趣味，平日，休日の基本的行動，情報収集の媒体，方法，価値観，人生における重点などや，対象商品の現在の使用頻度，関心度合い，使い方などです。ペルソナ分析で情報収集，分析したデータが活用できます。

（2）顧客ペルソナの状況，シーン，ニーズ

顧客のペルソナが対象商品を必要とする状況や具体的なシーンを示します。

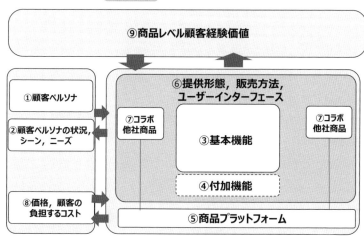

図表5-17　商品コンセプト要素

状況やシーンとは，おかれた環境，具体的には，人生のライフステージ，経済状況，健康状況，家族，仕事の状況，人間関係，生活場面，季節などです。またそこでどのようなニーズがあるのかを具体的に想定します。これらはカスタマーエクスペリエンスマップで分析したものの中から象徴的なものを抽出します。商品コンセプトとは，商品機能そのものだけでなく，この状況，シーンをいかに切り出すかがとても大事ですので，慎重に抽出する必要があります。

（3）基本機能

　基本機能とは商品のコアの部分の機能（働き）です。基本スペックとも言えます。清涼飲料であれば，味，成分などで，エアコンなら対応するスペースの広さ，温度調整の幅，風量，風スイングの幅，除湿機能などです。基本機能はカテゴリーや社内ですでに決められていると思われがちですが，何を基本機能にするかは，商品コンセプトを決定づける重要な要素ですから慎重な検討が必要です。

　何を基本機能にするかということ自体が，商品コンセプトそのものといってもいいでしょう。機能をたくさん盛り込むと，コンセプトが不明確になりますし，絞り過ぎると，顧客のニーズを満たせないものになります。顧客ペルソナの状況，シーンをよく分析し，どの機能を基本機能とするかを決めなければなりません。

　たとえばイヤフォンであれば，ノイズキャンセル機能やブルートゥース接続を基本機能にするのかどうかは，商品のコンセプトそのものに関わることなので重要な決定事項です。

　また各機能（スペック）をどのぐらいのレベルに設定するかも企画が必要です。たとえばヘルスケア用途のウエアラブルバイタルセンサーであれば，加速度，心拍数，そこから割り出す交感神経，副交感神経の測定，充電サイクルなどの機能レベルによって，用途やコンセプトが大きく変わってきます。

（4）付加機能

　付加機能とはオプションで付けられる機能または，基本機能のように商品コンセプトを決定づける要素ではないが，あったほうがよりよいといった機能や

基本機能をより効果的に感じさせる支援的機能などです。たとえばエアコンであれば，風のゆらぎ機能や，フィルターの自動清掃機能のような機能です。付加機能もまた基本機能同様に，対象とする機能を付加機能とするのか，基本機能に入れるのか，または商品からはずしてしまうのかの判断は，商品コンセプトそのものに大きな影響を与えることなので顧客経験価値の視点から慎重な検討が必要です。

（5）商品プラットフォーム

　インターネット，AI，IoTなどDXを商品開発の前提にすると，その商品は必ずネットにつながり，ネットのアプリやさらにそのアプリを通じて他の商品，サービスと繋がり，より高度な機能を発揮することになります。またそのように他の商品・サービスとの連携によって自社の商品が購入，使用されるきっかけにもなります。このように他の商品，サービスと連携する共通土台を商品プラットフォームと呼びます。

　プラットフォームは必ずしもITがベースにある必要はありません。ハードとしての製品仕様や，人が行うサービスのノウハウや，設計方式もプラットフォームになります。理想はITプラットフォームとフィジカルなプラットフォームの両方を持つことです。

　プラットフォームは必ずしも自社で開発し保有する必要はありません。検討する商品コンセプトにとって，他社のプラットフォームを利用するほうが発展性があるならば，それを利用する側になるのも効果的です。

（6）提供形態，販売方法，ユーザーインターフェース

　提供形態とは，ハードであれば商品のパッケージ，デザインなど，ソフトや情報サービスの場合は，スマホやタブレット，PCなどのアプリやデータフォーマット等で，労役サービスの場合は店舗，出張サービスなどのサービス形態で顧客が商品と認識する形のことを指します。わかりやすい例で言えば，食品や飲料であれば，どのような容器で，大きさ，容量，デザインなどです。メンテナンスサービスであれば，診断，見積，対応という個別サービスなのか，いくつかを組み合わせたパッケージ仕様になっているのかといったものになるで

しょう。

　同じような商品でもどのような提供形態にするかで，全く異なるコンセプトになります。たとえば，無農薬天然オレンジのジュースを企画販売する場合，500ミリペットボトルなのか，180ミリのガラスビンか，また中身だけを自販機のようなディスペンサーで顧客がもつマイボトルに入れるのかで，それぞれコンセプトは全く違ってきます。マイボトルに入れる形態は，環境重視のコンセプトを訴求できる可能性があります。

　販売方法とは，どこでどのように販売するかということです。販売方法によって商品コンセプトは大きく変わります。同じ無農薬天然オレンジのジュースでもコンビニエンスストアか，有名百貨店や専門店か，オンラインストアで販売するのかでは，顧客経験価値が大きく変わります。

　ユーザーインターフェース（UI: User Interface）とは，顧客と商品の接点部分です。このUI次第で商品の普及率は変わります。インターネットを活用したビジネスでは，特に重要視されています。スマートフォンのアプリケーションやウェブサイトで考えるとわかりやすいと思いますが，ダウンロードして，使いにくいところがあれば，そのアプリケーションはその段階で使われなくなり削除されます。ECサイトでも，登録過程が複雑で面倒だと，利用の段階まで進みません。

　UIは，商品やビジネスの特性によって全く違います。たとえば遠隔医療のオンライン診断などは，自然な対話性が求められますし，レコーディングダイエットアプリであれば，データ入力のしやすさと顧客のモチベーション管理が大事です。またスマートフォンはじめIT器機は，VR，ジェスチャー＆視線入力などテクノロジーの発展や変化が早く，新たなユーザーインターフェース技術が次々と出てくるので，その変化を取り込むのは簡単ではありません。

　UIはアプリなどのITだけで形成されるのではなく，物理的なモノとしての色，形，大きさなどのデザインや，スイッチなどの操作性，商品パッケージ，取り扱い説明書なども含まれます。商品がサービスなどの無形の場合は，電話，ネット，対面などの顧客とサービスの情報接点部分がUIとなります。

（7）コラボ他社商品

　コラボ他社商品がなぜ自社の商品コンセプト要素に含まれるのか？　と思われた方も多いと思います。しかし近年，商品はその商品だけで成り立つことは少なくなっています。たとえばスマートフォンは，スマートフォンだけではなく，さまざまなアプリケーションがあって存在しています。コーヒー豆もコーヒーマシンなどとの組み合わせで存在しています。**自社の商品の中核である基本機能と付加機能は，顧客経験価値創造の視点からみればコンテンツの一部です。**そう考えると**商品アイデアの中には組み込むコラボ他社商品があって当然です。またそれを支えるのがプラットフォームです。**

　コラボ他社商品を自社の商品コンセプトに組み入れるかどうかは，他社に依存することになるので，慎重に判断しなければなりません。コラボ他社商品が特定の企業のみではなく，多くの他社商品とオープンにコラボできるようにするために，プラットフォームを工夫することも可能です。

（8）価格，顧客の負担するコスト

　価格とは商品提供者が顧客に販売する標準的価格です。価格は，必ずしも原価と販売管理費に一定の割合の利益を上乗せして設定するのではなく，競争と比較した市場ポジショニングや顧客の商品に対するイメージによって戦略的に設定されることが多くなっています。価格のことをあえて価値表示とよび，価値を表す表現手段と考える場合もあります。つまり価格はコンセプトを表現する大事な一要素なのです。

　顧客の負担するコストとは，前にも何度か述べましたが，商品を購入するために支払う金銭以外の，商品を選択，発注，支払い，受取，開梱，説明書を読むこと，テスト使用などの使用するための学習，使用に失敗しやり直すこと，修理依頼など，使用にあって発生するコストすべてを指します。

（9）商品レベル顧客経験価値

　顧客経験価値は，商品レベルで生まれるものと，ビジネスモデルレベルで生まれるもの，そして広く他社との共生関係で生まれるエコシステムレベルものの３つのレベルがあります。

商品レベル顧客経験価値とは，顧客ペルソナとそのシーン，状況，ニーズにおいて，基本機能，付加機能，プラットフォーム，ユーザーインターフェース，提供形態，価格，コラボ他社商品などで構成される商品との接点や利用によって生み出される顧客経験価値です。

　具体的に商品レベル顧客経験価値は，カスタマーエクスペリエンスマップの中から分析，抽出します。その顧客提供価値が商品レベルなのかビジネスモデルレベルなのか少し曖昧になりますが，商品，ビジネスモデルは連動していますので，その境界線はあまり気にする必要はありません。

10-3　商品アイデアの発想と商品コンセプト要素によるカテゴライズ

　商品アイデア発想の元ネタは，商品・事業戦略仮説で企画した，コア・コンピタンス仮説，顧客経験価値仮説，市場イノベーション仮説，商品企画仮説の4つの仮説と，カスタマーエクスペリエンスマップで分析し企画した顧客経験価値などです。

　その中でも最も重要なのは，カスタマーエクスペリエンスマップを活用した商品アイデアです。カスタマーエクスペリエンスマップをたどっていく中で，使用前から使用後までのフェーズごとにあるべき顧客経験価値を実現させるための商品のアイデアを発想します。

　商品アイデアは，顧客経験価値が生み出される「手がかり」部分を特に注意して発想することが大事です。「手がかり」とは，前にも述べましたが，感覚，感情，思考，行動，共感といった視点での顧客経験価値の縦と横の文脈を創り出すいわば接合点です。そこをしっかり押さえた商品アイデアを出すことで，あるべき顧客経験価値が実現されます。

　フェーズごとに出された商品アイデアは，顧客ペルソナ，顧客ペルソナの状況，シーン，ニーズ，基本機能，付加機能，プラットフォーム，提供形態・販売方法，UI，コラボ他社商品，価格，顧客の負担するコスト，商品レベル顧客経験価値といった商品コンセプト要素でカテゴライズします。

　この段階で気を付けなければいけないのは，アイデアの実現性を意識しすぎることです。現段階では実現できないことも，開発課題をして取り組み，解

図表5-18　商品アイデア発想

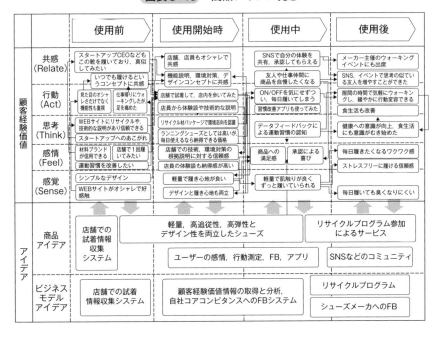

決できる可能性もありますので，この段階では理想の商品アイデアを自由に出すべきです。

　商品アイデアを発想する際，商品アイデアだけでなく，顧客コミュニケーションや販売方法や情報提供，情報収集などビジネスモデルに関わるアイデアなども同時に出てきますので，アイデアが浮かんだ段階で記述しておき，後でビジネスモデル企画として整理するといいでしょう。

10-4　商品コンセプト企画

　これまでも述べた通り，商品アイデアと商品コンセプトとは全く異なります。商品アイデアは商品コンセプトの個々の要素です。商品コンセプトとは，商品アイデアを取捨選択し，競争力のあるひとつの概念にまとめたものです。商品コンセプト企画には，高度な思考とデザイン能力が求められます。また多くの試行錯誤が必要です。

　商品コンセプト企画は，以下のような手順で進めます。

図表5-19 商品コンセプト要素による商品アイデアのカテゴライズ

カスタマーエクスペリエンスマップ

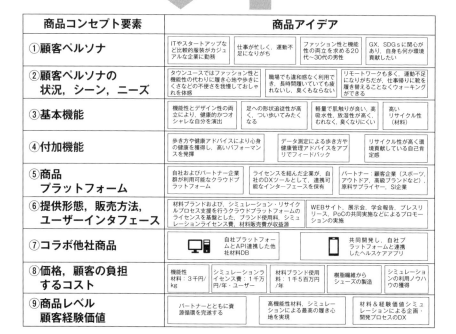

商品コンセプト要素	商品アイデア				
①顧客ペルソナ	ITやスタートアップなど比較的服装がカジュアルな企業に勤務	仕事が忙しく、運動不足になりがち	ファッション性と機能性の両立を求める20代～30代の男性	GX、SDGsに関心があり、自身も何か環境貢献したい	
②顧客ペルソナの 状況, シーン, ニーズ	タウンユースではファッション性と機能性の代わりに履き心地や歩きにくさなどの不便さを我慢しておしゃれを体感	職場でも違和感なく利用でき、長時間履いていても疲れないし、臭くもならない	リモートワークも多く、運動不足になりがちだが、仕事帰りに靴を履き替えることなくウォーキングができる	
③基本機能	機能性とデザイン性の両立により、健康的かつおシャレな自分を演出	足への形状追従性が高く、つい歩いてみたくなる	軽量で肌触りが良い、高吸水性、放湿性が高く、むれなく、臭くなりにくい	高いリサイクル性（材料）	
④付加機能	歩き方や健康アドバイスにより心身の健康を獲得し、高いパフォーマンスを発揮	データ測定による歩き方や健康管理アドバイスをアプリでフィードバック	リサイクル性が高く環境貢献している自己肯定感	
⑤商品 プラットフォーム	自社およびパートナー企業群が利用可能なクラウドプラットフォーム	ライセンスを結んだ企業が、自社のDXツールとして、連携可能なインターフェースを保有	パートナー：顧客企業（スポーツ、アウトドア、高級ブランドなど）、原料サプライヤー、SI企業	
⑥提供形態, 販売方法, ユーザーインタフェース	材料ブランドおよび、シミュレーション・リサイクルプロセス支援を行うクラウドプラットフォームのライセンスを基盤とした、ブランド使用料、シミュレーションライセンス費、材料販売費が収益源	WEBサイト、展示会、学会報告、プレスリリース、PoCの共同実施などによるプロモーションの実施	
⑦コラボ他社商品	自社プラットフォームとAPI連携した他社材料DB	共同開発し、自社プラットフォームと連携したヘルスケアアプリ		
⑧価格, 顧客の負担 するコスト	機能性材料：3千円/kg	シミュレーションライセンス費：1千万円/年・ユーザー	材料ブランド使用料：1千5百万円/年	樹脂繊維からシューズの製造	シミュレーションの利用ノウハウの獲得
⑨商品レベル 顧客経験価値	パートナーとともに資源循環を完遂する	高機能性材料、シミュレーションによる最高の履き心地を実現	材料＆経験価値シミュレーションによる企画・開発プロセスのDX	

①商品コンセプト要素ごとにカテゴライズした商品アイデアを分析し，顧客
経験価値の視点からインパクトあるものを抽出します。もしくは複数のア

イデアを組み合わせたり，さらには新たな発想を加えたりします。

②選ばれた各カテゴリ〜のアイデアを線でつなぎ，文脈（コンテクスト）を
いくつかつくります。この文脈（コンテクスト）を商品コンセプト原型と
呼び，商品コンセプトの骨子とします（図表5-20）。

③構想された商品コンセプト原型の軸になるもの，つまり各コンセプトアイ
デアをつなぐ概念を見出し，それを基本コンセプトとします。

　基本コンセプトは，商品アイデアに共通する経験価値や，特出する各商
品アイデアの上位に位置する顧客経験価値などです。重要なのは顧客経験
価値からコンセプト原型を見出すことです。

　基本コンセプトは，「この商品は何か」を短い一行で言い表すことでも
あります。たとえば，だれでもネットショップを短時間で開設，運営する
ことをサポートするBASEは「Payment to the People, Power to the
People.」をコンセプトにし，個人やスモールビジネスに関わる人に，収

図表5-20　商品コンセプト原型シート

コンセプト原型①　コンセプト原型②　コンセプト原型③

商品コンセプト要素	商品アイデア		
①顧客ペルソナ	ITやスタートアップなど比較的服装がカジュアルな企業に勤務	仕事が忙しく，運動不足になりがち	ファッション性と機能性の両立を求める20代・30代の男性	GX，SDGsに関心があり，自身も何か環境貢献したい
②顧客ペルソナの状況，シーン，ニーズ	タウンユースではファッション性と機能性の代わりに履き心地や歩きにくさなどの不便さを我慢しておしゃれを体感	職場でも違和感なく利用でき，長時間履いていても疲れないし，臭くもならない	リモートワークも多く，運動不足になりがちだが，仕事帰りに靴を履き替えることなくウォーキングができる	
③基本機能	機能性とデザイン性の両立により，健康的かつオシャレな自分を演出	足への形状追従性が高く，歩いてみたくなる	軽量で肌触りが良い・高い吸水性，放湿性が高く，むれなく，臭くなりにくい	高いリサイクル性（材料）
④付加機能	歩き方や健康アドバイスにより心身の健康を獲得し，高いパフォーマンスを発揮	データ測定による歩き方や健康管理アドバイスをアプリでフィードバック		リサイクル性が高く環境貢献している自己肯定
⑤商品プラットフォーム	自社およびパートナー企業群が利用可能なクラウドプラットフォーム	ライセンスを結んだ企業が，自社のDXツールとして，連携可能なインタフェースを保有	パートナー：顧客企業（スポーツ，アウトドア，高級ブランドなど），原料サプライヤー，SI企業	
⑥提供形態，販売方法，ユーザーインタフェース	材料ブランドおよび，シミュレーション，リサイクルプロセス支援を行うクラウドプラットフォームのライセンスを基盤とした，ブランド使用料，シミュレーションライセンス費，材料販売費の収益源	WEBサイト，展示会，学会報告，プレスリリース，PoCの共同実施などによるプロモーションの実施		
⑦コラボ他社商品	自社プラットフォームとAPI連携した他社材料DB	共同開発し，自社プラットフォームなどと連携したヘルスケアアプリ		
⑧価格，顧客の負担するコスト	機能性材料：○円/kg	シミュレーションライセンス費：1千万円/年・ユーザー	材料ブランド使用料：1千5百万円/年	樹脂繊維からシューズの製造	シミュレーションの利用ノウハウの獲得
⑨商品レベル顧客経験価値	パートナーとともに資源循環を完遂する	高機能性材料，シミュレーションによる最高の履き心地を実現	材料&経験価値シミュレーションによる企画・開発プロセスのDX	

入とモチベーションと顧客へのアクセスなどのパワーを与えています。家具を始め住宅で使う雑貨やリフォームをてがけるニトリは「お，ねだん以上。」を基本コンセプトにし，高い利便性と期待を上回る商品・サービス価値を提供しています。いずれも強い顧客経験価値を表現しています。

④いくつか選択されたコンセプト原型の中から，最低1つ，時間があれば複数選び，商品コンセプトシート（図表5-21，図表5-22）を作成します。商品コンセプトシートの項目は，商品コンセプト要素に，③で説明し基本コンセプトを追加したものです。商品コンセプトシートをまとめるに当たっては，

- 基本コンセプトを基軸にした各コンセプトの要素見直しやバランスや関係性の検討
- 必要に応じて新たな商品アイデアの追加や入れ替え，商品アイデアの変更
- 基本コンセプトそのものの見直しと，商品アイデアの見直し

など，深い思考と試行錯誤が必要になります。

10-5　ビジネスモデル企画

ビジネスモデル企画とは，単に商品を作り販売するという単純なしくみではなく，より高度な顧客経験価値を提供するために，他社と連携したり，商品以外の情報やサービスを提供するために，ビジネスの仕組みを工夫したりすることです。

ビジネスモデル戦略が注目されたのは，インターネットの普及が影響しています。インターネットが普及して，企業と顧客は双方向のコミュニケーションができるようになり，また自社の商品に他社の商品やサービスを組み合わせて紹介することや，さらにはAIを活用し，顧客の好みを推測し，提案するといったことが可能になりました。インターネットなどITによってビジネスのやり方が大きく変わったのです。

インターネットの普及と同時に多くの市場が成熟し，顧客は単純にモノやサービスを購入するのではなく経験価値を購入するようになりました。インターネットの普及と顧客経験価値重視の変化が，ビジネスモデル重視の流れを

図表5-21　商品コンセプトシート（B2C）

●基本コンセプト　Walking Technology～歩く楽しみを材料機能により実現する～

●顧客ペルソナ（ターゲット顧客）
- ✓ ITやスタートアップなど比較的服装がカジュアルな企業に勤務
- ✓ 仕事が忙しく，運動不足になりがち
- ✓ ファッション性と機能性の両立を求める20代～30代の男性
- ✓ GX，SDGsに関心があり，自身も何か環境貢献したい

●顧客ペルソナの状況，シーン，ニーズ
- ✓ タウンユースではファッション性と機能性の代わりに履き心地や歩きにくさなどの不便さを我慢しておしゃれを体感
- ✓ 職場でも違和感なく利用でき，長時間履いていても疲れないし，臭くもならない。
- ✓ リモートワークも多く，運動不足になりがちだが，仕事帰りに靴を履き替えることなくウォーキングができる

●基本機能
- ✓ 機能性とデザイン性の両立により，健康的かつオシャレな自分を演出
- ✓ 足への形状追従性が高く，つい歩いてみたくなる
- ✓ 軽量で肌触りが良い，高吸水性，放湿性が高く，むれなく，臭くなりにくい
- ✓ 高いリサイクル性（材料）

●付加機能
- ✓ 歩き方や健康アドバイスにより心身の健康を獲得し，高いパフォーマンスを発揮
- ✓ データ測定による歩き方や健康管理アドバイスをアプリでフィードバック
- ✓ リサイクル性が高く環境貢献している自己肯定感

●コラボ他社商品
活動可視化および運動習慣改善の支援アプリ

●価格，顧客の負担するコスト
- ✓ 1万8千円（1足）＊リサイクル時は1万5千円
- ✓ アプリ利用料：データフィードバック，コミュニティ参加は無料

●商品レベルの顧客経験価値

・**製品・サービスコンセプト**
- ✓ 高機能性材料，シミュレーションによる最高の履き心地を実現
- ✓ パートナーとともに資源循環を完遂する

・**顧客のベネフィットをもたらす要素**
- ✓ 軽量，高耐久，高消臭性，高放湿性，高追従性などの高機能性
- ✓ 高いリサイクル性

・**顧客のコスト負担**
- ✓ 材料＆経験価値シミュレーションによる企画・開発プロセスのDX
- ✓ マテリアルリサイクルプロセスの提供

●商品プラットフォーム
- ✓ 自社WEBサイトを中心としたECサイト連携
- ✓ 自社クラウドプラットフォームとWEBサイト，アプリの連携

●提供形態，販売方法，ユーザーインターフェース
- ✓ 自社および他社ECサイト，自社店舗での販売
- ✓ WEBサイト，コミュニティ，アプリを通じた情報提供　など

図表5-22　商品コンセプトシート（B2B）

●基本コンセプト　Walking Technology～歩く楽しみを材料機能により実現する～

●顧客ペルソナ（ターゲット顧客）
- ・ シューズの機能性を訴求し，かつ自社で機能性材料の合成を実施していない企業
- ・ シューズの企画，設計のDXを進めている企業
- ・ サーキュラーエコノミー，リサイクルを進めている企業

●顧客ペルソナの状況，シーン，ニーズ
- ・ 高機能性を訴求したシューズによる新規顧客および現在の顧客を維持した
- ・ シミュレーション活用による企画，開発プロセスコストの削減したい
- ・ リサイクルなどSDGs面での顧客訴求をしたい

●基本機能
- ✓ 高機能性樹脂：多孔質樹脂繊維，高弾性，高吸水性，放湿性
- ✓ 材料シミュレーション：
  ① 自社材料データおよび収集した顧客経験価値データから，機能によって生じる顧客経験価値の予測が可能
  ② 利用材料におけるリサイクルプロセスの設計，および実施支援が可能

●付加機能
- ✓ 高成形性，高リサイクル性
- ✓ 他材料への高弾性，機能データベース

●コラボ他社商品
他社材料DBとのAPI連携

●価格，顧客の負担するコスト
- ・機能性材料：3千円/kg
- ・シミュレーションライセンス費：1千万円/年・ユーザー
- ・材料ブランド使用料：1千5百万円/年

●商品レベルの顧客経験価値

顧客の戦略
製品企画・開発DXおよび，マテリアルリサイクルの促進

顧客の財務
- ・高価格品による収益増加
- ・シミュレーションによるプロセスコスト削減

顧客プロセス
- ・マテリアルリサイクルプロセスの獲得
- ・シミュレーションによる企画・開発の効率化

顧客の顧客
- ・機能性とデザイン性の両立による顧客獲得
- ・材料機能の信頼性

経営基盤
- ・プラットフォームおよびシミュレーション活用による企画・開発DX基盤の獲得

●商品プラットフォーム
- ✓ 自社およびパートナー企業群が利用可能なクラウドプラットフォーム
- ✓ ライセンスを結んだ企業が連携可能なインターフェースを保有

●提供形態，販売方法，ユーザーインターフェース
- ✓ WEBサイト，展示会，学会報告，プレスリリース，PoCの共同実施などによるプロモーションの実施

加速化させたと言えます。

　ITは隅々まで普及してきていますが，既存事業の多くは，ITを生産性向上

136

や合理化などの範囲でしか利用していないケースが多いように思われます。多くの日本企業は，フィジカルなモノやサービスにこだわるあまり，情報を活用したビジネスモデルを構想する思考転換がしにくいのでしょう。

さてビジネスモデル企画はどのように行うのでしょうか。ビジネスモデル企画には以下の大きく5つの要素があります。

（1）ビジネスモデルレベル顧客経験価値

商品レベル顧客経験価値は，前の商品コンセプト企画の段階で明確になっていますので，ここでは**複数商品の提供を前提とした一段上のレベルのビジネスモデルレベルの顧客経験価値を企画します**。複数商品を提供するビジネスモデルが，どのような顧客経験価値を提供するか，その顧客経験価値は他社と比較してどのような独自性があるのか，その独自性は具体的にどこでどのように感じるのかを明確にします。

注意しなければいけないのが，**顧客経験価値とは，自社だけでなくコラボ他社商品はじめとするパートナー企業も共同で提供するもの**であるという認識です。すでにほとんどの産業では，一社だけでなく複数社で顧客経験価値を提供

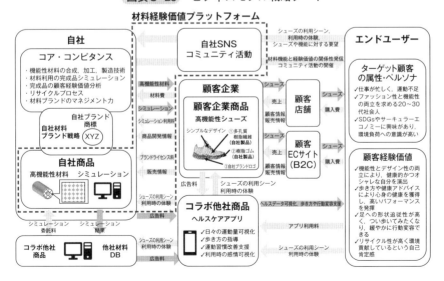

図表5-23　ビジネスモデル戦略シート

し差別化につなげています。ビジネスモデル企画では，有力なパートナーとの連携で顧客経験価値を企画することを再確認します。

（2）コア・コンピタンス

　コア・コンピタンスとは自社の核となる強みです。コア・コンピタンスがなければ商品の独自性も魅力も持たせることができませんし，有力なパートナーを引き寄せることもできません。また戦略の見直しによりコア・コンピタンスが生かされる事業領域にシフトすることで，強い事業が構築できるかもしれません。コア・コンピタンスを考える際に重要なのは，顧客やパートナーからの情報やノウハウ，ブランドイメージなどの無形資産がコア・コンピタンスにフィードバックされる仕組みを設計することです。そのフィードバックによりコア・コンピタンスをより強くし，競争優位をつくり出します。

（3）情報フィードバック

　ビジネスモデルでは顧客やパートナー企業が自社に対し，情報やノウハウ，ブランドイメージなどの無形資産をフィードバックすることで彼らがメリットを得られる仕掛の設計が必要です。

　素材メーカーのゴアテックス社は，防水性と通気性を両立させた素材をアウトドアアパレルメーカーに供給する際に，その性能が十分発揮できるようにアパレルメーカーと共同開発契約を結び，技術支援を行っています。またゴアテックス社の素材が組み込まれた製品には，ゴアテックス社のロゴを裏地に入れるブランドライセンス契約を結び，消費者に対して高品質のブランドイメージを提供し，アパレルメーカーの高利益率製品の売上に寄与しています。一方これらの契約によって，ゴアテックス社はアパレルメーカーの開発段階の情報を入手し（共同開発契約），また毎月のアパレルメーカーブランド別売上情報を入手している（ブランドライセンス）と考えられます。ゴアテックス社はこれらの情報フィードバックによりコア・コンピタンスである技術力とマーケティング力を磨いています。

（4）ビジネスプラットフォーム

　ビジネスモデルの中でビジネスプラットフォームとは，ビジネスモデルの基盤となるもので，社外のパートナーが自社のビジネスモデルに接点を持ち，自社からの情報，ノウハウ，商品やサービスなどが提供され，また社外パートナーから情報，ノウハウ，商品やサービスなどがフィードバックされるシステムです。商品コンセプトのプラットフォームと重なる部分が多くあります。

　ビジネスプラットフォームが他社に活用される理由は，その共通基盤を共有することで高い経済性が得られるからです。そのためにビジネスプラットフォームには競争力のある技術，スキル，システムが必要となります。

　ビジネスプラットフォームは，ITシステムが中心になっている形態，取引契約や知的財産面での契約などルールや制度が中心になっている形態，ハードとしての仕様や設計方式などの形態，それらが融合した形態があります。例を挙げると，インテルのパソコンやサーバーのCPUは，商品仕様というハードや設計方式，さらには取引契約や知財によってビジネスプラットフォームを形成し，長期間市場で寡占状況を維持しています。その結果インテルのCPUを除いては，パソコン製造販売ビジネスは考えにくい状況をつくりだしています。

　ネット社会の複雑さが増す中で，現在あらゆるビジネスでさまざまなプラットフォームが生まれています。その一方でビジネスプラットフォームの淘汰が起こったり，GoogleやAppleなどのグローバルスタンダード化したプラットフォームの上にプラットフォームを構築したりするケースも多くなってきました。多くのビジネスプラットフォームのエコシステムの中での競争と協調が活発に行われています。

（5）バリューチェーン

　バリューチェーンとは自社商品を生み出すプロセスです。バリューチェーンは自社商品の価値を競合他社と比較して差別化するためのプロセスの連鎖でなければなりません。そのためには，どの範囲のバリューチェーンにするか，そのうち自社はどのプロセスをカバーするのか，カバーできないプロセスをどの外部企業に担ってもらうのかを戦略的視点で企画構想することが必要です。前述のプラットフォームやコラボ他社商品・資源とも深く関係します。

（6）コラボ他社商品，資源

　コラボ他社商品，資源とは，差別化されたビジネスモデルレベルの顧客経験価値を生み出すために，ビジネスモデル戦略や自社のバリューチェーンに必要な外部要素です。商品コンセプト企画のところでも検討しましたが，ここでは複数の商品提供を想定したビジネスモデルレベルのコラボ他社商品，資源を検討します。業界，産業にかかわらず，ビジネスモデルレベルの顧客経験価値を創出するためにはコラボ他社商品・資源は必須であると考えられます。どの他社にどのような役割を担ってもらい，発展する関係性を構築できるのかをビジネスモデル戦略の視点で考えます。

（7）自社商品

　ここで検討すべき自社商品は，商品コンセプト企画で検討したものに加え，将来市場にリリースし，ビジネスモデルに乗せる可能性のある商品も考えます。複数セグメントの商品や，コア商品の関連する商品，よりバージョンアップさせた商品などです。一商品で構築したビジネスモデルは，それ自体資産となりますので，そのビジネスモデルを活用して商品をどう発展させるかを考えることとも言えます。

（8）収益源

　ビジネスモデル戦略は収益源を多様化させる可能性があります。かつては商品を販売して代金を回収するワンウェイ型のビジネスが多かったのですが，現在ではリース，レンタル，シェアなどの利用料を獲得するビジネスなど多様な収益獲得方法が開発されてきています。これは，顧客がかつて商品を取得，所有することに注視していたことから，利活用重視つまり経験価値重視にシフトしてきていることによるものです。これは商品提供者側にとっても良いことで，顧客との関係を長期間維持できる可能性が見い出せたり，顧客の商品状況がデータで把握でき，マーケティングに活用できたりするなどのたくさんのメリットがあります。

10-6　顧客経験価値戦略

（1）3つの階層の顧客経験価値の整理

　戦略として顧客経験価値をどのように企画するべきでしょうか。これまでカスタマーエクスペリエンスマップなどの分析を通じて顧客経験価値の全体像や，手がかりとしての重要なコンタクトポイントなどは把握しましたが，戦略としてあるべき顧客経験価値を企画するには，あらためてその本質を考え，絞り込みや重点化を検討する必要があります。

　顧客経験価値戦略は，商品コンセプトレベル顧客経験価値，ビジネスモデルレベル顧客経験価値，エコシステムレベル顧客経験価値の3つの階層で考えます。

　まずカスタマーエクスペリエンスマップで把握した，縦文脈である感覚，感情，思考，行動，共感の5つの経験が，横文脈として使用前，使用開始，使用中，使用後などの時間の推移で流れていく経験価値を確認します。**そのカスタマーエクスペリエンスマップで把握した経験価値の発生源を，商品レベル，ビジネスモデルレベル，エコシステムレベルの3つのレベルで分類します。**商品レベル顧客経験価値とビジネスモデルレベル顧客経験価値はすでに前に説明しました。エコシステムレベル顧客経験価値は，商品，ビジネスモデルを超えた範囲で発生しうる顧客経験価値です。たとえば自動運転機能の自動車であれば，自動運転の利便性を中心とした顧客経験価値が商品レベル，道路交通ITS（Intelligent Transport Systems：高度道路交通システム）でサポートされた経験価値はビジネスモデルレベル，空いたクルマを必要な人に貸し出したり，使っていないバッテリーを利用して太陽光発電の電力を蓄電したり地域で必要な場合は放電するなどと言ったことはより社会的で高次元の経験価値はエコシステムレベルと整理できます。

（2）顧客経験価値コンセプトの企画

　顧客経験価値コンセプトとは，商品コンセプトレベル，ビジネスモデルレベル，エコシステムレベルの各顧客経験価値に共通する，またはその本質を表す顧客経験価値です。たとえば「無印良品」の良品計画の経営理念には「人と自

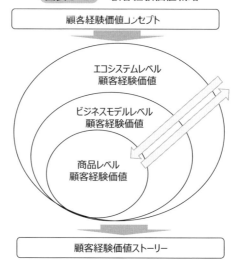

図表 5-24　顧客経験価値戦略

顧客経験価値コンセプト

エコシステムレベル
顧客経験価値

ビジネスモデルレベル
顧客経験価値

商品レベル
顧客経験価値

顧客経験価値ストーリー

然とモノの望ましい関係と心豊かな人間社会」という素晴らしい言葉がありま
す。これは無印良品の顧客経験価値コンセプトでしょう。商品，ビジネスモデ
ル，エコシステムを貫く顧客経験価値を考えた結果だと思われます。

　つまり，顧客経験価値コンセプトは限りなく，企業や事業の理念，パーパス
に近いものになります。理念やパーパスは，社会をどう意味づけ，意義あるも
のにし，そのためにどうしたいかを示すものだからです。顧客経験価値とは，
人や社会にとっての意味や意義ですからそれらは同じものになるはずです。

（3）顧客経験価値ストーリーづくり

　**顧客経験価値ストーリーとは，顧客経験価値戦略の重要な1つで，顧客ペル
ソナの典型的なカスタマーエクスペリエンスをわかりやすくストーリー化した
ものです。**

　なぜ顧客経験価値をストーリーにするのでしょうか。それは本来人間が，ナ
ラティブなもの，つまり複数の人や組織で共有されるストーリー化されたもの
を通じて共体験し共感する本能を持つからです。

　人は感覚，感情だけで受け止めたとしてもそれは本当に理解していないかも
しれません。理論で理解し，行動面も確認して人は適切な判断ができます。さ

顧客経験価値コンセプト

Walking Technology〜歩く楽しみを材料機能により実現する〜
- 高機能材料による最高の履き心地とファッション性の実現
- 材料＆経験価値シミュレーションによるシューズ・開発DXの実現
- 材料シミュレーションによる資源循環の実現

エコシステムレベル顧客経験価値

- （B2C）SNSやコミュニティにおける自身の体験共有，承認
- （B2C）他社アプリとのコラボ，連携による緩やかな行動変容
　　　　（運動，食習慣の改善など）
- （B2B）他社材料DBとの連携による豊富なシミュレーションメニュー

ビジネスモデルレベル顧客経験価値

- （B2C）店舗スタッフ，WEBによる商品，技術，環境対策の根拠説明，
　　　　体験談による信頼と納得，安心の提供
- （B2B）材料＆経験価値シミュレーションによる顧客企業の開発プロセスコストの削減
- （B2B）顧客企業のSDGs貢献を定量的に支援

商品レベル顧客経験価値

- （B2C）軽量で肌触りが良くずっと履いていられる
- （B2C）毎日履いても臭くなりにくい
- （B2C）デザイン性と機能性を両立しているため，タウンユースでも長時間履ける
- （B2B）自社，他社材料を含めた経験価値，機能シミュレーションが可能

レベル共通 顧客経験価値

- （B2C）材料ブランドによる
  - ✓ 機能性に対する信頼性
  - ✓ 商品，材料，製造プロセスの環境性の高さに対する信頼性

- （B2C，B2B）材料およびシミュレーションを活用した高い顧客経験価値分析技術とその実現に対する期待感

- （B2B）高価格高信頼製品による収益増加とシミュレーションによるプロセスコスト削減により利益拡大

らに他の信頼できる人も同じ考えだと自信を深めます。つまりそれは共感です。さらに一緒に何かを行って共通体験を経ることで真の信頼になります。長い人類の歴史の中で，人間はそうやってものごとを慎重に判断してきたのでしょう。そのようなことから人はストーリーを重視します。

　顧客経験価値が，企業から顧客へ一方向に提供されるものではなく，双方向で創り出す共創の結果であるため，いかに顧客に共感，そして参加してもらうかが重要となります。そこで顧客経験価値をストーリーとして表現する方法が顧客経験価値戦略として必要なのです。

　ではストーリーはどのように表現するのでしょうか。さまざまな方法がありますが，よく活用するのは，

- イラストで紙芝居を作成して見せる方法
- 小説風の文章で表現する方法
- 寸劇など人の動作で表現する方法
- 動画を作成して音と画像で表現する方法
- 静止画に音楽やナレーションを付けて表現する方法

などです。ストーリー表現をする過程を通じてわかりやすいストーリーになっ

ているかどうかを確認，修正することもできますし，企画の魅力アップするアイデアも出てくる可能性もあります。

　ストーリーは，感覚，感情的なところから入るパターンもあれば，思考（ロジック）や行動から入るパターンもあります。パーソナルトレーナージムのライザップは，多くの人がよく知る芸能人をペルソナにして，ビフォアー，アフターで減量を視覚（感覚）と，達成感（感情）に訴え，顧客を引きつけようとしています。数秒間のCMでそれをうまく表現して，減量で悩みを抱えている人を引きつけています。これもストーリーです。また河合塾では2011年に「習慣になった努力を，実力と呼ぶ」というポスターをつくりましたが，これは思考→行動から入っているストーリーだと思います。企画する商品，ビジネスモデルが，感覚，感情から入るのがよいのか，思考や行動か，または共感からなのかを実際ストーリーを作成してみて確認することが必要です。

図表5-26　顧客経験価値ストーリー（B2C）

ターゲット顧客の思い	WEBやイベント，雑誌での接点	購入時
・オシャレなシューズは，歩きにくい，職場で使いづらい，長時間使用で臭くなってしまう ・軽くウォーキングするには靴を履き替える必要がある ・SDGsに関心がある	・いつでも履けるというコンセプトに共感 ・軽くて履き心地が良く歩きやすそう ・機能性とデザイン性も両立してて，いつでも使えそう ・店員の技術説明にも納得感が高い	・パッケージもリサイクル段ボールかつ最小限の梱包で環境に対する意識を感じる ・WEBサイトでも簡単に購入できる

利用開始	利用中①	利用中②
・コンセプト通り，オシャレでも歩きやすい ・会社に履いていっても目立ちすぎずにオシャレができている ・会社帰りに少しウォーキングを始めた	・友達や会社の同僚にシューズの自慢をしたくなる ・SNSにも投稿 ・ON/OFF関係なく履けるため，一日の運動量（歩行量）が増加	・メーカー主催のウォーキングイベントにも出席 ・志向の似ている新たな友人やコミュニティを獲得 ・イベントで配布されたアプリをコミュニティ内で利用し始めた

利用中③	利用後①	利用後②
・コミュニティでの自主活動および，アプリの利用（データFB）により，日常の運動が大きく増加 ・食生活の改善も実施を開始 ・沢山歩き，靴がすり減ってきたため，メンテを考えている	・店舗に靴を送付するのはやや面倒だが安く，ソールを交換してくれるため，お得感 ・環境に対するメーカーの意識も感じた ・送付ついでに新しく出たデザインのシューズもつい買ってしまった	・オシャレと履き心地，生活改善までサポートしてくれる商品，サービスであることを認識する ・コミュニティ内や友人，同僚にも新しいシューズを勧めている

第6章

仮説検証フェーズ

1 ｜ 2つの仮説検証方法

　商品企画開発仮説フェーズでは，さまざまな方法での商品企画開発仮説の設定方法を述べてきました。仮説検証フェーズは，文字通り商品企画開発仮説を検証する作業になります。

　仮説検証の方法は大きく2つに分けられます。1つはマーケティングリサーチです。マーケティングリサーチとは，マクロトレンド，エコシステム（業界構造）分析，有望市場分析，ターゲット顧客分析，競合分析，SWOT分析などを行うことを指します。マーケティングリサーチの情報源は，第三者が調査，分析した二次データや自分たちが直接実施するヒアリングなどの一次情報です。マーケティングリサーチの手法はすでに確立されており，一定の学習，訓練は必要ですが，分析手法やテンプレートが出回っていますので，それを活用すればさほど実施は難しくありません。

　もう1つは，PoC（Proof of Concept），概念実証と呼ばれるもので，実際に商品仮説に関するコンセプトボード，動画さらには試作品などをつくり，商品コンセプトの仮説が顧客に受け入れられそうかどうかを検証する作業です。

　スタートアップ企業が企画する商品の多くは世の中にまだないものがほとんどです。既存のデータを使ったマーケティングリサーチだけでは，その商品の市場可能性を検証できません。そういった場合は，コンセプトを理解してもらえるレベルまで具体化し，書面，動画，試作品などで，顧客から購入や利用可

能性を聞き出す調査を行います。PoCのことを「コンセプトテスト」という場合もあります。

　商品のコンセプト段階で顧客の受容可能性が低ければ，商品化したところで，売上も上がらず損失が発生するだけです。したがってこのPoCがとても大事になるのです。PoCでうまく受け入れられなくても，コンセプトを修正すればよいですが，実際に商品をつくってしまってからではなかなか後戻りできません。

2 ｜ マーケティングリサーチ

2-1　新たなマーケティングリサーチの目的とは

　マーケティングリサーチの目的は時代の変化に従って大きく変わってきています。ここでは（1）～（3）の3つの新たなマーケティングリサーチの目的をお伝えします。

（1）「新たな顧客経験価値を創造できるかどうか」の可能性を探ること

　かつてのマーケティングリサーチの多くは，すでに存在する市場の中で，獲得できる市場がどこに，どの程度存在するかを調査することが主な目的でした。したがって，すでに存在する市場の規模やセグメンテーション，ターゲティング戦略が主な作業でした。しかし現在では，ほとんどの市場は参入企業がひしめき合い，すでに飽和しておりかつてのマーケティングリサーチの考え方が通用しなくなりました。

　たとえば市場規模を推定するという仕事がありますが，確かにある程度の規模の予想は必要ですが，二次データで明確な市場規模が確認できてしまうこと自体，その事業はすでに成熟し，熾烈な競争に陥っている可能性が高いと言えます。なぜなら二次データの存在自体が，誰かがすでに市場参入した痕跡そのものだからです。それにもかかわらず市場規模にこだわるのは，すでに存在している市場にいち早く大規模投資をして市場シェアを獲得するという，過去の思考が組織に染みついているからだと思います。

　近年のマーケティングリサーチでは，すでに存在する市場を分析するのでは

なく，新たに市場を創り出す可能性を発見しなればならないのです。それは単にモノやサービスの顧客受容性だけではなく，むしろ，その先にあるモノやサービスによって創り出される新たな顧客経験価値の開発可能性を調査検証しなければなりません。つまりマーケティングリサーチの第1の目的とは，「新たな顧客経験価値を創造できるかどうか」の可能性を探ることです。

（2）「顧客経験価値を継続的に創造できるかどうか」の可能性を探ること

　新たな顧客経験価値創造とは，提供者，顧客双方向の関わりで創造されることが多いので，環境変化，競合企業の参入などによって常に変化していくものになります。つまり一度マーケティングリサーチして新たな顧客経験価値を発見，創造できたとしても，それがそのまま続かない可能性があります。したがってマーケティングリサーチも，単に一過性のもの，または時々行き詰まった時にやるものではなく，常に継続して行うプロセスでなければなりません。つまりそれは，絶え間ない「顧客学習プロセス」とも言えます。したがってマーケティングリサーチの第2の目的は，「顧客経験価値を継続的に創造できるかどうか」の可能性を探ることです。

（3）商品やビジネスモデルによる共感力，伝搬力とそれを加速化させる方法を調査すること

　これまでに述べてきた通り，新たな顧客経験価値創造とは，顧客経験価値が創造され，需要されることだけでなく，顧客がその顧客経験を多数の人と共有し，広がっていくことまでを含みます。

　マーケティングリサーチの第3の目的とは，商品やビジネスモデルによる顧客経験価値の共感，伝搬力を調査し，その共感力，伝搬力とその加速度を高めるための方策を模索することです。

　共感力，伝搬力とその加速度を調査するには，商品を使った顧客がどのぐらい他の人にその経験価値を拡散するか，それはどのような方法なのかをグループインタビューやSNSなどにより調査します。それらの調査をもとに共感力，伝搬力を加速度化させるアイデアを発想します。

2-2　マクロトレンド分析

（1）マクロトレンド分析はなぜ行うのか？

　商品企画開発仮説を検証する作業としての，最初に実施するのがマクロトレンド分析です。

　マクロトレンド分析は，商品や事業企画やマーケティング戦略を企画する上で，だれもが当然実施するべきものと認識されています。一方で，マクロトレンド分析は十分に仮説検証に活かされないことが多いように思われます。その理由はいくつかあります。

　1つは，マクロトレンドの変化が商品企画開発仮説に対し，どの程度影響を与えるのか定量的に把握しにくいからです。影響が大きいと認識しても，それがどの程度売上や原価，利益に影響するのかは正確に把握できません。2つ目は，トレンドの発生する期間がまちまちだからです。1年の比較的短いトレンドもあれば，3年，5年，10年以上長期のトレンドもあります。3つ目に，各トレンド同士が相互に影響し合い複雑に変化することで，分析が複雑になることです。このような理由から，主なマクロトレンドはある程度把握できたとしても，商品企画開発仮説を検証する情報として扱うのが難しいのです。

　だからこそマクロトレンド分析を商品企画開発仮説の検証に活かす努力をすることで，ライバルよりも市場の変化への反応をより良くし，競争に勝つことが可能とも言えます。**つまりマクロトレンド分析とは，市場の変化をライバルよりもより早く学習し，商品企画開発仮説を素早く変化させ，市場競争に勝つための刺激と考えるのが妥当です。**

　具体的には，マクロトレンドの変化を商品開発仮説に活かすこととは，各マクロトレンドの変化が顧客経験価値にどのような影響を与えるのかを予測し，そのマクロトレンド変化を前提にした場合，自社の商品やビジネスモデルはどう変化するべきか，さらにはその変化した商品をつくるバリューチェーンや技術やスキルどう変えるべきかをブレークダウンして対応策を考え，適切なアクションをとることです。

図表6-1　マクロトレンド分析の目的とは

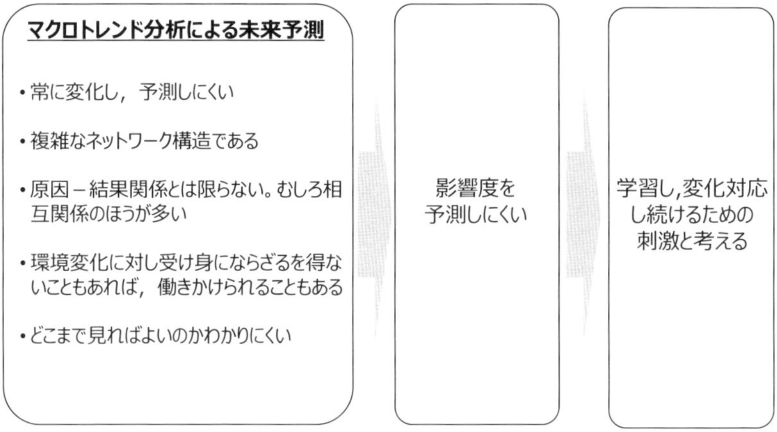

マクロトレンド分析による未来予測

・常に変化し，予測しにくい

・複雑なネットワーク構造である

・原因－結果関係とは限らない。むしろ相互関係のほうが多い

・環境変化に対し受け身にならざるを得ないこともあれば，働きかけられることもある

・どこまで見ればよいのかわかりにくい

影響度を予測しにくい

学習し,変化対応し続けるための刺激と考える

（2）PEST分析とは

　マクロトレンド分析でよく使うフレームワークが第3，4章でも紹介したPEST分析です。

図表6-2　PEST分析によるマクロトレンド分析

PESTとは環境変化要因を把握する際の網羅的な4つの要因

P（Politics）**政治的要因**	法律改正，政権交代，外交など市場のルールを変化させるもの
E（Economy）**経済的要因**	景気動向，GDP成長率，失業率，鉱工業指数など景気や経済成長，価値連鎖に影響を与えるもの
S（Society）**社会的要因**	文化の変遷，人口動態，教育，犯罪，世間の関心など需要構造に影響を与えるもの
T（Technology）**技術的要因**	新技術の完成，新しい技術への投資など競争ルールに影響を与えるもの

　PEST分析ではまず，**企画している商品，ビジネスに関係の深いトレンドを選びます**。その上でどのぐらい**顧客経験価値への影響**があるかを分析します。

具体的には，**感覚，感情，思考，行動，共感の顧客経験価値の５つの視点への影響度を分析します**。そしてその予想される顧客経験価値の変化が，企画した自社の商品やビジネスモデルへどのような影響を与えるかを分析します。

　顧客経験価値や商品，ビジネスモデルなどのへ影響度分析を定量的に示すことはかなり難しいことです。そこでよく実施されるのが，影響度をおおよその数値で表現し，関係者内で共有することです。たとえば，影響度が５％以下なら△，５％以上15％未満なら○，15％以上なら◎と簡単に格付けするなどです。分析の順番はマクロトレンド変化→顧客経験価値変化度合→商品，ビジネスモデル影響度合いの順番です。

　環境変化は単独で発生するのではなく，複数の環境変化が組み合わさって新たに発生することも多くあります。たとえば急激なインフレ動向と円安の加速で，輸入価格が高騰する，といったケースです。複数のマクロトレンドの組み合わせを分析するには，複数のマクロトレンドを組み合わせて，いくつかの環境変化シナリオをつくり，そのシナリオ別に顧客経験価値変化度合→商品，ビジネスモデル影響度合を分析します。環境変化シナリオは**図表6-3**のように，いくつかの重要な変化要因を組み合わせて複数の環境変化シナリオを描きます。

図表6-3　シナリオプランニング

マクロ環境変化のトレンドの連鎖で発生すると予測される新たなトレンドをストーリーとして予測すること。複数のマクロトレンドを原因−結果で関連付けて大きなストーリーにしたもの

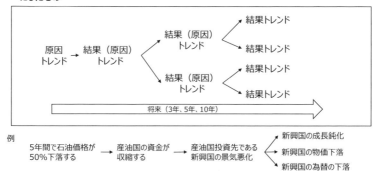

　これらのマクロトレンド分析と顧客経験価値や商品，ビジネスモデルへの影響は，予測通り当たることは少ないと考えたほうが良いと思います。しかし，

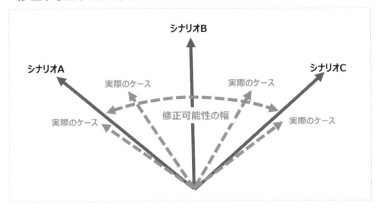

図表6-4 環境変化シナリオは商品開発仮説を修正するためのガイドライン

環境変化シナリオは当たりはずれが問題ではなく商品開発仮説を修正するためのガイドラインと考えておくべき

マクロトレンドを予測して影響度を認識しておくことは，変化が起こった際に商品開発仮説などとのギャップを認識し，競合よりも早く行動を起こすためのガイドラインとなるのです。

2-3　エコシステム分析

（1）エコシステムとは何か，なぜ重要か

　最近エコシステムという言葉をよく聞きます。私はエコシステムを「産業生態系」と訳していいます。ビジネスモデルには企業同士の契約関係もしくはそれに相当する固定的結びつきが存在し，1つの安定したシステムになっています。一方エコシステムは，必ずしもビジネス上の契約関係にない企業や組織が大きな共生関係を形成している状態を指します。DXの影響もあり，最近では業界を超えたエコシステムが多く見られるようになりました。

　例としてよく挙げられるのは米国企業のAppleです。Appleは自らが開発・提供する，iPhoneとiPod touch向けのモバイルオペレーティングシステムiOS陣営のエコシステムを構築しました。Appleに対し同じ米国企業のGoogleは，アンドロイド陣営のエコシステムを形成しています。AppleとGoogleはインターネット，AI，IoTなどのDXをベースに大きなエコシステムを形成してい

	重要な マクロトレンド	顧客経験価値 への影響	商品企画開発仮説 への影響	評価
P (Politics) 政治的要因	医療費削減	個人の健康維持，向上への意識向上（運動習慣改善の需要）	明確な経験価値の提示および，高いコストパフォーマンスが必要	◎
	情報セキュリティ強化の要請	情報セキュリティ強化とUIの使いやすさの両立が必要	UI開発およびセキュリティ対策費用の増加	○
	SDGs，CO2削減要求	GX，リサイクルによる価格増加，付加価値の訴求が必要	GX，リサイクルプロセスを組み込んだエコシステムが必要	○
E (Economy) 経済的要因	労働単価の向上	商品価格が上がることによる購買意欲の低下	原材料費や加工費（外注），新規の設備購入費用の増加	○
	世界的な不況による消費低下	明確な経験価値の提示および，高いコストパフォーマンスが必要	明確な経験価値の提示および，高いコストパフォーマンスが必要	◎
	GAFAのハードウェア事業領域への進出	GAFAによるアプリとの容易な連携とセキュリティ確保が必要	GAFAのプラットフォーム，アプリとの連携を検討する必要性	○
S (Society) 社会的要因	先進国における人口減少	明確な経験価値の提示および，高いコストパフォーマンスが必要	売り上げ規模を拡大するには海外市場を考慮する必要あり	△
	ライフスタイルの多様化	ライフスタイルに合わせた顧客経験価値の提示が必要	多様なライフスタイルに合わせた商品の開発と絞り込みが必要	◎
	情報セキュリティへの意識向上	簡易かつ信頼性の高いセキュリティを提供する必要性	ブロックチェーン導入など初期投資増大の必要性	○
T (Technology) 技術的要因	AI，IoT技術の進化	個々のライフスタイルや運動，健康状況に合わせたFBサービスが可能	情報の取得，分析，活用効率を向上させることが可能	◎
	リサイクル技術の進化	GX，リサイクルによる価格増加，付加価値の訴求が必要	GX，リサイクルプロセスを組み込んだエコシステムが必要	◎
	自動化技術の進化	個々に合わせたカスタマイズ製品・サービスの容易化	初期投資は大きくなるが，長期的にはコストメリットの可能性	○

※◎：15％以上の影響，○：5％以上〜15％未満の影響，△：5％未満の影響

ると言えます。この2つのエコシステムは競争関係にありますが，共生関係でもあります。

　このようなITをベースにした影響力の強いエコシステムは，過去何十年も続いた伝統的な業界，産業を大きく変える可能生があります。わかりやすい例は自動車業界です。ここ数年，Google，Appleはじめ多くネット業界の企業が，地図情報，検索エンジンといった便利なアプリケーションなどを通じて自動車産業に参入しています。自動車そのものも，電動化にともない，エンジンが電池とモーターに変わりますので，エレクトロニクス業界や素材，材料業界が積

極参入してきています。

　このようなエコシステムの変化は，顧客の行動や思考，共感を変え，さらには感情，感覚，つまり顧客経験価値を変化させる可能生があります。前にも挙げたように，自動車産業のエコシステムがインターネットなどITによって大きく変わり，自動車を利用する顧客経験価値も大きく変わろうとしています。具体的には，クルマを所有することからシェアすることへの変化や，米国Uberや中国Didiなどの配車アプリの普及などです。今後もDXが普及し，多くの産業のエコシステムは急速にかつ大きく変化し，それと同時に顧客経験価値も変化する可能性が高いと言えます。

（2）エコシステム分析の方法
　顧客経験価値重視の商品開発において，エコシステムはどのように分析すべきなのでしょうか。

影響因子を踏まえ範囲を設定する
　まずPEST分析などで抽出した重要なマクロトレンドを確認し，商品やビジネスモデルがそのマクロトレンドによってどのような影響を受けるかを予測し，エコシステムの範囲を決めます。現在の自動車業界であれば，自動運転という点では関連するデジタル化技術やそれに関連する主な参入企業や業界，電動化という点では電池材料を開発する化学，素材やモーターそのものやモーターコイルの素材などまで広げなければなりません。さらに自動車の用途拡大という点では，住宅，オフィスのインテリア，キャンプ，釣り，自転車などのアウトドア関連などまで範囲を広げなければなりません。また移動という点では，鉄道，航空，船舶，さらにはネットの会議システムや５Gなどの高速大容量通信システムも分析範囲に入れるべきでしょう。

主な産業，企業を配置し関係性を分析する
　次に，エコシステムの中に生存する主な産業と代表的な企業や組織を配置します。すべての企業を記述することは不可能なので，代表的なものだけを記述します。そしてその産業，企業，組織間の関係性を分析します。分析すべき関

係性とは，情報の流れ，カネの流れ，モノの流れなどですが，**最も重要なのは情報の流れです。なぜならカネもモノも情報による影響が大きいからです。**

　情報の流れの分析は多面的な検討が必要です。共同開発契約を結んでいれば，開発情報が，技術や商標のライセンスをしていれば販売情報が流れています。取引契約をしていれば売る側，購入側双方の取引数量や金額などの情報を把握できる可能性があります。そのほかエンドユーザーとの接点があればエンドユーザーの利用情報（情報の種類，頻度，時間など）の流れを推測できます。細かな情報の流れをすべて把握することは不可能で意味がありませんので，大まかでよいので重要な情報の流れを分析し，重要なプレイヤーの相互関係を分析把握するべきです。

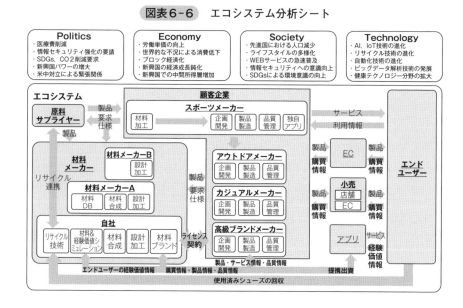

図表6-6　エコシステム分析シート

パワーシフトを分析する

　エコシステム分析で，主なプレイヤー，関係性，特に情報の流れが分析できれば，エコシステムの中の大きなレベルのパワーシフトを分析します。自動運転や電動化が進む自動車業界であれば，ハードではモジュール化が進むと言わ

れておりTier1と言われる大手部品メーカーに，サービスでは，情報通信関連，配車アプリ，シェアサービスベンダーにパワーシフトされると予想されています。

　パワーシフトのドライバー（作用因）で重要なのは，**最終受益者の時間やコストの経済性そして顧客経験価値の向上です**。特に，感覚，感情，思考，行動，共感などの顧客経験価値は個人の内面にかかわることで分析しにくいので，ドライバーとしての予想が簡単ではありません。しかし難しいからこそ差別化の源泉となりうるのです。また顧客経験価値は常に変化しますので，エコシステムのパワーも変化していくことになります。そこがビジネスチャンスになり得ます。

2-4　有望市場分析

（1）「既存市場そのものを代替（置き替える）できるか」という視点が重要

　一般的に有望市場分析とは，自社が参入すべく，規模が大きく成長している魅力のある既存市場を分析することを指します。しかし**顧客経験価値重視の市場分析では，「既存市場への参入」よりも，「既存市場そのものを代替（置き替える）できるか」という視点で市場分析します**。

　なぜなら顧客経験価値重視の商品開発では，「顧客の限られた時間や空間」を，異なる業界と競争し代替し，時には共生することで「市場参加」しようとするからです。もちろん同じカテゴリーの中での競争はありますが，**顧客経験価値重視の商品開発では，市場ごと代替する考え方が強いのです**。自動車産業は，時間という視点でみれば，スマートフォンなどの情報通信産業やゲームなどのコンテンツ産業と競争していると考えられます。競争を空間という視点で考えると住宅やオフィス産業とも競合するといえるでしょう。SNSやゲームに時間を費やせばクルマへの支出はしないし，住宅をリフォームすれば，家という空間を楽しみ，クルマを使った外出をしなくなり，クルマを手放したりシェアカーに切り替えるかもしれません。

　このようなことから，有望市場とは，代替可能性市場を指します。その代替市場を探すには，**まず自社商品の顧客経験価値を定義して，その顧客経験価値を取り合うと予想される他の商品やビジネスモデルをリストアップします**。そ

の顧客経験価値を取り合っている市場を有望市場と見立て，そこからの代替を狙います。

（２）顧客経験価値重視での有望市場の分析の方法

　では顧客経験価値重視の商品開発における有望市場分析とは具体的にどのようなものなのでしょうか。以下のような５つのステップで進めます。

ステップ１：自社商品やビジネスモデルで代替可能性のある市場をリストアップする

　自社で企画した商品やビジネスモデルの特性や強みを考え，顧客経験価値を

図表6-7　有望市場リスト

有望市場	市場特性			技術動向	参入企業	市場セグメント	想定獲得シェア	ターゲット市場評価
	規模	成長性	ライフサイクル					
スポーツシューズ市場	300億円	＋5％	機能性：成熟期リサイクル性：導入期	軽量性や通気性，反発性など競技シーンで必要とされる機能を満たす樹脂や繊維材料の需要が高い	スポーツメーカーAスポーツメーカーBなど	・プロ仕様市場（高価格，高機能性）・アマチュア仕様市場（中価格，中機能性）・タウンユース（中価格，中機能，高デザイン性）	5％	C
アウトドアシューズ市場	80億円	＋8％	機能性：成熟期リサイクル性：導入期	軽量，通気，耐水性，耐久性などのアウトドアで必要な機能と，履きごこちの双方を高いレベルで両立する材料の需要が高い	アウトドアメーカーPアウトドアメーカーQなど	・本格アウトドア志向（高価格，高機能性）・アウトドア入門者（低価格，低機能性）・タウンユース（中価格，中機能，高デザイン性）	30％	A
カジュアルシューズ市場	80億円	＋3％	機能性：導入期リサイクル性：導入期	・軽量，通気，臭い耐性などの機能を改善する低コスト材料が多く使われる・GX，SDGsなどの影響によりリサイクル性材料が増加	シューズメーカーXアパレルメーカーYなど	・タウンユース（中価格，中機能，高デザイン性）・ビジネスユース（中価格，中機能，中デザイン性）	15％	B
高級アパレルシューズ市場	20億円	＋3％	機能性：成長期リサイクル性：導入期	・高い機能性を付加価値とするため，高コストの機能性材料の使用が増加・リサイクル性を付加価値として提示する企業の増加	アパレルメーカーJアパレルメーカーKなど	・高価格，高機能性，高加工性市場（高価格，高機能，高デザイン性）	10％	B

※A：想定獲得シェアが20％以上，B：想定獲得シェアが10％以上20％未満，C：想定獲得シェアが10％未満

代替できそうな有望市場をリストアップします。その場合，自社の商品やビジネスモデルが提供する顧客経験価値が何かということと，その顧客経験価値は代替しようとしている有望市場の中に確かに存在するかを確認しておく必要があります。

そのために，「顧客は何を購入しているのか」といった価値の本質を見極め，さらに顧客が購買を決定するきっかけや，理由となる顧客経験価値はどのようなものかを突き止める必要があります。たとえば自動車のケースで考えると，自社商品の顧客経験価値が，「休日に移動して滞在でき，景色が良くゆったりとした空間が自由に楽しめること」だとすると，有望市場は別荘向け賃貸住宅市場，中古もしくは新築の住宅市場などとなるでしょう。

ステップ2：市場特性を分析する

有望市場の市場特性分析とは，代替する市場のライフサイクル，つまり導入期，成長期，成熟期，衰退期のどのステージにあるのかを分析することや，新商品の開発サイクルタイム，参入企業の増減，顧客のニーズ特性，技術動向などで，市場の特徴や状態を把握することです。代替する市場が自社にとって有望市場かどうかを判断する際，この市場特性を的確に把握することが重要になります。

市場特性には良い悪いといった基準はありません。たとえば成熟〜衰退のステージにあったとしても，市場規模が大きく，自社の商品やビジネスモデルで潜在的な顧客経験価値ニーズの発掘可能性が高ければ，市場奪取，市場創造は可能と判断できます。つまり自社の商品企画開発仮説が既存市場を代替する可能性を判断することが大事なのです。

ステップ3：技術動向を分析する

有望市場の中の重要な技術動向を把握します。重要な技術とは，市場全体に大きな影響を与えると予想される技術で，主に企業や国内外の大学や研究機関が開発します。技術動向の中でも，AI，IoTなどのDXにかかわる技術は，すべての産業に影響を与えますので大変重要です。

ステップ4：主な参入企業をリストアップし，動向を調査する

　有望市場においてすでに参入している主な企業をリストアップします。リストアップの基準は，市場に大きな影響を与えているかどうかです。具体的には市場シェア，成長性，技術，製品開発でのリーダーシップの強さなどで判断します。さらにリストアップされた企業の主要な戦略，最近の動向などを分析します。この段階での動向調査は，インターネットでの信頼性のあるニュースリリースや自社内で把握している情報などの収集・分析で十分です。

ステップ5：有望市場セグメント，規模，成長性，顧客動向を調査する

　有望市場をさらに特性別にセグメント（層別）します。セグメントの際の基準は，規模，成長性や，購入から買い換えまでのサイクルタイム，顧客の購買特性，技術特性などの市場特性から重要と思われる視点を選びます。次に市場セグメント別にその規模，成長性を詳しく分析します。

　規模，成長性が分析できたら，市場セグメントごとの顧客動向を調査します。顧客動向とは，顧客の増減や，顧客の価値観，行動特性，購買特性，ニーズや嗜好の変化などです。

　ここで重要なのが，**市場セグメントが大きく，既存参入企業が対応できていない顧客経験価値ニーズの存在です。この潜在的な顧客経験ニーズが明確であり，かつ自社の提供する顧客経験価値が既存参入企業に勝っていれば，市場奪取の可能性は高いと判断できます。**

　実際は公開資料などを用いた二次調査を行った上で，顧客へのコンセプト提案と代替の可能性をヒアリングやアンケートなど一次調査で検証する必要があります。そして自社商品が既存企業の商品を代替する可能性と顧客コストなどの代替条件を把握します。さらに検証が必要な場合場はPoCを実施します。

ステップ6：想定獲得シェアを推定し，ターゲット市場を決める

　ステップ1から5までの情報から，自社商品の市場獲得可能性を推定します。具体的には，各市場セグメントの何パーセントのシェアを獲得できるかを想定します。シェアは仮説として設定した商品企画開発の戦略や投資規模などに依存しますので，あくまで想定です。最大限獲得した場合のシェアを想定で記入

図表6-8　有望市場別市場調査シート

アウトドアシューズ市場　　　　　　　　　　　　担当　　　　　　　年　月　日

市場特性	参入企業戦略

市場特性

- 市場概要
  - ✓ アウトドアブームおよび高機能性シューズへの需要増加，タウンユースでもアウトドアシューズを利用するユーザーの増加により，市場は成長傾向。
  - ✓ GXやSDGsの影響を受け，機能性だけでなくリサイクル素材やリサイクルプロセスを訴求した製品の売り上げが増加
- 市場規模，成長性
  - ✓ 市場規模：80億円
  - ✓ 成長性　：＋8％
- 市場ライフサイクル
  - ✓ 機能性：成熟期
  - ✓ リサイクル性：導入期

参入企業戦略

主な参入企業	主要戦略・動向
アウトドアメーカーP	⇒ ・材料メーカーと共同開発体制を組み，高機能性と履き心地を両立した製品を展開
アウトドアメーカーQ など	⇒ ・GX，SDGsのトレンドを受け，リサイクル素材の利用が増加

技術動向

- 軽量，通気，耐水性，耐久性などのアウトドアで必要な機能と，履きごこちの双方を高いレベルで両立する材料の開発が主流
- 生分解性プラスチックなどリサイクル素材の開発が加速している

市場セグメント，顧客動向

市場セグメント	規模	成長性	顧客動向	想定獲得シェア	主な理由	ターゲット市場
本格アウトドア志向	20億円	＋4％	安全性，耐久性と高機能性，履き心地を両立する製品，素材の需要が高い。製品価格は高価格帯であり，材料費も高い	35％	既存市場かつ新規高機能の需要が高い	◎
アウトドア入門者	35億円	＋6％	安全性，耐久性が優先され，特定の機能（通気性など）と履き心地を持つ製品の需要が高い。製品価格は中価格帯	10％	コスト要求が強く利益率が低い	△
タウンユース	20億円	＋15％	特定の機能（通気性など）と履き心地，デザイン性の高い製品の需要が高い。製品価格は中価格帯。	15％	高価格化と高機能化が進んでいるため	○
高級アパレルブランド	5億円	＋10％	高い機能と履き心地，デザイン性の高い製品の需要が高い。ブランドとコラボするため製品価格は高価格帯。	25％	高機能材料の需要が高く，かつコスト要求が弱い	◎

◎：想定獲得シェアが20％以上かつ，新規材料の需要が高い，○想定獲得シェアが15％以上かつ，新規材料の需要が高い
△：想定獲得シェアが10％以上かつ，新規材料の需要がある，×：想定獲得シェアが10％未満かコスト要求が強いのいずれか1つを満たす

できればよいでしょう。この想定獲得シェアなどから総合的に判断し，自社商品が代替すべきターゲット市場を割り出します。

2-5　有望市場とターゲット市場の関係

　ここで，混乱を避けるために有望市場とターゲット市場の関係を整理しておきます。自社が企画した商品企画開発仮説を元に，代替可能な有望市場をピックアップして，各有望市場を有望市場分析シートに従って調査します。有望市場ではその概要，特性，参入企業，技術動向などが分析され，さらに市場セグメントされます。その市場セグメントの中で，想定獲得シェアを含め総合的に判断し，ターゲット市場を決めます。結論として有望市場の中でも，自社の商品が最も代替可能性のある市場がターゲット市場です。

　ターゲット市場は，図表6-9にあるように各有望市場に点在する場合と，特定の有望市場にある場合などがあります。顧客経験価値ビジネスは，顧客の有限資源である時間，空間などを充足する既存商品を代替しますので，複数の有望市場に点在する可能性もあります。したがって有望市場の絞り込みは慎重に行い，代替可能性のある複数有望市場をにらみながらターゲット市場を選択

することが大事です。

図表6-9　有望市場とターゲット市場の関係

**顧客経験価値ビジネスは，既存参入商品の「顧客の時間と空間」を代替するので，
ターゲット市場は複数の有望市場に点在している可能性が高い**

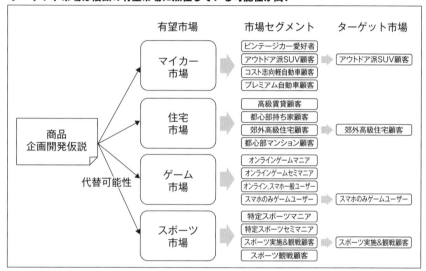

2-6　ターゲット市場分析

　有望市場調査の結果，いくつかのターゲット市場がリストアップされます。
ここではそのターゲット市場を分析します。**ターゲット市場分析でのゴールは，
ターゲット市場における自社商品の顧客経験価値代替可能性**です。ターゲット
市場分析は次のようなステップで進めます。

ステップ1：ターゲット市場特性を把握する

　まず，有望市場分析と同様に，ターゲット市場に関して，市場規模，成長性，
ライフサイクル，市場の概要などの市場特性を分析把握します。

ステップ2：主な参入企業のリストアップと動向調査を行う

　これも有望市場分析同様に，主な参入企業とその動向を分析します。有望市

場調査ではリストアップされなかった参入企業が出てくる可能性もあります。それらが獲得する顧客経験価値もより細分化されたものになるはずです。

ステップ3：顧客セグメントとニーズ調査

　さらにターゲット市場における顧客セグメントを行い，各セグメントの主なニーズを分析します。この場合のニーズは，顧客経験価値に関するニーズです。

　ドキュメントを使った二次調査，ヒアリング，現場観察などの一次調査が必要になる可能性があります。

図表6-10　ターゲット市場分析シート

アウトドアシューズ市場

ターゲット市場特性（サマリー）			顧客セグメントと主なニーズ		
・市場規模 　：80億円	・成長性 　：＋8％	・ライフサイクル 　：機能性は成熟期，リサイクル性は導入期	顧客セグメント	顧客ニーズ	
・市場概要 　：アウトドアブームおよび高機能性シューズへの需要増加，タウンユースでもアウトドアシューズを利用するユーザーの増加により，市場は成長傾向。			本格アウトドア志向	安全性，耐久性と高機能性，履き心地を両立する製品，素材の需要が高い。	
主な参入企業と動向			アウトドア入門者	安全性，耐久性が優先され，特定の機能（通気性など）と履き心地を持つ製品の需要が高い。	
・主な参入企業 ✓アウトドアメーカーP ✓アウトドアメーカーQ 　など	・主要戦略・動向 材料メーカーとシューズメーカーが共同開発体制を組み，高機能性と履き心地を両立した製品を展開している		タウンユース	特定の機能（通気性など）と履き心地，デザイン性の高い製品の需要が高い。	
			高級アパレルブランド	高い機能と履き心地，デザイン性の高い製品の需要が高い。	

ペルソナ	ペルソナの現状顧客経験価値			自社商品による代替可能性
・ITやスタートアップなど比較的服装がカジュアルな企業に勤務 ・仕事が忙しく，運動不足になりがち ・ファッション性と機能性の両立を求める20代～30代の男性 ・GX，SDGsに関心があり，自身も何か環境貢献したい	ベネフィット	共感	友人や仕事仲間，SNSに商品を自慢し，承認欲求を満たしたくなる	アウトドア，ビジネス，タウンユースのどのシーンでもデザイン性と機能性，履き心地を満足することが可能 ・隙間の時間で気軽にウォーキングし，緩やかに行動変容できる ・ON/OFFを気にせずつい毎日履いてしまう ・履くだけで環境対策している意識の高い自分を認知 ・データFBによる運動習慣改善 ・毎日履きたくなるワクワク感 ・ストレスフリーに履ける信頼感 ・肌触りが良く，ずっと履いていられる ・毎日履いても臭くなりにくい
		行動	買い物や趣味などプライベートな時間で履き，色々な人に見てもらいたくなる	
		思考	オシャレのために我慢していることにより，オシャレ意識が高い自分を認知	・アウトドアでは十分な機能とデザイン性を発揮 ・タウンユースでは不便さを我慢しておしゃれをするという自分を演出
		感情	機能が高く，他の人間とは異なったデザインのシューズを履くことによる優越感	
		感覚	・重量が重く，歩き心地はイマイチ ・通気性，防水性はよく雨の日でもおしゃれできる	
	コスト	直接	1万5千円～2万5千円/1足とアパレルブランドに比べると割高	
		間接	歩き心地がわるく，重いため，長時間の着用は足への負担が大きい	

ステップ４：ペルソナの設定と顧客経験価値調査

　セグメントの中で，代表的なセグメントを抽出し，ペルソナを設定します。そのペルソナの顧客経験価値を調査します。具体的には感覚，感情，思考，行動，共感の顧客経験価値の５つの視点ごとにベネフィットを分析します。同時に顧客が負担するコストを分析します。顧客の負担するコストは，直接支払うコストと商品を使用し経験価値を得るために顧客自身が負担する物理的な作業や心理的負担などの間接コストです。

　ペルソナの分析は，ヒアリング，現場観察などの一次調査はほぼ必須です。次のステップ５の代替可能性も含めて実施します。

ステップ５：自社商品による代替可能性

　分析されたペルソナの現状の顧客経験価値に対し，自社が構想した商品が競合の既存商品を代替可能できるかどうかを検討します。代替可能性は，各顧客経験価値視点のベネフィットやコスト項目ごとに比較し，それらを連動させた統合的な顧客経験価値全体で比較し判断します。

ステップ６：ペルソナの分析から狙える顧客セグメントの属性を把握する。

　ペルソナはあくまで代表的な特性をもつ究極のセグメントです。したがってペルソナの顧客経験価値分析の後に，顧客セグメントに遡って，どのような顧客特性が，自社商品に適しているかを確認します。顧客特性とは，顧客の経験価値の５つの特性であり，さらにそれを１つの集合と判断できる年齢，職業，性別，居住地域，収入，家族構成など統計的に情報収集，分析可能な，マーケティングリサーチでいう「デモグラフィック」です。**デモグラフィックに変換することでネットや広告媒体などを活用したマーケティング戦略，プロモーション戦略が実行可能となります。**

2-7　ターゲット市場での競合分析

（1）ターゲット市場での競合企業の特定

　ターゲット市場における競合企業分析の検証の目的は，競合企業に対して自社の商品やビジネスモデルが競争力のある顧客経験価値を提供でき，競争に勝

てるかどうかです。そのために具体的に競合企業をリストアップし，競合企業の戦略を分析します。

　競合企業は商品・事業企画仮説フェーズでも実施したとおり，3つの分類にリストアップします。1つは戦略グループというものです。これはターゲット市場内で常に競争関係になっている競合商品です。たとえば自動車で言えば，同じセダンで排気量1,500CCから2,000CCのクルマという感じです。常に顧客の比較検討対象になっている競合範囲です。

　2つ目は産業内競合です。真っ先には顧客の比較検討にはなりませんが，少し検討を進めると選択肢に入ってくる領域です。同じクルマの例で言うとセダンだけでなくワンボックスカーやコストパフォーマンスのよい軽自動車まで少し範囲を広げた競合です。

　3つ目は代替品，新規参入です。これは全く異なる業界ではあるが，顧客経験価値の奪い合いという点で競合になっている商品や企業です。クルマの例で言えば，カーシェアやUberのような配車アプリです。これまでも述べてきましたが，市場において既存企業と呼ばれる存在の最大の脅威はこの代替品・新規参入です。新たな顧客経験価値創造という点では，自社商品が代替品，新規参入の存在となります。この場合は自社以外の代替品，新規参入企業をリストアップします。

（2）競合分析の視点

　競合分析の視点は，「**顧客経験価値**」「**ビジネスモデル・エコシステム**」「**バリューチェーン**」「**商品**」「**技術，コア・コンピタンス**」の5つです。競合企業はどのような顧客経験価値を提供しているか，その顧客経験価値はどのようなビジネスモデル・エコシステムやバリューチェーンで提供されているのか，どのような商品を提供しているのか，さらにはその商品を生み出す根源となる競合の技術，コア・コンピタンスはどのようなものなのかを把握します。

（3）競合の現在だけでなく将来の戦略を推定する

　競合分析とは競合のどの時点の状況を分析するのでしょうか。よくあるのが情報として入手しやすい競合の現在と過去だけを分析し，終わるケースです。

しかし競合と競い合うのは将来です。したがって重要なのは競合の将来戦略を読み取ることです。

　競合の将来戦略はどうしたらわかるのでしょうか？　あくまでも私の経験知ですが，**競合の部長クラスが把握している競合情報を100％とした場合，その20％程度入手するのが限界で，それ以上把握しようとすれば相当なコストがかかるばかりか，自社の挙動が競合の知るところとなる可能性もあり，むしろ不利になる可能性があります。**つまり限られた中で競合分析を行わなければなりません。以下の①～③で方法を述べます。

① 競合企業のトップマネジメントの戦略や方針から読み解く

　上場企業であれば，経営トップは株主始めステークホルダーに対し，将来戦略をある程度公表します。公表する媒体は，新聞などマスコミ，業界紙，会社

図表6-11　ターゲット市場・競合分析シート

	主な競合企業	顧客経験価値	エコシステム ビジネスモデル	商品	コア・ コンピタンス
戦略グループ競合	・スポーツ メーカーA社 ・アウトドア メーカーP社 ・アパレル メーカーU社	・各社，それぞれの得意とする利用シーンでのみ快適性とデザイン性を両立可能 ・このため違うシーンでの利用は我慢が必要	・エンドユーザーと直接接点があり，エコシステム上は最上流に位置する ・シューズの販売により収益を獲得	高機能性を特徴とした下記のシーン向けのシューズ ・スポーツ ・アウトドア ・タウンユース ・ビジネスユース	・エンドユーザー情報（購買，トレンドなど）及びその接点 ・シューズのデザイン設計力 ・繊維の紡織技術 ・大量生産技術
産業内競合	・繊維材料 メーカーT社 ・機能性樹脂 メーカーA社	・軽量性，通気性，防水性を満足する材料を提供 ・材料メーカーとしてのブランドが高くユーザーに信頼と安心を提供	・シューズメーカーへの機能性材料の提供，要望への対応が主となる ・材料の販売により収益を獲得	・軽量性，通気性，防水性を満足する繊維材料や樹脂材料およびその加工法や1次加工を行う	・材料機能の設計技術 ・樹脂合成技術 ・大量生産 ・材料機能シミュレーション
新規参入・代替品競合	・ウェアラブル メーカーF社 ・アプリ メーカーX社	・シューズメーカーと共同で，ウェアラブルセンサーの活用を中心としたIoTソリューションで運動習慣の改善を提供	・エンドユーザーと直接接点があるが，シューズ販売はしない ・デバイスおよびアプリの販売により収益を獲得	・ウェアラブルセンサーによる運動習慣改善 ・シューズメーカーとコラボした運動習慣改善ソリューション	・エンドユーザー情報（購買，トレンドなど） ・センシング技術 ・データ解析力

のホームページなどです。そういったものを丹念に読み，戦略を推定します。競合の経営トップの発言をテキストマイニングしてみるのも効果的です。

②　特許情報や開発組織情報を分析する

　技術特許の取得は競合の将来の大事な方針を表す情報です。自社の対象商品に関わる競合の特許情報を分析し，どの市場にどのような技術，商品で参入してくるのかを分析し，推定します。異業種の特許情報は見逃しがちなので，多面的に調査することが重要です。また研究開発組織の新設，研究者の増員などの情報も競合の将来の動きを把握する上では大事です。比較的大きな企業の人事異動の情報は一般紙，業界紙に公開されています。

③　未来ビジョンや展示会出展の次世代モデルを分析する

　オープンイノベーションなどを目的に，未来ビジョンを公開する企業が増えていますが，そういったものを構想し発表するにはそれなりのコストや時間がかかりますし，ステークホルダーに対して責任を負うことになりますので，信憑性が高い競合情報と判断できます。

　その他，展示会で得られる競合の将来戦略にかかわる情報も重要です。展示会などでは多くの場合，未来ビジョンに基づいた次世代商品モデルをデモンストレーションします。そういった次世代商品モデルや未来ビジョンから競合企業の将来戦略を読み取ります。

3 ｜ PoC（Proof of Concept・概念実証）

3-1　PoCとは何か，なぜ重要か

　PoCとは，新たな概念いわゆるコンセプトやコンセプトの一部であるアイデアの実現可能性を示すために，できるだけ簡単な方法で，短時間に検証を行い，そのコンセプトやアイデアの実用性，実現性を証明する一連の作業を意味します。

　これまでに述べたとおり，多くの市場は成熟しており，既存商品を改良する

図表6-12　PoC（Proof of Concept・概念実証）とは

これまでにない全く新しい商品は，マーケティングリサーチだけで
は市場性を検証しきれない

しかし，だからといってプロトタイプ（機能試作）を作成するには資金
も必要でリスクも高い

コンセプト（概念）だけをうまく市場検証する方法が
PoC（Proof of Concept・概念実証）

資金を提供する側にとっては
リスクを低減させる手段

資金提供を受ける側にとっては
より多くの資金を提供してもらう手段

だけでは大きな成長は望めません。顧客経験価値重視の商品開発が重視される
のも，顧客の新たな経験価値を新たに創造するからです。そういった商品は，
実際に市場にはないことがほとんどで，市場規模はおろか，顧客の受容可能性
も実際のところはわかりません。そこでPoCが必要とされるのです。

　PoCは，「コンセプトテスト」などと呼ばれる，すでに活用されてきた手法
ですが，世界中でスタートアップが盛んになって，あらためて重視されるよう
になりました。なぜなら多くのスタートアップ企業の企画する商品や事業は，
その時点で世の中にないものだからです。また，スタートアップに投資するベ
ンチャーファンドも，スタートアップ企業に対し，市場ができ上がってからの
参入ではなく，世界に先駆けて市場を創造することに投資したいと考えます。
PoCは，資金を提供するベンチャーファンド側にとってはリスクを低減させる
手段であり，また資金提供を受けるスタートアップ企業にとってもより多くの
資金を提供してもらう手段と言えます。スタートアップ企業だけではなく，既
存企業の新事業開発でも同じことが言えます。PoCは資金のスポンサーである
役員と新事業を実行する社員の重要な接点となります。

　しかし，スタートアップ企業，既存の大企業にかかわらず，多くの企業でこ
のPoCを実施しないまま，簡単な机上のマーケティングリサーチだけで商品を
試作し，量産まで進んでしまうことを多く目にします。いったん投資し，試作

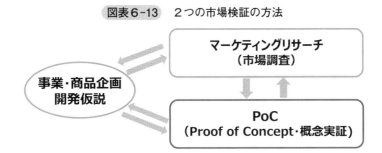

図表6-13　2つの市場検証の方法

まで進むと後戻りできなくなり，量産に突き進み，赤字が続き撤退するケースが多く見られます。

　一方，業績の良い企業ほど徹底した厳しいPoCを行っています。コンセプト企画段階で，顧客への徹底したヒアリングやテストマーケティングを実施し，商品コンセプトやビジネスモデルを変化させ上市します。上市してからもそれらを連続して変化させ，最終的に大きな成功を収めます。機能とデザイン性に優れた掃除機で有名な英国ダイソン社の創業者・ジェームス・ダイソン氏は，最初の掃除機の機能試作品を作成するまでに5,000回以上の段ボールモデルをつくったと言われています。それは今でもダイソン社の開発部門で実施されているとのことです。これは，コンセプト段階の検証を重視している現れだと思います。コンセプト段階で顧客に受け入れてもらえなければ，いくら素晴らしい技術による機能があっても売れません。

3-2　顧客経験価値重視の商品開発におけるPoCの位置づけ

　事業・商品企画開発においてPoCは大変重要ですが，事業・商品企画開発仮説が不十分な場合は，ほとんど意味がないものに終わります。PoCのような作業も，実施するとなると相当の時間と人手（コスト）を要します。PoCがその投資やコストに見合うだけのものかどうかは仮説の企画レベルに依存します。

　PoCで忘れてはいけないのは，PoCを実施する前に，事業・商品企画開発仮説とその検証作業の1つであるマーケティングリサーチをしっかり実施し，仮説を十分に練ることです。

3-3 PoCの企画方法

時間とコストの制約を考えると，事業企画開発仮説のすべてをPoCで検証することはできません。したがって，事業企画開発仮説の中の何を検証するかを十分に検討する必要があります。

顧客経験価値重視の商品開発のPoCの検証ポイントは，1つは想定する「顧客経験価値の存在とその掘り起こし可能性」，もう1つは「企画する商品自体の顧客経験価値への効果性」です。この2つの検証ポイントを具体化し，実際にPoCを企画するには，**図表6-14**にあるPoCの企画をPoC実施前に十分に準備しなければなりません。

（1）目的・ゴール

PoCの目的とは，「新たに見出そうとする顧客経験価値の意味，意義の検証」と「その顧客経験価値を効果的に引き出すための商品の効果性の検証」の2つです。

「顧客経験価値の意味，意義検証」とは，事業企画開発仮説を検討する中で，発想した顧客にとって得られる経験価値が，他では得られない独自のもので，

図表6-14　PoCの実施手順

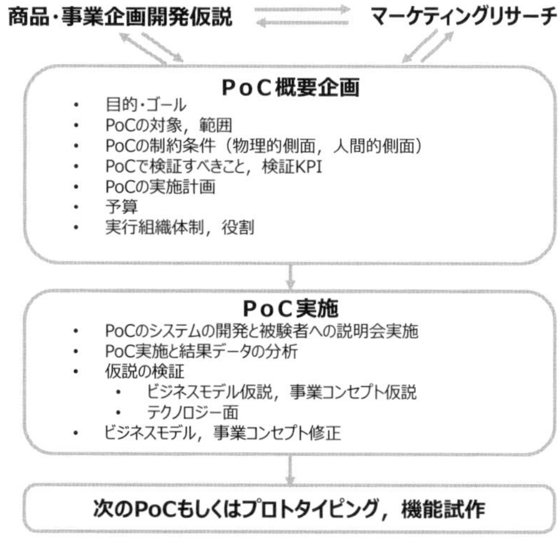

商品・事業企画開発仮説　⇄　マーケティングリサーチ

PoC概要企画
- 目的・ゴール
- PoCの対象，範囲
- PoCの制約条件（物理的側面，人間的側面）
- PoCで検証すべきこと，検証KPI
- PoCの実施計画
- 予算
- 実行組織体制，役割

PoC実施
- PoCのシステムの開発と被験者への説明会実施
- PoC実施と結果データの分析
- 仮説の検証
  - ビジネスモデル仮説，事業コンセプト仮説
  - テクノロジー面
- ビジネスモデル，事業コンセプト修正

次のPoCもしくはプロトタイピング，機能試作

顧客の新たな自己発見や進化・発展が見込めるものであることです。事業企画開発仮説で検討した「世界観」「フィロソフィー」といったことも含まれてくると思います。

「その顧客経験価値を効果的に引き出すための商品の効果性の検証」とは，商品企画開発が，期待とおり顧客経験価値を引き出せるかどうかを検証することです。商品の基本コンセプト，基本機能，付加機能，提供・販売形態，顧客の負担するコストなどが検証対象となります。

PoCのゴールとは，上記の検証目的が達成された状態を数値で表すものです。たとえば「○○商品の顧客経験価値の顧客インパクトの測定とその顧客経験価値への商品の効果性を，45日間で定量的に検証し，事業企画開発仮説を修正する」といったものです。顧客経験価値と商品の効果性をもっと絞り込んで，「○○に関する顧客経験価値と商品の主力で機能である○○の検証」と絞り込んでもよいと思います。ただし絞り込むロジックも示す必要があります。

（2）PoCの対象範囲

PoCの目的・目標を元にPoCの実施対象範囲を明確に規定します。主に以下のような視点で実施対象範囲を検討してみてください。

- ターゲット顧客の範囲：顧客の属性などの条件の絞り込み
- 顧客経験価値の範囲：顧客経験価値の縦文脈，横文脈のどこを検証するか
- 商品構成要素の範囲：コンセプト全体か，さらには商品構成要素のある部分か。顧客経験価値を誘発する接点部分かどうか

PoCの実施対象範囲を明確にすることで，PoCの目的，ゴールを再設定することや，事業企画開発仮説も見直すこともあります。

（3）PoCの制約条件

PoCには予算，期間，対象顧客，実施するマンパワー，測定方法，手段，分析手法など制約条件があります。この制約条件を早い段階で明確にし，組織内で共有しておけば，無駄な議論は少なくて済みます。PoCでは，与えられた制約条件の中でビジネス上な重要な要素を検証し，経営トップや関係者を説得し，次のステージに進めることができるかどうかが大事です。

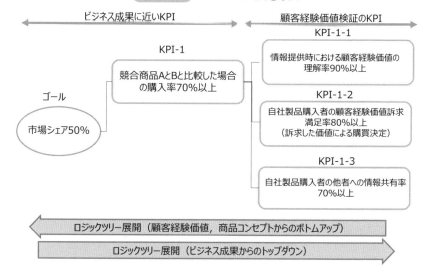

図表6-15　KPIとその設定方法

ビジネス成果に近いKPI　　　　　　　　顧客経験価値検証のKPI

ゴール

市場シェア50%

KPI-1

競合商品AとBと比較した場合
の購入率70%以上

KPI-1-1

情報提供時における顧客経験価値の
理解率90%以上

KPI-1-2

自社製品購入者の顧客経験価値訴求
満足率80%以上
（訴求した価値による購買決定）

KPI-1-3

自社製品購入者の他者への情報共有率
70%以上

ロジックツリー展開（顧客経験価値，商品コンセプトからのボトムアップ）

ロジックツリー展開（ビジネス成果からのトップダウン）

（4）PoCで検証すべきKPI

　PoCの企画でもっと重要なのがこのKPIです。KPIとはKey Performance Indicator（重要業績指標）の略称で，元々は事業の業績管理に使われていた言葉です。商品企画PoCにおいても，企画した商品が市場に受け入れられ，目標とした業績を生み出すための「重要業績指標」は何かを見つけ，検証することが必要です。KPIを設定するには上位のゴールが明確に設定されていなければなりません。上位のゴールとは，たとえば「市場シェア」「販売単価」「購入率」「再購入率」などです。その上位の結果指標に直結するKPIを考え設定します。「市場シェア50%」が上位のゴールであればKPIは「競合商品AとBと比較した場合の購入率70%以上」と考えられます。さらにKPIをブレークダウンし，「自社製品購入者の価値訴求的中率（訴求した価値による購買決定）」といったことをKPIにしていくとよいかもしれません。

　このように，上位のゴールをKPIとしてロジックツリー展開していくとよいと思います。

　しかし，ビジネスとしての成果を意識するあまり，ビジネス成果に近いKPIだけを設定してはいけません。たとえば市場シェア50%獲得というビジネス成

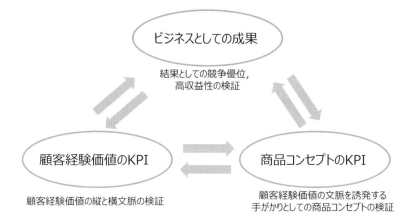

図表6-16 顧客経験価値重視の商品開発のKPI設定の考え方

顧客経験価値のKPIと商品コンセプトのKPIが設定され，
その結果としてビジネスの成果が生まれるようなロジックを企画する

果としてのゴールに対し，競合商品ＡとＢと比較した場合の購入率50％という
KPIだけだと，それを実現するための顧客経験価値に関するKPIの検証は行わ
れずに終わることになりかねません。顧客が顧客経験価値を確かに得られたか
どうかを検証することを忘れてはなりません。ビジネスとしての成果は，あく
まで顧客経験価値が生み出された結果なのです。同様に商品コンセプトは顧客
経験価値を創造する適切な刺激となったかといった商品コンセプトに関わる
KPIの設定も重要です。

　KPIが設定できたら，さらにそのKPI検証のために必要な調査項目を抽出し
ます。調査項目を抽出するに当たっては，被験者に対して，負担の少ない測定
方法を選定する必要があります。負担を下げる方法としては，ウエアラブルバ
イタルセンサーなどのセンサーを活用した自動的なデータ収集や，いつも持ち
歩くスマートフォンを活用する方法などが考えられます。

（5）PoCの実施計画

　目的，ゴール，制約条件，KPIが設定されたら，PoCの実施方法を企画しま
す。主な企画項目は以下のようになります。

- 実施期間：準備段階，実施段階，分析考察段階
- 実施対象：ターゲット顧客となる被験者の属性。被験者をどのようにリクルートするか。被験者の参加のインセンティブを何にするか。（金銭的謝礼，データフィードバック，アドバイスなど）
- 実施方法：アンケート（紙，オンラインなどの方法），ヒアリング，センサーなどを利用したデータ収集などやそれらの組み合わせをどのようにするか
- システムの設計：IoT機器，スマートフォンなどのIT機器を使う場合はあらかじめシステムの設計が必要
- ガイダンス：PoC対象者のための説明会やアンケート調査などの計画
- 分析方法：分析手法，ツールの準備
- 実施担当：PoC実施リーダー，各担当者
- スケジュール：各実施項目の実施スケジュール設定

　実際のPoC実施に当たっては，計画しているPoCの実現性があるか否かを，予備調査のような形であらかじめテスト実施してみることが必要です。予備調査によってPoCの実施段階での不確実性を下げることができます。

（6）予　算

　実施内容と規模にもよりますが，PoCにかかるコストを試算し，予算を確保する必要があります。データを計測するためのセンサーなど設備が必要な場合はその調達コストや，IoTのように何らかの情報処理を行うとなれば簡単なソフトウエアの開発や購入も必要になります。被験者に対する金銭的謝礼も発生することもあります。主なコストは以下のようなものです。

- 使用機器の費用
- データ取得処理のソフトウェア，送信の通信料，データ蓄積のサーバー代
- 解析ソフト使用料または開発費
- PoC実施運営，解析に関わる人件費
- サンプルなどの購入代
- PoC実施会場などの場所代
- 被験者に対する金銭的謝礼　　　など

（7）実施組織体制

　PoCの実施組織体制は，商品企画開発の組織体制に加え，必要に応じて社内外の専門家を実施組織体制に組み込む必要があります。企画する商品にもよりますが最近のPoCの多くは，IoT機器やスマートフォンのアプリを利用することが多く，その場合企画する商品に合ったIoT機器やソフトウェアに関する専門家，スマートフォンのアプリを開発できる専門家が必要となります。またPoC自体の企画に不慣れな場合は，PoCの企画を支援する社内の専門家やコンサルタントなどの起用も必要かもしれません。

　最も重要なのが収集したデータの解析です。データ解析には，**データ解析手法に関する知識，解析されたデータからを大きな視点で解釈し，商品やビジネスモデル，マーケティング戦略に反映させることができる知識**などが必要です。一部の専門家だけでPoCを実施するのではなく，業際的，学際的な多面的な視点でPoCを実施し，大きな視点で顧客経験価値に関する重要な文脈を見つけたり，創造したりすることが重要です。

図表6-17　PoCプロジェクト組織

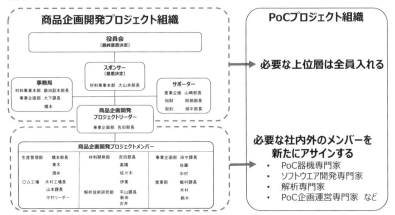

3-4　PoCの実施

（1）PoCのシステムの開発

　PoCはIoTやスマートフォンを活用した何らかのシステムが必要なことが多くなってきています。システムはPoCの目的，ゴール，制約条件，予算などを考え可能な範囲で構築します。

　最近はPoCにも活用可能な市販のセンサーやIoTデータ処理機器などが普及してきました。また，データの蓄積もレンタルサーバーやクラウドが当たり前になってきていますし，被験者の感覚，感情，思考，行動，共感などの顧客経験価値に関するデータ収集分析も，Google Formsのような汎用のアンケートシステムで簡単に作ることができます。被験者に，いかにPoCへ参加してもらうかを考えると，被験者が日常的に利用しているデバイスやクラウドサービスを中心にシステムを構築するほうが効果的です。そのためにも，PoCのためのシステム構築と本格的なシステムの構築とを混在せずに，切り分けて考えないといけません。

　簡易な方法でのPoCシステムの構築により，1回あたりのPoCコストを下げ，

図表6-18　簡易なPoCシステム例

独自システムはユーザーの使い易さ，費用面から避け，ユーザーが日常的に利用しているデバイスやクラウドサービスを中心にシステムを構築する

スピード感を持って多様なPoCを複数回行い，多面的な視点で事業企画開発仮説の検証と学習・改善することをお勧めします。**図表6-18**は簡易なPoCのシステムの例です。

（2）被験者への説明会実施

　PoCシステムができれば，被験者を募集，確定し，説明会を実施します。説明会では，目的，狙い，実施概要，システムの使い方などを説明します。被験者にバイアスを掛けないように最低限の説明に留めます。

　その一方で被験者をいくつかのグループに分けて条件を変え，あえて事前情報を与えてその効果を測定する場合もあります。インターネットが当たり前になっている現在では，情報による顧客経験価値への影響は大きな要素ですので，このようなグループ分を分けてのPoCも大変効果的であると言えます。

　説明会の際には，被験者の属性や顧客経験価値の前提となる価値観特性や気質に関して簡単なアンケートで答えてもらいます。被験者の属性とKPIの結果を分析し，事業企画開発仮説に対し，どの属性の人の反応が良いのか，どのような情報や刺激をあたえるのが効果的なのかをPoC実施後に分析します。

　またPoCの途中に，PoCの中間分析結果を公表し，その結果からどのような影響を受けるかを調査する場合もあります。それらの結果情報の被験者との共有は，使用経験を広告で共有することなどのマーケティング戦略に活用できます。

（3）PoC実施管理，トラブル対応

　PoCでの最大の課題とは，被験者がPoCの参加協力を継続してくれるかどうかです。継続性を維持するためには，PoC運用担当者を設置し，被験者の疑問に答えたり，バイアスにならない程度に継続性を促進したりすることも重要です。PoCシステムの不具合などは起こりうることですので，事前にトラブルを想定し，対応マニュアルを作成し，素早く対応することが大切です。

　一方，被験者のPoCからの脱落や，データ入力の欠落の状況は，商品コンセプトから生み出される顧客経験価値の魅力を反映するものと捉えることもできます。PoCからの脱落，データ入力の欠落などは，被験者の自然な行動として

受け止め，商品企画開発仮説そのものを変えることのヒントになるかもしれません。

3-5　PoC結果分析

（1）データ構造を構築する

　顧客経験価値重視の商品開発のPoCの分析は，「顧客経験価値」というフレームワークに従ってデータ構造を構築します。データのカテゴリーは大きく3つです。1つは価値観，年齢，居住地域，年収など被験者の属性，「セグメント条件」です。セグメント条件は，変化の少ない固定的な要素です。2つ目は感覚，感情，行動，共感などの「経験価値の変化データ」です。顧客経験価値のカテゴリーの価値観を除いた，常に変化する要素です。3つ目は，商品の事前説明，商品や，PoCで活用するスマホなどの機器，他者との体験の共有など，外部からの刺激である「影響要因」です。

　この「セグメント条件」「経験価値の変化データ」「影響要因」3つのデータの関係を分析し，さらにセグメントごとおよび全体の「顧客経験価値の総合分析」を行います。

　具体的なPoCの例を挙げます。

> 　50代半ばの男性で，堅実でどちらかというと保守的な性格の人（セグメント条件）に対し，車中泊できる中古ワゴン車（影響要因）を提供した。奥さんや子供と相談し月に2回以上キャンプに出かけることにした（経験価値の変化データ行動）。その結果感情にメリハリが付き（経験価値の変化データ感覚，感情），時間の使い方もうまくなり，毎日が生き生きと感じられるようになった（経験価値の変化データ思考），キャンプを何度か経験し（経験価値の変化データ行動），さらにキャンプに関するSNSグループに参加し，多くの仲間を作ることができた（経験価値の変化データ共感），何人かの仲間から車でのキャンプのよりよい方法を教えてもらった（影響要因）。

　この例は，レンタルで車中泊できるワゴン車を使用できる経験をすると，週末，さらには日常の感覚，感情，行動，思考などの経験価値が変わり，さらに共感までそれが進むことが実証できたということになります。PoCの結果解析とはこのようにセグメント別に影響要因による経験価値の変化を分析するもの

図表6-19　データ構造・分析のフローの事例

1．顧客経験価値のフレームワークに従ってデータ構造を構築
2．価値観，年齢など被験者の属性を「セグメント条件」と考える
3．感覚，感情，行動，共感などの「経験の変化データ」として把握
4．商品の事前説明，商品そのもの，他者との体験の共有などの「影響要因」を設定
5．「セグメント条件」と「経験の変化データ」「影響要因」の関係を分析
6．セグメントごとおよび全体の「顧客経験価値の総合分析」を行う

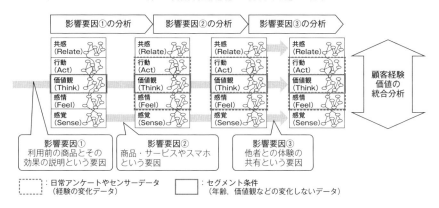

です。

（2）PoCデータのマルチレベル分析

　分析はいくつかの統計分析手法がありますが，顧客経験価値重視の商品企画開発でよく利用するのが，マルチレベル分析です。マルチレベル分析とは，収集したデータを全体として大括りで見るのではなく，複数の階層を持つデータとして分析する方法です。

　ある母集団において商品企画を例にすれば，ある商品の使用頻度と満足度の関係を分析するのではなく，母集団を価値観セグメント別に分けて使用頻度と満足度の関係を分析するといったことです。さらにある特定価値観の下位階層を事前に商品情報を与えたセグメントと事前に商品情報を与えないセグメントで行動の有無を分析するというように，多階層で因子と因子の関係を分析してきます。

　顧客経験価値重視の商品開発では，顧客を均一化した大衆としてみるのではなく，各個人の多様な個性や価値観別を重視して，その個性や価値観を軸に感

図表6-20　マルチレベル分析の特徴

データの階層性

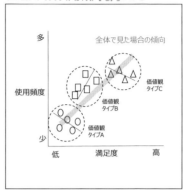

階層ごとの異なる傾向を見つける

覚，感情，行動，共感といった豊かな顧客経験価値を引き出すために商品やその周辺の情報やサービスの提供，環境づくりという変数を消費者が自らの意思で選択する仕組みを作るという考えを元にしています。

　マルチレベル分析を使った仮説の検証で興味深いのは，価値観セグメントの母集団での商品を活用した場合の顧客経験価値（縦文脈）傾向や，その時間的顧客経験価値の変化（横文脈）を分析することです。さらにはその時間経過の中で，仲間との情報共有による共感への影響（価値観セグメント内外の相互影響），もっと視野を広げ全く異なる業界の商品や新トレンドの影響を分析することなどです。

　こういった分析を重ねていくと，**初期の段階の仮説は裏切られ，その一方で新たな発見が生まれることが多々あります。**そこで**顧客経験価値とは，終わりのない多層的で相互的な生成，変化であること**を知らされます。いわば「終わりのない旅」です。**「終わりがない」ということは，ビジネスチャンスは無限にあるということでもあります。**

（3）マルチレベル分析を活用した商品企画開発力強化

　商品企画開発におけるマルチレベル分析の活用はまだ開発段階で，今後IoT，AIなどDXが進むにつれ大きく進化すると予測しています。マルチレベル分析を商品企画開発に活用するコツは，データ分析や解析テクニックだけではあり

図表6-21　分析方法事例

1．マルチレベルモデル分析を用いて，
　　（解析ツール＝R studio，使用ライブラリ＝lme4,lmerTest）
2．価値観や属性などの要因をセグメント条件とし，商品利用や情報提供などの影響要因
　　による感覚，感情，行動，思考などの経験の変化を分析する
3．変化の評価は，解析モデルの「傾き」と「p値」を用いる
　　（1）傾き：相関性の高さと向きを示す値
　　（2）p値　：「相関性がない」ことを示す値であり，
　　　　　　　一般に0.05以下の値において，相関性があることを示す

商品・サービスの利用有無での変化		情緒							
		喜び	悲しみ	信頼	嫌悪	恐れ	怒り	驚き	期待
		ウキウキ	シクシク	ホッと	うんざり	ビクビク	イライラ	ハラハラ	ワクワク
セグメント条件	全データ								
	情報inputあり								
	情報inputなし								

摂取◇非摂取の変化		行動							
		体調	疲労度	気分	睡眠時間	睡眠の質	仕事の集中度	運動量	3食の有無
セグメント条件	全データ								
	情報inputあり								
	情報inputなし								

（凡例）強　正の相関　弱　0.05以上　弱　負の相関　強

図表6-22　分析事例（事前説明の有無による差）

・事前説明のある参加者：ネガティブ感情の緩和，体調や疲労度が向上する
・事前説明がなかった参加者：ネガティブ感情の緩和が少なく，体調や疲労への影響がない

（凡例）
+20%以上 & p<0.01
+15%以上 & p<0.01
+10%以上 & p<0.01
±10%未満 & p<0.01 or p>0.01
−10%以上 & p<0.01
−15%以上 & p<0.01
−20%以上 & p<0.01

商品・サービスの利用による参加者の全体傾向は，以下の通り
　　・感情の変化：悲しみ，嫌悪，怒りのネガティブ感情が緩和される傾向
　　・行動の変化：体調，疲労，気分が増加する傾向

ません。むしろ「データ構造」とよばれるもの，顧客経験価値重視の商品企画
開発を例にわかりやすく言うと，**感覚，感情，価値観，行動，共感**の5つの階
層のフレームワークとそれへの影響因子である，**マクロ環境，エコシステム，**

ビジネスモデルやバリューチェーン，**商品，技術といったものの関係の仮説を持つこと**です。

　すでに何度か述べていますが，顧客経験価値は，客観的に把握するよりも商品企画開発の当事者がユーザーとなり主観で捉えることが有効です。先に挙げた影響因子がどのような顧客経験価値を生み出すかは，はじめは企画調査する側が主観的に見出します。つまり商品企画開発する当事者が自らの顧客経験価値を見える化することがとても効果的で，そういったことを，企画担当者だけでなく会社全体や関係者も共有することで，より効果的な顧客経験価値と影響因子の関係が見えてくるはずです。それがデータ構造と呼ばれるものになるのです。

第 **7** 章

事業戦略構想書作成フェーズ

1 │ 事業戦略構想書とは

1-1　"商品"ではなく"事業"としての戦略構想

　商品企画開業務の計画段階で，事業や会社全体でオーソライズし経営トップと合意しておくべきものは，"事業戦略構想書"です。なぜ商品ではなく事業なのでしょうか。第4章の最初にも述べた通りですが，顧客経験価値重視の商品企画開発は，他社を組み込んだビジネスモデル開発など"事業的要素"が必須であることや，一商品を市場に出すのでもそれは利益計画が伴った"事業"としての計画であるべきだからです。ですからここでは"商品"ではなく，"事業戦略構想書"の作成に関して説明します。

　事業戦略構想とは，英語で言えばビジネス・デベロップメント（Business Strategy Development）で，事業の詳細フィージビリティ調査や厳格な投資計画や利益計画が伴った"事業計画"の前段階の戦略構想作業で，商品や事業のコンセプトやマーケティング戦略，そして大まかな投資や利益計画など戦略構想に関して書かれるものです。

　事業戦略構想書と事業計画書では，評価対象が少し異なります。事業戦略構想書では，狙いとする「事業・商品コンセプト」とそれを推進する「戦略」など大まかな方向性が正しいかを評価しますが，事業計画は，事業の戦略の実現性と収益性，リスク対応など，事業スタートに向けた最終的な詳細計画を評価

します。事業戦略構想と事業計画を混在して考えないように注意する必要があります。

1-2 事業戦略構想書作成の目的

事業戦略構想書作成の目的は，大きく3つあります。

1つ目は，**経営，事業トップや事業関係者と事業戦略構想を共有すること**です。顧客経験価値重視の商品企画開発，そして事業企画開発は，経営や事業全体に大きな影響を与えます。会社や事業全体で，限られた経営資源を効果的に活用し，ムダのない事業立ち上げが必要です。そのために経営，事業トップをはじめ関連する部門の責任者による事業戦略構想の共有が必要となるのです。

2つ目は，**事業，商品開発に必要なヒト，モノ，カネなどの経営資源を配分すること**です。事業構想から事業計画に至るまでには，技術開発，マーケティングなどが必要で，そのためのヒト，モノ，カネなどの経営資源の投入が必要です。その資源投入を意思決定することです。

3つ目は，**事業戦略構想を経営・事業トップはじめ関係者が，チェックし，必要であれば軌道修正すること**です。修正が必要な場合は，商品・事業企画開発仮説を見直し，必要な部分に関して再度マーケティングリサーチやPoCによる検証を行います。修正が不可能な場合は提案された事業戦略構想を断念せざるを得ないこともあります。

事業戦略構想は経営トップからゴーサインが出たら投資を伴う商品開発やマーケティング開発を進めることになりますから意思決定の曖昧さは許されません。「まあ，良ければ進めてみれば」「もう少し見直したら」といった曖昧な判断やフィードバックは適切ではありません。明確な意思決定が必要です。

1-3 事業戦略構想書の目次構成

事業構想書の構成は大きく言えば，**背景・問題意識，目的⇒仮説⇒仮説検証⇒事業戦略構想⇒計画⇒アクション，実行体制**といったものです。事業戦略構想書の構成を目次に展開すると以下のようになります。

■ 背景・問題意識と事業のパーパス，ビジョン
■ 事業企画開発仮説

- ■ 仮説検証①マーケティングリサーチ
  - マクロトレンド・エコシステム分析
  - 市場セグメント・ターゲット市場分析
  - カスタマーエクスペリエンスマップとアイデア発想
  - 競合分析
- ■ 仮説検証②PoCの実施分析結果まとめ
  - PoCの概要
  - PoCの実施分析結果まとめ
- ■ 事業戦略構想
  - SWOT分析と事業成功の要因
  - 商品コンセプト戦略
  - ターゲット顧客と顧客経験価値戦略
  - 顧客経験価値ヒストリー戦略
  - ビジネスモデル戦略
  - マーケティング戦略①ブランドポジショニング，価格戦略
  - マーケティング戦略②販売チャネル，コミュニケーション戦略
- ■ 計画
  - 商品開発計画（技術開発含む）
  - マーケティング開発計画
  - 財務計画
  - リスク分析，対応策
  - 事業開発ロードマップ
- ■ アクション，実行体制
  - 当面のアクションプラン
  - 実行組織体制

　事業戦略構想書では最初に，「背景・問題意識と事業のパーパス，ビジョン」と商品企画開発仮説，顧客経験価値仮説を含めた「事業企画開発仮説」を示します。

　その次はその仮説の検証パートです。仮説検証は「仮説検証①マーケティングリサーチ」と「仮説検証②PoCの実施分析結果まとめ」の2つで解説します。それを受けて本論の事業戦略構想に入ります。事業戦略構想の冒頭に「SWOT分析と事業成功の要因」を置き，前半の仮説および仮説検証と事業戦略のつなぎとし，その後にこの構想書の心臓部である「商品コンセプト戦略」を示し，

「ターゲット顧客と顧客経験価値戦略」「顧客経験価値ヒストリー戦略」を展開します。

　商品コンセプトと顧客経験価値を実現するための戦略として「ビジネスモデル戦略」「マーケティング戦略①ブランド戦略，価格戦略」「マーケティング戦略②販売チャネル，コミュニケーション戦略」の3つの視点での事業戦略構想を説明します。

　さらにその戦略を実行に移すための，技術開発を含む「商品開発計画」，ビジネスモデルを含む「マーケティング開発計画」，投資，経費計画，利益計画などの「財務計画」を作成し，その上で「リスク分析と対応策」「事業開発ロードマップ」を示し，最後に「当面のアクションプラン」と「実行組織体制」といった具体的な最初の第一歩を示します。

　事業戦略構想書作成に当たっては，ページの展開や各ページの分量に悩みますが，上記に挙げた内容と展開を基本に考え，テーマの特性や戦略の内容，強調するべきパートなどを考慮し，調整してみてください。

　事業戦略構想書のボリュームがどうしても多くなる場合には，事業戦略構想書の冒頭に箇条書きのエグゼクティブサマリーをつけると，聞き手にはわかりやすいと思います。テーマや状況によっては調査した詳細内容を説明する機会も欲しいところです。その場合，構想書本体とは別に添付資料をつけるとよいでしょう。

　以下より，事業戦略構想書の目次に合わせてその概要を解説します。

2 ｜ 事業戦略構想書の内容と構想書事例

2-1　背景・問題意識と事業のパーパス，ビジョン

　事業戦略構想書の最初は，本提案の意義，意味，目的である事業のパーパスを説明します。

　パーパスを説明するために，その背景にある，問題意識，具体的には，社会に対する問題意識や社会をどう変革したいか，つまり社会課題の説明が重要です。革新的な顧客経験価値や事業・商品企画のパーパスには，明確な社会課題

が重要です。さらにパーパスを説明するには，そのパーパスが実現された後の具体的なありたい姿としての事業ビジョンの提示が必要です。「背景・問題意識」「パーパス」「事業のビジョン」はこの事業戦略構想書の独自の着眼を示すもので，大変重要なパートです。

図表7-1　背景・問題意識と事業のパーパス，ビジョン

背景・問題意識
- アウトドアブームおよび高機能性シューズへの需要増加，タウンユースでもアウトドアシューズを利用するユーザーは増加傾向にある
- 一方で高機能性のシューズはタウンユースでは歩きづらく，履き心地が悪い傾向にあり，高機能にもかかわらず日々の運動量（歩行量）を落としてしまう傾向がある
- SDGsやGXへの関心が高まっており，シューズにおいても環境を考慮する必要が生じている

事業のパーパス
材料の力で日々の行動変容と環境改善に貢献する
- 材料イノベーションによりお客様の日々の行動変容を緩やかに支援する
- マテリアルリサイクルによりお客様の足元から地球環境の改善に貢献する

事業のビジョン
- 材料の持つ価値をコアに多様な価値を信頼でつなぎ，社会とお客様の変化に適応したマテリアルソリューションを提供することで，誰もが安心，安全，快適に日々を過ごせるサステナブルな社会をつくる

2-2　事業企画開発仮説

　事業企画開発仮説とは，商品企画開発も含めた事業全体の仮説です。顧客経験価値重視の商品企画開発は，ビジネスモデルなど事業基盤が前提となりますので，最初に事業企画開発仮説を示します。

　事業企画開発仮説は，最終的に創り出す「顧客経験価値戦略」とその重要な手掛かりとしての「商品企画開発戦略」とさらに自社の商品，他社の商品やサービスも含めた顧客経験価値を生み出す仕組みとしての「ビジネスモデル戦略」，それらのベースとなる自社の「コア・コンピタンス戦略」で構成されます。

　事業企画開発仮説は，最初に構想した仮説である必要がなく，マーケティングリサーチやPoCなどを実施し，戦略構想を企画した結果を前提としたものに調整するべきです。事業戦略構想としてのストーリー性を重視してください。

業界No.1の機能性高分子繊維材料とシミュレーション技術をもとに, 行動変容を促進するプラットフォームを提供

ビジネスモデル戦略

・材料のブランド化およびライセンスによる顧客企業, エンドユーザー情報の獲得

・原料, シューズメーカー, エンドユーザーをパートナーとした資源循環の実現

・自社およびパートナーとのPoCによる経験価値情報の取得

商品企画開発戦略

・コンセプト：
多孔質樹脂繊維, 樹脂ゴム, 感圧シート技術を活用した「歩く楽しみを足元から支えるデザイン性の高い」シューズ用材料

・キャッチコピー
Walking Technology
〜歩く楽しみを足元から支える〜

顧客経験価値戦略

(B2C)
材料ブランドによる機能性に対する信頼性商品, 材料, 製造プロセスの環境性の高さに対する信頼性

(B2C, B2B)
材料およびシミュレーションを活用した高い顧客経験価値分析技術とその実現に対する期待感

(B2B)
高価格高信頼製品による収益増加とシミュレーションによるプロセスコスト削減により利益拡大

コア・コンピタンス戦略

・業界No.1の軽量, 吸湿性, 高追従性を有する高分子繊維材料を, 新規開発素材および材料構造の開発により実現

・自社および他社材料の合成経路および, 材料機能データを取得, 機能予測が可能なシミュレーションを開発

・上記シミュレーションを活用し, ケミカルリサイクル可能な材料で製品を開発する

2-3　マクロトレンド・エコシステム分析

　ここからは仮説検証パートです。

　最初にマクロトレンド・エコシステム分析を行います。分析段階ではマクロトレンドとエコシステム分析は別々で行っていましたが, ここでは2つの分析を融合させます。

　最初にマクロトレンド分析を示します。 第6章で実施したマクロトレンド分析を見直すことでよいですが, 事業企画開発仮説と商品企画開発仮説, 検証パートの後の事業戦略構想の部分との整合性, 事業戦略構想全体のストーリーを考え修正し, わかりやすくまとめ直してください。

　エコシステム分析も, 第6章で作成したものの見直しとなります。ただしエコシステムは, 事業や商品の企画が進んで行くに従って, 検討の範囲や重点が変わることがあります。事業戦略構想を企画するに当たって, 再度俯瞰してエコシステム分析を行うことが大事です。マクロトレンドがエコシステムにどう影響するかを重視してください。特にどのようなパワーシフトがあるのかは, マクロトレンドの変化や事業戦略構想の範囲, 重点の検討によっても変わって

くることがあります。

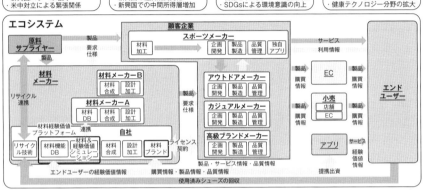

2-4　市場セグメント・ターゲット市場分析

　仮説で設定した商品が代替する市場をセグメントし，その概要を分析把握するのが市場セグメント分析です。第6章でも述べたとおり，商品企画開発戦略とは既存企業が提供する顧客経験価値を代替することを意味しますので，仮説の商品がどの市場を代替するのかを分析し明確にします。市場セグメント分析では，ターゲット市場を絞り込むことがゴールですので，ターゲット顧客がわかるように示してください。

　市場セグメントから分析，抽出されたターゲット市場，つまり自社の商品が代替すべきターゲット市場を割り出し，その概要を分析します。既存参入企業による顧客経験価値を分析し，自社商品による代替可能性を具体的に検討します。その際に具体的なペルソナを設定し，そのペルソナの顧客経験価値を分析し，仮説段階で企画した商品が創り出す顧客経験価値によって既存企業の商品を代替できるか判断します。

図表7-4　市場セグメント・ターゲット市場分析

**材料機能とリサイクル性に対する成長性が高く，自社代替可能性の高い
タウンユース市場をターゲット市場とする**

市場セグメント	規模	成長性	ライフサイクル	参入企業	主なターゲット顧客	現在の顧客経験価値	代替可能性
本格アウトドア志向	20億円	+4%	機能性:成熟期 リサイクル性:導入期	スポーツメーカーA スポーツメーカーB など	・アウトドア上級者 ・アウトドア中級者 ・アウトドア入門者	安全性、耐久性と高機能性、とその性能に対する信頼性を提供 顧客が本格的なアウトドアライフをより楽しく、安全に満喫できるように足元から支援	D
アウトドア入門者	35億円	+6%	機能性:成熟期 リサイクル性:導入期	アウトドアメーカーP アウトドアメーカーQ など	・アウトドア入門者 ・アウトドア中級者 ・タウンユース など	耐久性と特定の機能の高さとその性能に対する信頼を提供 顧客が気軽に楽しいアウトドアライフを満喫できるように足元から支援	C
タウンユース	20億円	+15%	機能性:導入期 リサイクル性:導入期	シューズメーカーX アパレルメーカーY など	・アウトドア中級者 ・アウトドア入門者 ・タウンユース ・ブランド志向	耐久性と高機能性、デザイン性の良いシューズを提供 不便さを我慢しておしゃれで最新技術を搭載したシューズを履くという自分を演出	A
高級アパレルブランド	5億円	+10%	機能性:成長期 リサイクル性:導入期	アパレルメーカーJ アパレルメーカーK など	・タウンユース ・ブランド志向	耐久性と高機能性、デザイン性、ブランドイメージの高いシューズを提供 不便さを我慢しておしゃれで最新技術を搭載したシューズを履くという自分を演出	B

ターゲット顧客分析

ペルソナ
・ITやスタートアップなど比較的服装がカジュアルな企業に勤務
・仕事が忙しく、運動不足になりがち
・ファッション性と機能性の両立を求める20代～30代の男性
・GS、SDGsに関心があり、自身も何か環境貢献したい

ペルソナの顧客経験価値（使用前，使用中，使用後）

ベネフィット	共感	友人や仕事仲間に、SNSに商品を自慢し、承認欲求を満たしたくなる
	行動	買い物や趣味などプライベートな時間で履ける色々な人に見てもらいたくなる
	思考	オシャレのために我慢していることにより、オシャレ意識が高い自分を認知
	感情	機能性が高く、他の人間とは異なったデザインのシューズを履くことによる優越感
	感覚	・重量が軽く、歩き心地はイマイチ ・通気性、防水性はよく雨の日でもおしゃれができる

コスト	直接	1万5千円～2万5千円/1足 とアパレルブランドに比べると割高
	間接	歩き心地がわるく、重いため、長時間の着用は足への負担が大きい

自社商品による代替可能性
アウトドア、ビジネス、タウンユースのどのシーンでもデザイン性と機能性、履き心地を満足することが可能
・隙間の時間で気軽にウォーキングし、緩やかに行動変容　・データFBによる運動習慣改善
・ON/OFFを気にせずつい、毎日履いてしまう　・毎日履けるワクワク感
・履くだけで環境対策している　・ストレスフリーで履ける信頼感
・意識の高い自分を認知　・肌触りが良く、ずっと履いていられる

図表7-5　カスタマーエクスペリエンスマップとアイデア発想（B2C）

**材料機能による経験価値を情報フィードバックにより向上し，
ユーザーの行動変容を緩やかに促進**

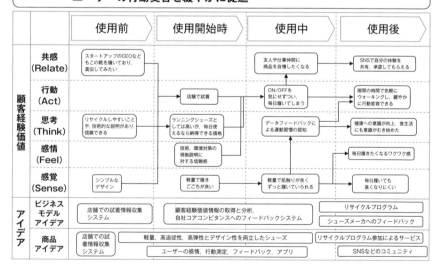

2-5　カスタマーエクスペリエンスマップとアイデア発想

　カスタマーエクスペリエンスマップとアイデア発想は，第5章の商品企画開発仮説フェーズで説明しましたが，事業戦略構想ストーリーの点から仮説検証として見直します。

　カスタマーエクスペリエンスは分析段階のものはかなり複雑ですからストーリーとしてシンプルなものに加工しなければなりません。

　検証としての客観性，論理性は重視しなければいけませんが，結論としての顧客経験価値，事業や商品企画，ビジネスモデル戦略などに結び付くようなカスタマーエクスペリエンスやそこからのビジネスモデル，商品アイデアを示しておく必要があります。

2-6　競合分析

　ここでの競合分析は，第6章で実施した競合分析を，事業戦略構想の点から見直すことです。ターゲット市場における競合企業を割り出し，競合の現在と将来の戦略分析を見直します。**図表7-6**のように戦略グループ，産業内，新

図表7-6　競合分析

	主な競合企業	商品サービス戦略	顧客経験価値戦略	エコシステム ビジネスモデル戦略他
高機能性材料を開発する材料メーカーとシューズメーカーの連携が競合として最も脅威				
戦略グループ	・スポーツメーカーA社 ・アウトドアメーカーP社 ・アパレルメーカーU社	高機能性を特徴とした下記のシーン向けのシューズの展開 ・スポーツ ・アウトドア ・タウンユース ・ビジネスユース	・各社，それぞれの得意とする利用シーンでのみ快適性とデザイン性を両立可能 ・このため違うシーンでの利用は我慢が必要	・エンドユーザーと直接接点があり，エコシステム上は最上流に位置する ・シューズの販売により収益を獲得
産業内競合	・繊維材料メーカーT社 ・機能性樹脂メーカーA社	軽量性，通気性，防水性を満足する繊維材料や樹脂材料およびその加工や1次加工を行う	・軽量性，通気性，防水性を満足する材料を提供 ・材料メーカーとしてのブランドが高くユーザーに信頼と安心を提供	・シューズメーカーへの機能性材料の提供，要望への対応が主となる ・材料の販売により収益を獲得
新規参入代替品	・ウェアラブルメーカーF社 ・アプリメーカーX社	・ウェアラブルセンサーによる運動習慣改善 ・シューズメーカーとコラボした運動習慣改善ソリューション	シューズメーカーと共同で，ウェアラブルセンサーの活用を中心としたIoTソリューションで運動習慣の改善を提供	・エンドユーザーと直接接点があるが，シューズ販売はしない ・デバイスおよびアプリの販売により収益を獲得

規参入代替品競合まで広く分析するか，代表的な1社に絞って現状をベンチマーク比較するかは，事業戦略構想の内容によって判断します。

　事業戦略構想段階での競合分析は，顧客経験価値戦略，商品戦略，エコシステム・ビジネスモデル戦略などの主要な比較視点に関して，自社と競合とのギャップを明確に示す必要があります。そして事業戦略構想や計画のパートでそのギャップを埋め競争優位に立つための解決策を示します。

2-7　PoCの概要

　ここでは仮説検証のためのPoCに関して解説します。PoCの概要では事業・商品企画開発仮説に対してどのようなKPIを立てその検証のためのPoCをどのように行ったのかを説明します。

図表7-7　PoCの概要

PoCの目的・ゴール
材料機能，データの可視化およびフィードバック，介入行動，WEBサイトなどの事前説明，コミュニティ形成とユーザーの感情変化，運動習慣改善（行動変容）の関係性を明らかにする

PoCの対象・範囲
想定ユーザーとなるITやスタートアップなど比較的服装がカジュアルな企業に勤務してる20代〜30代の男女40名

PoCで検証すべきこと，KPI
- シューズの利用および材料に対するユーザーの感情変化と運動習慣改善効果の確認
- データの可視化およびフィードバック，介入行動の有無，コミュニティの提供による感情変化と運動習慣改善効果の確認
- データ解析手法の有用性の確認

PoC実施概要
- ユーザーに対し，自社高機能素材を用いたシューズ（既存のアウトドアメーカーのシューズの材料を自社製品に置き換えた製品）とデータフィードバック，介入のための簡易アプリケーション，スマートウォッチを配布
- 3カ月間のシューズとアプリ利用とその際の感情変化，運動習慣変化を測定
- ユーザー群は，「通常のシューズ，自社材料シューズ」「介入行動の有無」「事前説明の有無」を組み合わせた8つのセグメントで実施（各5名）し，その効果を確認する
- ユーザーのペルソナ調査のための事前調査，中間での結果共有の実施を行う
- ユーザーのペルソナと材料の経験価値の関係性を分析，確認する

PoC実施担当者，協力支援
自社開発メンバー，自社有志協力メンバー，パートナーのシューズ企業，個人情報管理を受託するパートナー

　またPoCの実施担当者が誰で，大学や社内の研究機関の支援協力支援があればそれを明記し，検証方法が適切であることをアピールします。

材料機能および情報フィードバックによる経験価値の向上効果と，プラットフォームの有用性を検証

顧客経験価値仮説KPI検証結果	
仮説KPI	検証結果
①商品の利用により，ポジティブな感情が10%以上向上	日々の喜びと信頼，期待の感情が8%増加
②商品の利用により，ネガティブな感情が20%減少	日々のイライラ（怒り）の感情が17%減少
③商品の利用により，日々の運動量が10%以上増加	日々の運動量が7%増加
④論理思考が強く，かつ事前説明を受けたユーザーは上記①から③の効果が，15%以上増加	事前説明を受けていないユーザーに対して，商品効果が25%増加

結果の考察
- デザインと機能性を両立したことにより，ユーザーのストレス感の解消，ポジティブな感情の増加を検証
- また，効果の実感により運動量も増加することを検証
- 論理思考の強いユーザーにおける効果が高い

商品・ビジネスモデル仮説KPI検証結果	
仮説KPI	検証結果
①シミュレーションの精度が70%以上あり，プラットフォームの中核として利用可能	感情については80%，行動については70%の精度
②商品の経験価値，機能，根拠の事前説明により，商品の効果が15%以上向上	①日々の喜びと信頼，期待の感情が18%増加 ②運動量が17%増加
③アプリによるデータ可視化，フィードバック，介入を実施したユーザーにおける運動量が20%以上増加	日々の運動量が25%増加
④コミュニティを提供したユーザーほど，商品の効果が15%以上向上	①日々の喜びと信頼，期待の感情が18%増加 ②運動量が17%増加

結果の考察
商品の経験価値向上においては材料機能だけでなく，機能やその根拠の事前説明およびコミュニティの提供が重要であり，プラットフォームの重要性およびシミュレーションの機能の妥当性が明確になった

2-8　PoCの分析結果まとめ

　PoCの分析結果まとめでは，あらかじめ設定された顧客経験価値仮説と商品・ビジネスモデル仮説にかかわるKPI達成レベルの分析結果のまとめを示します。

　顧客経験価値仮説と商品・ビジネスモデル仮説に関わるKPIの検証結果から，想定した顧客経験価値に関するKPIの達成もしくは未達成原因を分析し，結果の考察として示します。それぞれの目標KPIにギャップが出れば，商品やビジネスモデル仮説の修正点とその修正点とそのレベルを明確にすることが必要です。この結果考察は，商品コンセプト戦略やビジネスモデル戦略，マーケティング戦略など事業戦略構想の中核部分に影響を与えますので注意が必要です。

2-9　SWOT分析と事業成功の要因

（1）SWOT分析の目的と進め方

　SWOT分析とは，企業や事業，商品に関して，競合企業や顧客の動向，マクロトレンドの変化などの外部環境に対して，自社の強み（Strength），弱み

（Weakness），機会（Opportunity），脅威（Thread）の4つの観点で分析する古典的な戦略フレームワークです。

SWOT分析の目的は，マーケティングリサーチやPoCで検証してきたことをもとに自社内外の状況をSWOTという包括的な視点から整理し，事業成功の鍵，いわゆるKFS（Key Factors for Success）を見出すことです。

SWOT分析は，これまで分析してきたマクロ環境分析，エコシステム分析，市場セグメント分析，ターゲット市場分析，競合企業分析，PoCの結果分析から，まず自社の強み，弱みを分析します。強みや弱みは，単独で存在するのではなく，顧客や競合など相対比較して分析します。次に，自社および対象事業の外部環境に対する機会，脅威を分析します。

（2）SWOT分析からKFSへ

KFSは，SWOT分析を元に，事業，商品の戦略を実行するための成功要因を発想します。ここでは分析力だけでなく，発想力が重要です。具体的には，以下のように，SWOTをクロス（クロスSWOT）させ，独自のKFSを発想します。

- 強みで機会を取り込む
- 強みで弱みを抑え込む
- 弱みを強みに転換する（市場を変える，絞るなどドメイン戦略が必要）
- 強みで脅威を抑える
- 機会をつかみ，弱みを乗り越える
- 脅威を機会で乗り越える

単にSWOT分析を行って，従来の発想からのKFSを出しても意味がありません。勝つための発想転換が必要となります。下記に勝つためのKFSの例を3つ挙げます。

（3）勝つためのKFS発想の例
① 外部パートナーとのアライアンス戦略

自社の弱みをパートナー企業の強みで補完する，または自社の強みでパートナー企業の弱みを補完するなどアライアンスによる，補完，シナジー効果など

の追求です。機会や脅威に関してもアライアンスは同様に効果的な場合があります。

② 時間をかけて強みを築く戦略

　現段階において強みが不十分な場合は，時間をかけて強みを構築する方法があります。

　現在，空調機器で世界No.1シェアのダイキン工業は，1990年代半ばに日本企業としては最後発で中国市場に参入しましたが，最初の10年間で業務用エアコンにおいて中国国内トップシェアを獲得し，その業務用のシェアとインバーター技術，製品品質の高さを強みに，中国最大の空調機器企業である格力電器と，調達，生産などの合弁会社を設立し，世界No.1シェアの礎を構築しました。

③ 勝てる領域に思い切って絞り込むニッチ戦略

　勝てるシナリオがなかなか書けない場合は，強みが発揮でき，必ず勝てる事業領域に思い切って絞り込むこと，ニッチ戦略が効果的です。狭い領域であっ

図表7-9　SWOT分析と事業成功の要因

**自社の材料機能，データ収集・分析，リサイクルの3つが
事業成功要因であると考えられる**

SWOT分析

S:強み	W:弱み
・グローバルシェアが高く，ブランド価値，認知度が高い ・用途に特化した製品として，市場の認知度が高い ・業界初の材料と経験価値を組み合わせたシミュレーション	・IoT,アプリと連動したサービス提供は少なく，成功例が少ない ・用途ごとの製品のため，都度履き替えが必要 ・データフィードバックの信頼性
O:機会	**T:脅威**
・フィットネス，健康ブーム ・中・高齢者のウォーキング増加 ・在宅ワークによるOn/Offの曖昧化 ・SDGsによる環境意識の増加	・IoT化に伴い，ベンチャーや異業種連携の参入が増加 ・ニーズの個別化と，労働者賃金の増加による生産コスト増加

KFS

・**KFS1：**
　シューズメーカーの開発，生産プロセスコストを削減可能なDXソリューション提供

・**KFS2：**
　資源循環可能なマテリアルリサイクルプロセスを提供し，ユーザーが履き続けるだけで環境改善を体感する仕組みを構築

・**KFS3：**
　高いデザイン性と機能性，長時間利用な履き心地を実現し，緩やかな行動変容支援を提供

てもカテゴリーNo.1になれば，高利益になり，再投資ができます。またブランド力，知名度も高まります。さらに顧客からのフィードバックも多く，組織の学習レベルが高まり，高い成長をもたらします。資源の集中はビジネスで最も効果的な戦略の1つです。

2-10　商品コンセプト

　ここで言う商品コンセプトとは，マーケティングリサーチ，PoCなどの仮説検証と，それらから導き出されるSWOT分析，KFSを元に，商品コンセプト仮説を見直したものです。商品コンセプトの内容は，コンセプト仮説で検討した内容のターゲット顧客と顧客経験価値の部分を除いた商品にかかわる内容すべてです。

　具体的には，商品のコンセプトを一言で表した「基本コンセプト」，商品と顧客の接点や提供形態に関する「顧客インターフェース・提供形態」，顧客経験価値を創り出すために欠かせない「他社コラボ商品」や「プラットフォーム」そして最も重要な「基本機能」と「付加機能」と「商品イメージ」，「価格と顧客が負担するコスト」です。商品イメージは図解や写真などでイメージできるような表現が必要です。

図表7-10　商品コンセプト戦略（B2B）

基本コンセプト	・コンセプト：多孔質樹脂繊維，樹脂ゴム，感圧シート技術を活用した「歩く楽しみを足元から支えるデザイン性の高い」シューズ ・キャッチコピー：Walking Technology〜歩く楽しみを足元から支える〜
顧客インターフェース・提供形態	・材料ブランドおよび，シミュレーション，リサイクルプロセス支援を行うクラウドプラットフォームのライセンスを基盤とした，ブランド使用料，シミュレーションライセンス費，材料販売費が収益源 ・WEBサイト，展示会，学会報告，プレスリリース，PoCの共同実施などによるプロモーションの実施

コラボ他社商品	商品イメージ(B2B)	
自社クラウドプラットフォームと連携した他社材料DB	高機能性材料 シミュレーション	①基本機能 ・高機能性樹脂： 　多孔質樹脂繊維，高弾性，高吸水性，放湿性 ・材料シミュレーション： 　(a)自社材料データおよび収集した顧客経験価値データから，機能によって 　　生じる顧客経験価値の予測が可能 　(b)利用材料におけるリサイクルプロセスの設計，および実施支援が可能 ②付加機能 ・高成形性，高リサイクル性 ・他社材料の物性，機能データベース

プラットフォーム	✓ 自社およびパートナー企業群が利用可能なクラウドプラットフォーム ✓ ライセンスを結んだ企業が，自社のDXツールとして，連携可能なインターフェースを保有 ✓ パートナー：顧客企業（スポーツ，アウトドア，高級ブランドなど），原料サプライヤー，SI企業

価格，顧客が負担するコスト	価格	・機能性材料：3千円/kg ・シミュレーションライセンス費：1千万円/年・ユーザー ・材料ブランド使用料：1千5百万円/年（含リサイクルプロセス）	コスト	・樹脂繊維からシューズの製造 ・シミュレーションの利用ノウハウの獲得 ・リサイクルプロセスの構築

図表7-11　商品コンセプト戦略（B2C）

基本コンセプト	・コンセプト：多孔質樹脂繊維，樹脂ゴム，感圧シート技術を活用した「歩く楽しみを足元から支えるデザイン性の高い」シューズ ・キャッチコピー：Walking Technology〜歩く楽しみを足元から支える〜		
顧客インターフェース・提供形態	・WEBサイト，アプリ，コミュニティからなるウォーキングプラットフォームの提供 ・自社店舗，自社ECサイトによる販売，情報提供 ・エバンジェリストのモデルケース提示やコミュニティイベント開催による顧客接点の構築		
コラボ他社商品 活動可視化および運動習慣改善の支援アプリ 	商品イメージ(B2C) 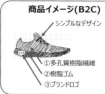 シンプルなデザイン ①多孔質樹脂繊維 ②樹脂ゴム ③ブランドロゴ	①自己実現 ・機能性とデザイン性の両立により，健康的かつオシャレな自分を演出 ・歩き方や健康アドバイスにより心身の健康を獲得し，高いパフォーマンスを発揮 ・ブランドロゴによる技術，機能に対する安心感と信頼感 ②情緒 ・足への形状追従性が高く，つい歩いてみたくなる ・リサイクル性が高く環境貢献しているという自己肯定感 ③機能 ・軽量で肌触りが良い，高吸水性，放湿性が高く，むれなく，臭くなりにくい ・高いリサイクル性（材料） ・データ測定による歩き方や健康管理アドバイスをアプリでフィードバック		
プラットフォーム	✓ WEBサイト，店舗，アプリ，コミュニティからなるウォーキングプラットフォーム ✓ ユーザーのもつヘルスケアアプリと簡単に連携可能なインターフェースを保有 ✓ ウォーキングプラットフォームと経験価値，材料機能DBとの連携		
価格，顧客が負担するコスト	価格　・1万8千円（1足）　＊リサイクル時は1万5千円 　　　・アプリ利用料：データフィードバック，コミュニティ参加は無料 　　　　（個別の詳細アドバイスは月額500円）		コスト　・商品機能の理解 ・店舗もしくはWEBでの購入の手間 ・アプリのインストール

　これまでも何度か説明してきましたが，インターネットを前提とした現在では。商品コンセプトと言っても「プラットフォーム」「他社コラボ商品」など，商品単体にとどまらず，事業的要素が入ってきます。

2-11　ターゲット顧客と顧客経験価値戦略

（1）顧客経験価値戦略とは

　顧客経験価値戦略とは，革新的な顧客経験価値をデザインし，戦略として簡潔，明瞭に表現することです。革新的な顧客経験価値とはB2B，B2Cかかわらず顧客の「価値観の変化」そして「行動変容」を促すものになるはずです。つまり，一般消費者であれば自分の理想のライフスタイルが実現すること，法人顧客で言えば，経営理念や経営戦略が現実するものです。

　商品が効果的な刺激となり，顧客が理想的な方向に変わることが大事です。したがって顧客経験価値戦略とは，どう変わるか，どのように変わるかを表すものとなります。

（2）ターゲット顧客の属性・ペルソナの設定，状況シーン，ニーズ

　顧客経験価値戦略はまず，ターゲット顧客とその属性さらにその具体的なイ

顧客経験価値コンセプト	Walking Technology～歩く楽しみを材料機能により実現する～ ・高機能材料による最高の履き心地とファッション性の実現 ・材料＆経験価値シミュレーションによるシューズ・開発DXの実現 ・材料シミュレーションによる資源循環の実現

ターゲット顧客の顧客属性・ペルソナ
- ITやスタートアップなど比較的服装がカジュアルな企業に勤務
- 仕事が忙しく，運動不足になりがち
- ファッション性と機能性の両立を求める20代～30代の男性
- GX，SDGsに関心があり，自身も何か環境貢献したい

ターゲット顧客の状況,シーン,ニーズ
- タウンユースではファッション性と機能性の代わりに履き心地や歩きにくさなどの不便さを我慢しておしゃれを体感
- 職場でも違和感なく利用でき，長時間履いていても疲れない，臭くもならない。
- リモートワークも多く，運動不足になりがちだが，仕事帰りに靴を履き替えることなくウォーキングができる

顧客経験価値		使用前	使用中	使用後
ベネフィット	共感	・店舗スタッフが，商品説明だけでなく，体験談をしてくれ安心できる ・スタートアップのCEOもどこの靴を履いており，真似してみたい	・友人や仕事仲間に商品を自慢したくなる ・SNSで自分の体験を共有，承認してもらえる	SNSでの体験共有をしていた人とメーカー主催のウォーキングイベントに出席，志向の似ている友人を増やすことができた
	行動	・店舗で試着後，ECサイトで簡単に購入できる ・ランニングシューズとしては高いが，毎日使えるなら納得できる価格	・隙間の時間で気軽にウォーキング，緩やかに行動変容できる ・ON/OFFを気にせずに，毎日履いてしまう	・ECサイトに個人情報を登録している為，リピート購入が容易 ・健康への意識が高まり，食生活も改め始めた
	思考	・リサイクルしやすいとか，技術的な説明があり，信頼できる ・パッケージも簡易で環境に良い部材	・履くだけで環境対策している意識の高い自分を認知 ・データフィードバックによる運動習慣の認知	・健康への意識が向上し，食生活に意識向き始めた ・運動によりストレスが減り，仕事のパフォーマンスも向上
	感情	・技術，環境対策の根拠説明に対する信頼感 ・いつでも履けるというコンセプトに共感	・毎日履きたくなるワクワク感 ・ストレスフリーに履ける高揚感	・リピート品や新しいバリエーションを増やしたくなる
	感覚	・シンプルなデザイン ・軽量で履き心地が良い	・軽量で肌触りが良くずっと履いていられる ・毎日はいても臭くなりにくい	・仕事帰りな隙間の時間で気軽にウォーキングができる
コスト	直接	・購入費用　：2万5千円/1足	・イベント参加費	・イベント参加費 ・カラーバリエーション違い品の購入
	間接	・店舗に行き，試着する労力 ・ECサイトおよび製品の検索 ・梱包材の廃業	・SNSの投稿 ・定期的な手入れ ・行動変容に対する障壁	・イベント会場への移動 ・定期的な手入れ ・廃業

メージとしてのペルソナの設定をします。そしてターゲット顧客（ペルソナ）の状況，シーンを特定します。シーンが設定され想定できる重要なニーズを記述します。これらはすでに仮説段階で設定され，仮説検証も済んでいますので，そこから最終的な結論として記述します。

（3）顧客経験価値コンセプト

　顧客経験価値コンセプトとは，顧客経験価値を一言で短い表現で表したものです。広告のキャッチコピーになるようなものです。コピーの表現が感覚，感情，行動，思考，共感のどこに重点をおくかは，経験価値の重点（手がかりや決め手）がどこにあるかによります。

（4）顧客経験価値

　商品によって生まれる顧客経験価値の内容を記述します。顧客経験価値は，感覚，感情，思考，行動，共感の顧客経験価値の5つの視点で表現します。顧客経験価値は，ある瞬間や短い時間の「断面」としての顧客経験価値か，使用前から使用中，使用後のある一定の「期間」での顧客経験価値かどちらかにな

ります。顧客経験価値の縦文脈にコンセプト重点があれば「断面」，時間の流れという横文脈のコンセプトがあれば「期間」に重点を置きます。また「断面」「期間」そのどちらもという場合もあります。

また5つの顧客経験価値の視点の中で「行動」や「共感」は顧客以外の他社にも影響を与えますので，顧客ターゲットの拡大を考え，「行動」「共感」の部分は他者との接点やその内容をシェアする「手がかり（トリガー）」と「きめて（テコ）」などの仕掛けを設定しておくことが重要となります。

顧客経験価値は，文字だけだと伝わりにくいので写真・イラストや動画などで表現したほうが良いかもしれません。情報量が多い場合は，2ページで展開してもよいでしょう。

2-12　顧客経験価値ストーリー

顧客経験価値ストーリーとは，代表的なペルソナの経験価値をストーリー化（ナラティブ）したものです。ストーリーですから，5つの顧客経験価値の視点をストーリーとして時間的な流れで表現することになります。これも文章だけでなく，写真とキャッチコピーを用いるほか，ものによっては動画で表現するほうがよいと思います。

顧客経験価値ストーリー作成に当たっては以下のようなことを検討のポイントとして考慮するとよいものになります。

- 感覚，感情的に身近な部分から入っているか
- 顧客が大事にしている価値観との結びついているか
- 自分が主体的に行動するイメージが持てるか
- エキサイティングな新経験が存在するか
- ドラマチックなストーリー展開があるか
- だれかと共有したくなる経験か

顧客経験価値重視の商品企画やマーケティング戦略では，提供側の打ち手ではなく，顧客が主人公になったナラティブな顧客経験価値ストーリーの表現がより重視されます。文学や映像，音楽などの表現方法に関する知見を高めておきたいところです。また表現のプロとのコラボレーションも重要です。

図表7-13　顧客経験価値ストーリー戦略（B2C）

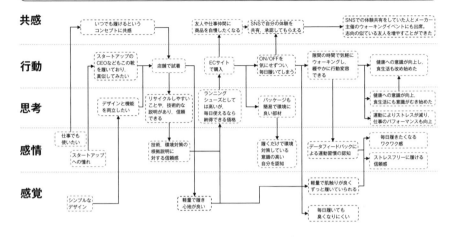

| 材料機能だけでなく，使用前から使用後までの情報取得，分析，介入により
日々の快適性とファッション性の向上だけでなく，行動変容の促進を促す |

2-13　ビジネスモデル戦略

　事業戦略構想におけるビジネスモデル戦略は，自社商品を含め，顧客経験価値を生み出す仕組み，仕掛けを構造として構想することです。ビジネスモデルは，他の企業，組織との関係性に関する戦略で，どのような協業，アライアンス関係をもつのかをデザインすることです。ビジネスモデルは何らかの契約関係やそれに相当する安定的な関係がありシステムとして機能しなければなりません。

　ビジネスモデル戦略は，骨子を以下のように設計します。

（1）顧客経験価値

　独自の顧客経験価値はどのようなものかを簡潔に定義づけます。顧客経験価値は，自社商品だけでなく，他社との連携も含めたビジネスモデル全体を通じて実現するものなので，ビジネスモデル全体のゴールと位置づけられます。

図表7-14　ビジネスモデル戦略（B2B2C）

自社ブランドおよびシミュレーションにより顧客企業，エンドユーザーの情報を獲得し，自社のコア・コンピタンスと製品の顧客経験価値を強化

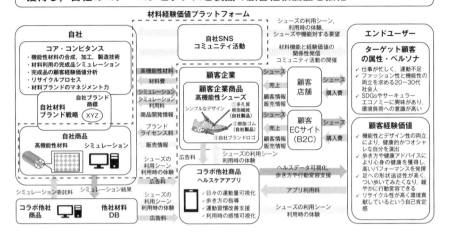

（2）バリューチェーン

　顧客経験価値が生み出される自社の業務プロセスの連鎖を意味します。バリューチェーンは社内だけでなく，アウトソーシングなど他社のプロセスを組み込むこともあります。ビジネスモデルとの違いが必ずしも明確ではありませんが，ここではより社内の業務プロセスの連鎖を中心に記述します。バリューチェーンでは競争上どの業務プロセスが重要かを明確に示します。

（3）プラットフォーム

　顧客，パートナーなどが利用する共通インフラで，自社がデザインしイニシアティブをとって設計し運用するものを意味します。プラットフォームとは，情報システムに限らず，ハードの設計方式や，取引契約，技術ライセンス，ブランドライセンスといったことも複合されることが一般的です。ビジネスモデルに参加するプレイヤーそれぞれが各自プラットフォームを構築するより，自社が構築するプラットフォームを利用するほうが，より経済性が高いことが前提となります。

（4）コア・コンピタンス

　ビジネスモデルの原動力になる自社の中核能力を意味します。コア・コンピタンスは，自社独自の技術，スキル，プロセス，経営資源などの組み合わせや連動したもので形成されていて，他社が容易に模倣できないものです。多くは既存の主力商品を支えているもので，それを新商品に転用し，さらに発展させていくようにします。

（5）情報フィードバック

　ビジネスモデルの中で，コア・コンピタンスに情報がフィードバックされる仕組みです。どのような情報が，どのタイミングでフィードバックされるのかを設計します。フィードバックされる必然性を，自社と各プレイヤーとの取引関係，技術ライセンス，ブランドライセンスなどから形づくります。最近ではインターネットやデータ解析を使ったプラットフォームで情報フィードバックを永続的なものにする方法が当たり前になってきました。今後IoT，AIなどによるDXが普及するにつれ，ますますIT活用の重要性は高まると予想されます。

（6）収入源

　商品を販売してその代金を回収するだけの収入源だけでなく，技術，ブランドのライセンス，プラットフォーム使用料，コンサルティングフィー，メンテナンスフィー，サブスクリプションなどの多様な収入獲得方法を考えます。収入が獲得できるということは，パートナーや顧客がその価値を認めるということであり，つまりそれは顧客やパートナーの事業運営に欠かせないものであることを意味します。

2-14　マーケティングミックス戦略

　商品コンセプトや顧客経験価値戦略，ビジネスモデル戦略を実現する手段としてマーケティングミックス戦略を企画します。そのマーケティングミックス戦略の基本は前にも述べた通り4つのPです。4つのPとは，商品（Product），流通チャネル（Place），広告宣伝，（Promotion），価格（Price）の頭文字をとった略称です。ターゲット顧客に対してこの4つのPを最適化するミックス

を企画することからマーケティングミックス戦略と呼ばれています。

　この4つのPの中で商品そのものに関しては，すでに商品コンセプトのところで記述していますので，商品の中のブランドポジショニングのみを企画します。広告宣伝は，インターネットがベースになり，双方向となりますので，ここではコミュニケーションとしました。

（1）ワークマンプラスに見るマーケティングミックス戦略による顧客経験価値の創造

　前にもとりあげましたがワークマンは，ターゲット顧客を若い女性にしたワークマンプラスという新業態を開発しました。そこで元来持っていたワークウエアなどのタフさや手頃な価格というブランドイメージをうまく活用展開し，「"高機能×低価格のサプライズをすべての人へ"をコンセプトにした，アウトドア，スポーツ，レインウエアの専門店」という独自のコンセプトを開発しました。そのコンセプトをマーケティングミックス戦略で分析すると次のようになります。

①ガーデニング，登山やスポーツなどに使えるデザイン性の高い商品を，（商品＝Product）

②ワークマンプラスという通常のワークマンとは異なる新販売チャネルを開発し，ショップモールなどの女性が立ち寄りやすい立地にし，（販売チャネル＝Place）

③通常のプッシュ型の広告宣伝ではなく，熱烈なワークマンのファンを無報酬のエバンジェリストにし，SNSなどで拡散し，またマスコミで取りあげられることで，認知させ，（広告宣伝＝Promotion）

④徹底して低価格で提供する（価格＝Price）

　このような見事なマーケティングミックスで，ユニクロや他のアウトドアアパレルブランドにない新たな顧客経験価値を創造しました。ワークマンプラスの店舗はちょっとしたデートの場にもなっているようで，いままでにない新鮮な顧客経験価値を楽しむことができるようです。

2-15　ブランドポジショニング

（1）ブランドポジショニングとは

　"ブランド"とは商品やそれを提供している企業や組織に対する顧客経験価値の期待です。どのような期待を企画し，つくりこむかがブランド戦略です。商品を維持発展させるためにブランドは，他社との差別化を図る必要があります。そのブランドの差別化を位置づけたマップがブランドポジショニングというものです。

　あえてここでブランドコンセプトを設定するのは，顧客が商品を手にする前の期待や認知を表現し競合と差別化を図るためです。ブランドコンセプトはブランド因子と呼ばれるものから構成されます。たとえばクルマのBMWであれば，ブランドコンセプトが「駆け抜ける歓び」で，ブランド因子は，スポーティ，ポジティブ，未来，信頼などです。

　そのブランドコンセプトを他社と比較した位置づけをブランドポジショニングとしてマッピングします。縦軸と横軸に，顧客が最も重視する選択軸を配置します。ここで間違ってはいけないのが，**この選択軸を，自社視点ではなく，顧客視点のものにすることです。**

図表7-15　マーケティング戦略①ブランドポジショニング，価格戦略

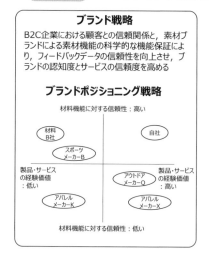

ブランド戦略

B2C企業における顧客との信頼関係と，素材ブランドによる素材機能の科学的な機能保証により，フィードバックデータの信頼性を向上させ，ブランドの認知度とサービスの信頼度を高める

ブランドポジショニング戦略

材料機能に対する信頼性：高い

| 材料B社 | 自社 |
スポーツメーカーB

製品・サービスの経験価値：低い　／　製品・サービスの経験価値：高い

アウトドアメーカーQ

アパレルメーカーK　／　アパレルメーカーX

材料機能に対する信頼性：低い

価格戦略

・ターゲット顧客（B2B）

✓ 材料としての性能は高いが競合他社の高機能材料と同程度の価格帯で販売
✓ シミュレーションおよびブランド使用料により高利益を狙う
✓ 機能性材料：3千円/kg
✓ シミュレーションライセンス費：1千万円/年・ユーザー
✓ 材料ブランド使用料：1千5百万円/年

・ターゲット顧客（B2C）

✓ シューズとしては中〜高価格帯のタウンユースおよびアウトドア入門者の市場を狙う
✓ 競合他社より高い性能とその保証を行っているため，市場平均価格よりも高価格で販売
✓ 販売価格：2万5千円（1足）
　＊リサイクル時は2万円
✓ アプリ利用料：データフィードバック，コミュニティ参加は無料
✓ （個別の詳細アドバイスは月額500円）

（2）ブランドポジショニング戦略は異業種間の顧客経験価値競争に変化している

　これまでは，クルマvs.クルマといった同じカテゴリーの中でのポジショニング比較でしたが，顧客経験価値重視の商品開発では，クルマvs.ゲームといったように他のカテゴリーとのポジショニング比較であるケースが多くなってきました。顧客経験価値重視の商品開発は，他のカテゴリーの経験価値要素を取り込むからです。これは経験価値重視の商品が，顧客のシーンのある一部のニーズを満足させるのではなく，顧客に寄り添ってある一定の時間の経験を共にし，その時間に含まれていた他社の商品が提供していた価値を取り込んでしまうから発生することです。

　たとえば，イタリアの会社で，選び抜かれたワインを宅配し，産地の地域の特性やぶどう園，シャトーの歴史や醸造の考え方，製法などに関する解説も含めた2時間のオンラインライブを提供するサービスがあったとします。このサービスによって，顧客は現地に行った場合とほぼ同じ知識，情報を得られます。そして実際に旅行に行くよりもはるかに短時間で複数の地域で同じ経験を得ることもできます。たとえば週に1回，4カ月続ければ16地域のワインに詳しくなります。ワインに関する知識，情報ということだけに特化すれば現地に実際出向くツアー（異業種）と比較しても，顧客経験価値は高くなるかもしれません。この例ではワイン販売は異業種の海外旅行サービスとポジショニング上で競争していることになります。

（3）顧客ごとにパーソナライズされた市場ポジショニングの実現可能性

　上記の事例の商品提供者側も，顧客の選んだワインに関する顧客情報を入手することができ，好みの傾向がわかりますし，チャット機能で質問を受ければさらに顧客の関心事が把握でき，深い顧客経験価値を提供するヒントになり得ます。

　このようなことを繰り返していけば，市場ポジショニングという考えも，ターゲット顧客単位だけでなく，顧客ごとにパーソナライズされた市場ポジショニングが可能となります。

2-16 価格戦略

（1）価格戦略とその変化

　価格戦略とは，商品の価格をいくらにするかを戦略的に決めることです。価格設定の方法はさまざまでそれ自体が重要なマーケティング戦略です。商品の持つ機能の顧客受容性を基に設定する方法，または競合の価格に合わせて設定する方法，商品の原価と利益を基に設定する方法などがあります。

　ここでの価格戦略は，顧客経験価値をベースに設定します。つまり提供する商品が，どのような顧客経験価値を提供できるか，その顧客経験価値に対して，顧客はいくら支払うのか，競合する顧客経験価値は何か？　などを分析し設定します。

　顧客経験価値をベースにする価格設定は，商品そのものだけでなくビジネスモデル全体で提供する顧客経験価値を前提に設定するべきです。この考え方はポジショニング戦略と同じです。先ほどの例で言うと，単にアルコール飲料としてのワインの顧客経験価値だけではなく，旅行気分やワイナリーの知識，情報，オンラインでの対話などを含めた顧客経験価値全体で価格設定ができます。

　顧客経験価値を基に価格設定をすることは，顧客が負担する商品対価以外のコストも考慮しなければなりません。そのコストとは，たとえば商品を使いこなすための知識習得のコスト，商品の修理・メンテナンスコスト，商品がハードウエアであればその置き場，保管の負担，または廃棄コストなどです。

（2）サブスクリプションやリカーリングなど顧客経験価値重視の価格戦略

　近年顧客経験価値を考慮した価格戦略が普及してきています。サブスクリプションやリカーリングなどです。

　サブスクリプションとは，一定料金で，一定期間サービスを受ける権利です。音楽配信，映画，雑誌，新聞などではサブスクリプションが当たり前になりました。サブスクリプションは商品をその都度購入するのではなく，一定期間使用し続けられます。支払いの手間がかからず，使用量を気にすることなく使えます。「サブスクリプション」は主に下記のようなサービス形態があります。

① 定額料金でサービスを限度なく利用できる

　一定料金を支払えば，ある範囲のサービスを限度なく利用できる形態。雑誌，映画，音楽などではこの方法をよく採用しています。ヘビーユーザーには大変ありがたいサービスです。しかし利用頻度の少ない顧客には割高かもしれません。解約を忘れてしまうというリスクもあります。

② 定額料金で無料サービスがより便利に利用できる

　通常は無料でサービスを受けられるが，定額料金を支払えば，より便利になる形態。YouTubeはYouTube Premiumに入会し，お金を支払えば広告なしでバックグラウンド再生，オフライン再生が利用できます。

③ 定額料金で一定量のサービスを利用

　サービスに加入すると，一定量の商品が定期的に送られてきたり，一定量のサービスを受けられたりする形態です。1カ月1万円払うと厳選されたワイン7本が毎月送られてくるといったものや，年会費3万円払えば，好きなコンサートの座席が10回予約できるなどです。

　一定料金をベースにした「サブスク」に対して「リカーリング」とは一定期間内に利用したサービス料金だけ支払う形態です。シェアオフィスの会議室の利用料金などは「リカーリング」の形態をとることが多いと思います。

　このような顧客経験価値を前提にした価格戦略は，買い取り型の価格戦略に比べ競合との比較が少し複雑で，自分のライフスタイルからみて価値があるかどうかで判断されることに比重が置かれます。

　携帯端末の通信料や映画，音楽などのサブスクリプションは，比較するものが類似してきていますので，価格競争になりがちですが，ECサイトでの購入ポイントなどとタイアップさせ差別化し，単純比較を避けようと努力しています。つまり価格戦略は異業種との連携をしながら顧客経験価値を追求する方向に進化しているのです。

2-17　販売チャネル戦略

（1）販売チャネル戦略とその変化

　販売チャネル戦略とは，自社の商品を顧客に届ける経路です。流通戦略ともいいます。具体的には商社，卸問屋，コンビニや百貨店などの店舗小売り，テレビやカタログなどの従来の通信販売などで，最近ではAmazonや楽天のようなECサイトも販売チャネルとして重視されています。

　販売チャネルは，インターネットはじめ新たなテクノロジーの出現で大きく変化しています。たとえば自動車であれば系列の自動車ディーラーが販売チャネルですが，最近はネットを使って系列を超えたメーカーのブランドを販売するディーラーが出てきたり，米国テスラのメーカーが直接ネットで販売したりするケースも出てきました。

　販売チャネル戦略は，単にたくさん売れればいいというものではなく，ブランドイメージや，顧客経験価値提供への影響を考慮しなければなりません。たとえば，地方名産のフルーツを，通販で販売するのか，三越のような百貨店や千疋屋のような高級イメージの小売りで売るかで，ブランドイメージ，顧客経験価値ともに大きく変わります。

（2）経験価値重視の販売チャネル戦略

　インターネットなどのテクノロジーが普及するにしたがって，販売チャネルの考え方も大きく変わっていきました。プロモーションがテレビ広告などの大規模なマス広告を打つのではなく，SNSでの顧客の口コミ，「いいね」などの評判や顧客同士の共感などによって広がっていくのと同様に，購入する「場」も変わっていきます。店舗などのリアルな「場」よりも，自分の関心のあるコミュニティに近いオンラインで購入する機会が急速に増加してきています。購入する対象も，モノからサブスクリプションやリカーリングなどのサービスの購入に変化してきていることから，販売チャネルは，「展示しているモノを見たり触れたりする」機会を提供する場だけでなく，「実際に使ってみる，経験してみる，さらに繋がる」機会を提供する場に変わってきています。その傾向はインターネットの普及で加速化しています。

トヨタ自動車が始めた自動車のサブスクリプションサービスのKINTOは，初期費用も車検，保険なしで月々のサービス料だけでトヨタ車の経験をスタートさせることができるという機会をつくり，長い期間の顧客との関係構築を試みています。KINTOはスマートフォンでも申し込みができます。よく考えてみるとクルマを持っていない新規ユーザーが駅から数キロもある国道沿いのメーカー系列のディーラーに行くのはとてもハードルが高いのです。KINTOのようなネットでの接点とそこから生まれる経験の機会が今後の実質の販売チャネルになります。

（3）経験の場としての「売らないリアル店舗」への進化

　一方リアル店舗も販売の場として店舗数を多く出すのではなく，質の高い経験の場，ネットでの口コミを誘発する場に変わってきています。顧客と店員が自由に友人のようにコミュニケーションの場としてのアップルストア，米国テスラのクルマを置かない店舗などがその良い例です。

　ビックカメラやヨドバシ電気などの量販店であっても，店舗売上からネット販売に軸足を移し，店頭で見て，使ってみて，その場でネット注文し，早ければ当日，翌日には自宅に届くように販売の方法を変化させてきています。

　最近ではファッションECのZOZOが「『似合う』で，人は笑顔になる」というコンセプトをベースに，ZOZO初の服を売らないリアル店舗を表参道にオープンし，自分の「似合う」が見つかる超パーソナルスタイリングサービス「niaulab by ZOZO」を開始しました。

（4）オウンドメディアや自社雑誌の発行による「世界観の共有の場」としての流通チャネル

　D2C（Direct to Consumer）と呼ばれる，「ブランド力をもつ製造小売り×テック企業（ネットを活用）」という新業態のスタートアップも飛躍的に成長しており注目されています。そのD2Cでは顧客に自社の世界観を伝えることに注力しており，オウンドメディアとして自社Webサイトやクオリティの高い雑誌などを重視した顧客経験価値を提供しています。そのため販売チャネルも，顧客経験価値のための独自のコミュニケーションの中の一部として位置づけら

れています。

（5）販売チャネルという概念の変化

　D2Cのような新業態が普及すれば，販売チャネルという概念も大きく変わっていきます。

　D2Cはじめ顧客経験価値を追求する企業は，フィロソフィーやパーパスにもとづく経験という時間軸で顧客とつながっていきますので，従来の小売りがもっていたリアルな販売時点だけの薄い顧客接点は劣勢になる可能性があります。既存の流通チャネルは，現在の顧客接点を基盤に独自の顧客経験価値を提供しなければ生き残れなくなってきているのです。

図表7-16　マーケティング戦略②販売チャネル，コミュニケーション戦略

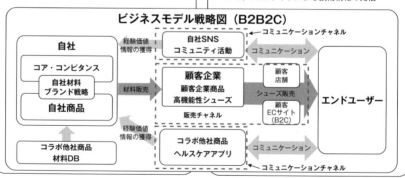

2-18　コミュニケーション戦略

（1）コミュニケーション戦略とその変化

　コミュニケーション戦略とは，広告宣伝や販売促進などを通じて顧客経験価値をいかに効果的に顧客に伝えるかという方策です。いくらよい商品でも顧客

に伝わらないと利用，販売に結び付きません。

　広告宣伝・販売促進も，商品がモノ重視から経験価値重視に変化するにしたがって大きく変わってきています。変化のベースにあるのは，顧客が商品を知る媒体の変化です。具体的にはテレビ，新聞，雑誌などのマスメディアが中心の媒体から，インターネットそしてソーシャルメディアなどのオンライン媒体へのシフトです。広告宣伝の基本的なフレームワークも，テクノロジーの変化に従ってAIDMAからAISAS，そしてSIPSとシフトしてきています。

（2）AIDMA（インターネット前）

　プロモーション（広告宣伝）では，インターネットが普及する前，古典的な手法としてAIDMAというフレームワークがよく使われました。AIDMAとはAttention（注意）→Interest（関心）→Desire（欲求）→Memory（記憶）→Action（行動）の頭文字を表したものです。またその後2000年代に入ってインターネットが普及しAISASというフレームワークが登場しました。

（3）AISAS（インターネット後）

　AISASとは，インターネット上で顧客が商品を認知してから購買するまでのプロセスで，Attention（注意）→ Interest（関心）→ Search（検索）→ Action（購買）→ Share（情報共有）の頭文字を取ったものです。

（4）SIPS（ソーシャルメディア後）

　2010年以降ソーシャルメディアが普及してからは，SIPSがフレームワークとして注目されました。SIPSとは，Sympathize（共感）→Identify（確認）→Participate（参加）→Share&Spread（共有・拡散）の頭文字を取ったものです。AIDMAやAISASでは，顧客はマスメディアやネットの広告で知り「検索」が最初のきっかけでした。SIPSでは，顧客はFacebook，Twitter，Instagramなどのソーシャルメディアでの「共感」（Sympathize）が最初のきっかけで，次に情報を検索し確認（Identify）します。その後，購入するしないにかかわらずTwitterのリツイートやFacebookのシェアなどで他人に勧めることで「参加する」（Participate）という行為に進みます。さらにソーシャルメ

ディアでお互いの情報を「共有」し（Share），さらに他の顧客にて「拡散」（Spread）することで（Share＆Spread）となります。

（5）最初の接点がオンラインのコミュニケーション戦略

　我々は何か新しい商品を購入する際には，ネットサイトでの評判を確認したり，比較サイトをみたり，インターネットやソーシャルメディアを必ず使います。また購入後，取扱い説明書やマニュアルを読むよりもYouTubeの動画で使い方を学び，故障の際もネットで修理の方法を調べます。最初の接点の多くはテクノロジー（インターネット）で，その先にリアルとの接点があるという形態に変わってきています。

　ビジネスによって異なり一概には言えませんが現在の顧客経験価値の多くは，オンラインが最初にあって，その奥にオフラインが存在する形態に変わってきています。新型コロナの影響で顧客経験価値のオンライン化とデータ化が一気に進みつつあります。

　したがって今後の企業経営では，いかに顧客経験価値をオンラインの利用を通じ創造し，拡散させるかといった戦略が重視され，コミュニケーション戦略は，ソーシャルメディアやネットサイトを基盤に，従来のマスメディアの広告宣伝などを複合させ，商品戦略，価格戦略，流通チャネル戦略と密接に関連しあいながら変革させていかなければなりません。

2-19　商品開発計画（技術開発含む）

　マーケティングミックス戦略までが顧客経験価値とそれを実現するための商品企画開発のありたい姿とすれば，商品開発計画やマーケティング開発は，それをどのように開発して実現させるかを構想するパートです。最初に商品開発計画から説明します。

（1）商品開発課題を明確にする

　商品開発計画で最初に行うべきことは，各開発項目の開発課題を明確にすることです。課題とは商品コンセプトのありたい姿と現状のギャップです。開発項目とは主に付加機能，基本機能，顧客インターフェース・提供形態開発，プ

図表7-17　商品開発計画（技術開発含む）

> **要素技術開発は終了しており，20○○年4Qを目途に，PoCと大量生産可能な環境を開発する**

	開発課題	開発実施計画
付加機能開発	・ データベースにおける他社材料データの取り入れ ・ 他社データとの統一フォーマット開発	・ データベースおよびシミュレーションのクラウド利用環境構築（20○○年度　1Q） ・ プラットフォームへのブロックチェーン技術の導入（20○○年度　4Q） ・ パートナー開発：20○○年度　3Qまでに4社
基本機能開発	・ 材料の生産効率の向上（プラントスケールにおける材料機能の安定性向上，生産コスト低減） ・ リサイクル工程の短縮，高効率化（プラントスケールでの検証）	・ プラントスケールでの材料機能のばらつき向上（20○○年度　2Q） ・ プラントスケールでの歩留まり5％向上（20○○年度　3Q） ・ プラントスケールでの生産時間10％削減（20○○年度　4Q） ・ リサイクル工程でかかる時間を15％削減（20○○年度　3Q）
顧客インターフェース・提供形態開発	・ 顧客との共通インターフェース開発 ・ 共通データフォーマットおよび標準化	・ プラットフォームへのブロックチェーン技術の導入（20○○年度　4Q） ・ 顧客企業との共通インターフェースおよびAPI開発（20○○年度　4Q） ・ パートナーを含めたデータフォーマットの標準化開発（20○○年度　4Q）
プラットフォーム開発	・ クラウドプラットフォームのオープン性と高いセキュリティの両立 ・ パートナー開発：顧客企業，原料サプライヤー，SI企業	・ データベースおよびシミュレーションのクラウド利用環境構築（20○○年度　1Q） ・ プラットフォームへのブロックチェーン技術の導入（20○○年度　4Q） ・ パートナー開発：20○○年度　3Qまでに4社
コラボ他社商品開発	・ 材料機能とデザイン性を両立した際の効率的な生産技術の確立 ・ 製品回収およびリサイクルフローの開発	・ ラボスケールでの製造およびリサイクル手法の検証（終了） ・ パイロットスケールおよびプラントスケールでの製造検証（20○○年度　2Q） ・ プラントスケールでの回収した製品の効率的な材料分解，再生産フローの構築（20○○年度　4Q）

ラットフォーム，コラボ他社商品などで，必要に応じて項目を細分化したり，増やしたりしてください。開発課題は，効果的な実施計画を構想するためにできるだけ定量的に示してください。

この段階ではあまり達成方策は考えずに，目指すべき目標とその課題を明確にします。この段階で達成方策を考え始めると，今現在の経営資源やスキルでできそうなことを課題にしてしまう可能性があるからです。できそうなことと，達成すべきことは基本的に異なりますので注意しなければなりません。

（2）商品開発課題の優先順位を付ける

次に開発課題の優先順位を付けます。開発課題の優先順位は，自社の強みや顧客経験価値を実現する上で外せないことは何かを総合的にみて判断します。たとえば，自社の強みが情報技術周辺で，顧客経験価値実現の上で重要なのがプラットフォームだとすれば，そのプラットフォーム開発を優先的に行い，商品の基本機能，付加機能の開発優先順位は下げ，初期の段階では他社との提携で実現してもよいかもしれません。

優先順位を付けるための主な判断ポイントは，自社の強み，顧客経験価値実

現上の重要性，ビジネスモデルなどの仕組の構築上での重要性などです。

（3）商品開発課題の優先順位の主なパターン

　顧客経験価値重視の商品開発課題の優先順位付けのパターンをいくつか挙げます。

インターフェース・提供形態開発が最優先のパターン

　スマートフォンをインターフェースにしたネットビジネスは，顧客のインターフェース・提供形態開発であるアプリの機能が重要です。アプリの使い勝手が悪かったり，期待する機能への到達に時間がかかったりすれば，顧客はすぐにアプリを消去してしまいます。リアルビジネスでも，接客業であれば顧客が最初にタッチする受付のサービスレベルが悪ければサービスを提供するまでには至りません。

プラットフォーム開発を優先にするパターン

　顧客経験価値の創造が社外との連携にある場合は，何よりも先にプラットフォームの開発を行わなければなりません。マッチングサイトやECサイトはプラットフォームが最優先の開発課題となります。顧客経験価値は，プラットフォームにのせるモノや人，コンテンツなどですが，それはすべて社外との連携となります。

商品の基本機能開発を優先するパターン

　質感を重視するレストランやホテルなどの施設型ビジネスは，レストランであれば料理，ホテルであれば客室やレストランなどの商品の基本機能が最優先の開発課題となります。その基本機能の特性とそのレベルが重視されます。

商品の付加機能を優先にするパターン

　商品のメインの基本機能ではなく，付加的な機能が重要な顧客経験価値となり優先的開発課題になることもあります。たとえば商品そのものはどこでも手に入るものでも，短納期でかつ必要な分量だけ，取り寄せることができるB2B

サービスのような場合です。

コラボ商品開発を優先にするパターン

　プラットフォームもインターフェース・提供形態開発も大して差がないし，商品の基本機能も，付加機能も特別なものはないが，合わせて入手できるコラボ商品の魅力が差別化された顧客経験価値であるケースです。例を挙げると，中古車ビジネスを例にすると，商品の選択も，購入方法などプラットフォームもインターフェース・提供形態開発も他とほとんど変わらないが，クルマとマッチしたアウトドア用品などのコラボ商品が魅力でそれが差別化になるといった場合です。

（4）商品開発課題解決のアイデアを発想する

　開発の優先順位を付けた後に開発課題達成のためのアイデアを発想します。商品開発課題の解決アイデアは，自社の強みや投入する経営資源をベースに発想します。自社に経営資源がなく，開発に時間を要する場合は，外部人材の獲得や場合によってはM&Aなどを検討する必要があるかもしれません。例を挙げると，かつて楽天が旅行サイトを構築する際に，楽天トラベルを立ち上げた直後2003年に日立造船から「旅の窓口」を買収したことなどです。楽天にとって旅行サイトは，顧客経験価値実現のためには欠かせないものと判断したと思われます。

　優先順位の低い商品開発課題は，他社との連携で実現することも効果的です。たとえそれが商品の基本機能であっても，優先順位が低ければ他社の商品機能を活用してもよいのです。

（5）商品開発実施計画の作成

　商品開発実施計画で大切なのは，誰が，何を，いつまで行うかを明確にすることです。それぞれの商品開発実施計画がプロジェクトになりますので，その方針を明確にしておきます。商品開発実施計画の策定でヒト・モノ・カネなどの経営資源の不足が明確になる場合もあります。その場合は課題の優先順位を見直しや，事業構想そのものの見直しが必要となります。

2-20　マーケティング開発計画

（1）マーケティング開発課題の優先順位を付ける

　マーケティング開発課題のカテゴリーとは，ブランド，コミュニケーション，販売チャネルそしてビジネスモデルです。カテゴリーごとに商品開発課題と同様に課題をブレークダウンしできるだけ定量化します。

　そのブレークダウンされた課題に優先順位を付けます。優先順位付けの視点も商品開発課題と同様に，自社の強み，顧客経験価値実現上の重要性，ビジネスモデルなどの仕組構築上での重要性などです。

（2）マーケティング開発課題解決のアイデアを発想する

　開発の優先順位を付けた後は，課題達成のためのアイデアを発想します。自社で開発が必要な課題は，自社の強みや投入する経営資源をベースに発想し，自社に経営資源がない場合は，アライアンスパートナー企業の経営資源をシェアするなど外部資源を活用します。

　インターネットを活用することがベースの事業では，コミュニケーション，販売チャネル，ビジネスモデルの開発課題の解決アイデアは，ビジネスモデルやそのベースになるプラットフォームの開発課題アイデアに統合していくことが重要です。ECサイトビジネスや配車アプリビジネス，各種シェアリングビジネスなどインターネットをベースにするものは，顧客と企業の情報のやり取りが重要になりますので，ビジネスモデルの課題解決によって他の項目の課題が解決されるはずです。

（3）法制度，標準化のマーケティング開発課題

　法制度，標準化のマーケティング開発課題とは，遵守すべき法制度や規制上の課題や，各種標準化に関する課題です。

　実際にインターネットをベースとした事業では，多くが既存事業を破壊する形で参入しますので，その業界に存在する各"業法"が事業の障害になる可能性があります。宿泊ビジネスであれば旅館業法，旅行ビジネスであれば旅行業法です。その他個人情報を取り扱う場合には，個人情報保護法を順守する必要

	開発課題	開発実施計画
ブランド	・高機能性材料メーカーとしての認知度拡大 ・材料ブランドの企業および一般ユーザーへの認知度拡大	・材料ブランドの立ち上げとプレスリリース（20〇〇年度　1Q） ・シミュレーションと材料機能を学会、展示会でリリース（20〇〇年度　1Q） ・技術解説のサイト開設：20〇〇年度（20〇〇年度　1Q）
コミュニケーション	・材料の生産効率の向上 （プラントスケールにおける材料機能の安定性向上、生産コスト低減） ・リサイクル工程の短縮、高効率化 （プラントスケールでの検証）	・プラントスケールでの材料機能のばらつき向上（20〇〇年度　2Q） ・プラントスケールでの歩留まり5%向上（20〇〇年度　3Q） ・プラントスケールでの生産時間10%削減（20〇〇年度　4Q） ・リサイクル工程でかかる時間を15%削減（20〇〇年度　3Q）
販売チャネル	・実店舗およびECサイトの認知度拡大 ・自社ECサイトの立ち上げと実店舗との連携 ・ウォーキングプラットフォームの認知度拡大 ・企業向けWEBサイトの認知度拡大	・実店舗でのイベント開催（20〇〇年度　3Q） ・データプラットフォーム上でのECサイト、実店舗の連携（20〇〇年度　4Q） ・企業、一般向けWEBセミナーの開催（20〇〇年度　4Q） ・企業への材料営業活動とWEBサイトへの勧誘（20〇〇年度　4Q）
ビジネスモデル	・プラットフォームおよびシミュレーションの価値検証POCの実施 ・顧客企業におけるプラットフォーム参入動向と費用感の調査 ・一般ユーザーにおける高機能素材の持つ価値検証POCの実施	・プラットフォームおよびシミュレーションのオープンβテストの実施（20〇〇年度　3Q） ・顧客企業への営業活動の際に顧客企業におけるプラットフォーム参入動向と費用感のヒアリング実施（20〇〇年度　2Q） ・高機能素材およびプラットフォームによる行動変容の促進および、提供価値検証POCの実施（20〇〇年度　4Q）

があります。

　標準化は，競争上の標準であるデファクトスタンダードや，ディジュールスタンダードと呼ばれる公的標準などがあります。スマートフォンのアプリでビジネスをする場合はデファクトスタンダードである米国AppleかGoogleのAndroid OSを活用しなければなりません。ディジュールスタンダードには，JIS日本工業規格や電子，電気，コンピューター分野でのIEEEなどの国際標準があり，その標準に準拠していなければビジネスができないこともあります。

（4）マーケティング開発実施計画の作成

　マーケティング開発実施計画の作成の注意事項は，商品開発実施計画とほぼ同じです。

　商品開発もマーケティング開発も実施計画は，できるだけ課題を統合することがコツです。限られた経営資源で複数の課題が同時解決できるよう課題を良く分析し，課題解決の本質を見つけ，効果的な実施計画を策定することが重要です。したがって，商品開発課題とマーケティング開発課題は，すべて並べてみて解決アイデアを考え，共通化できる課題解決アイデアに絞ったあとに実施

計画を展開するのがよいと思います。

2-21　財務計画

　ここで言う財務計画は，投資計画，売上計画，経費計画，要員計画，利益計画を指します。事業構想段階での財務計画は，既存事業のような厳密さを求めません。構想段階ですので，将来の事業経営の目標値としての意味が重視されます。厳格な財務計画は，事業構想の次の事業計画書作成フェーズで作成します。

　重要なのは，財務計画を通じて顧客経験価値起点にビジネスモデルの差別化を計数の視点で徹底検証し，必要に応じて見直しをすることです。

（1）ビジネスモデルと損益分岐点分析関係を理解する

　すでにビジネスモデル戦略とその開発実施計画は策定されています。ビジネスモデル戦略が決まれば，検討対象の財務構造，特に損益分岐点の特性が決まってきます。

　たとえば，一般的に高級レストランなどの店舗型ビジネスであれば，不動産賃貸料や設備の償却費，人件費などの固定費が高めで，光熱費や食材費などの変動費比率は低めになります。そこでビジネスモデル戦略を少し変え，ブランド力を活かし贈答用お土産などを店舗で販売すれば店舗の客席数に依存しない売上が上がり，さらにそのお土産をネット販売すれば，収益がさらに向上します。また高級レストラン経営のノウハウでフランチャイズシステムをつくれば，ライセンスやコンサルティング収入が入り，その利益はさらに高まりますし，初期のビジネスモデルに比べれば損益分岐点が下がり，収益体質は良くなります。

　このように財務計画を検討するに当たって，まず，損益分岐点分析を行い，利益が出る売上高を見極めたり，さらにその利益拡大の方策を考えたりします。顧客経験価値重視のビジネスでは，顧客経験価値という発想を武器に財務構造を有利に企画構想します。

　たとえばECサイトなどのマッチングビジネスでは，プラットフォーム構築の初期投資は大きいのですが，情報ビジネスですので一取引当たりの変動費は

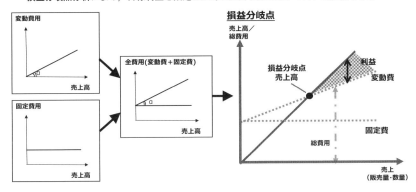

図表7-19　損益分岐点の考え方

- 損益分岐点とは，損益が出るか，利益が出るかの分岐点という意味で，利益がちょうど「0」になる場合の売上高のことである
- 損益分岐点売上高が低ければ，現状よりもかなり小さい売上高になっても黒字となり，経営の安全性が高いということができる
- 損益分岐点分析により，目標利益を設定した時に必要な売上高やコストを把握できる

極めて低い構造ですから，顧客を増やせば増やすほど，利益は指数関数的に増加します。そこでECサイトで取り扱う商品を増やしたり，ポイントを付与したりして顧客のアクセスを増やす努力をします。

（2）投資計画

　投資計画は，この事業立ち上げに必要な機械設備，建物，ソフトウエア，技術開発などにかかわる投資項目と金額と発生時期に関する計画です。投資計画は，前の商品開発計画，マーケティング開発計画をもとに作成します。

　投資は機械設備や建物などのように，1年以上使用され経年劣化（時間が経過しただけ価値が減少）する減価償却対象と，土地などの経年劣化しない非減価償却対象に分かれます。減価償却対象は，現金は購入した時点で支出しますが，税務会計上は各年度の減価償却費として販売管理費として計上されます。

　初期に開発や投資が必要なソフトウエアなどは無形固定資産と呼ばれ，経年で陳腐化するは減価償却対象となり，陳腐化しないものは非減価償却対象となります。有形固定資産，無形固定資産とも減価償却の期間や計算方法は所得税法や法人税法などで定められていますので社内の経理担当や税理士，会計士などに確認するのがよいでしょう。

顧客経験価値ビジネスの投資計画で重要なのは，その投資は顧客経験価値を創造するうえで本当に必要なのかということと，収益として回収可能なのかということです。回収可能性は利益計画で検討するのですが，この投資計画の段階でもある程度想定しなければなりません。

　投資対象を考える場合の原則は，その投資が顧客経験価値を創り出す上で，なくてはならない資産であり，他社から借りられないものであることです。特にIoT，AIなどのDXに関わる技術開発投資は競争が激しく，陳腐化が早いので，相当な注意が必要です。また，時代の変化を読み，投資のタイミングもリスクを考慮し慎重に判断しなければなりません。

（3）顧客経験価値を起点にした売上計画

　売上計画は，自社の商品販売その他の収益源による収入計画です。ビジネスの結果としては商品販売ですが，重要なのは自社が提供する顧客経験価値の受容性です。つまり顧客経験価値重視の商品開発では，売上計画も顧客経験価値ベースで検討するべきなのです。具体的には以下のようなことを検討し数値化します。

- 顧客が，企業の商品の利用などを通じて味わう顧客経験価値に対し，どれぐらいのお金を払ってくれるか（単価）
- 自社の商品を買ってくれる人はどれだけいるのか（数量）
- 他社と比較してその単価は妥当か
- 販売数量の内訳はどのようなものか
- 初期購入か，リピート購入か
- 販売数量を担保する販売力はあるか

（4）顧客経験価値ビジネスの収益源は商品だけではない

　顧客経験価値の収益源は商品だけとは限りません。顧客への情報提供への対価，顧客同士のネットワークなどのコミュニティへの会員費，保守・メンテナンスサービスへの支払い，その他商品の利活用に関するコンサルティングサービスなど一連の経験価値をサポートするメニューが収益源になる可能性があります。

図表7-20　財務計画

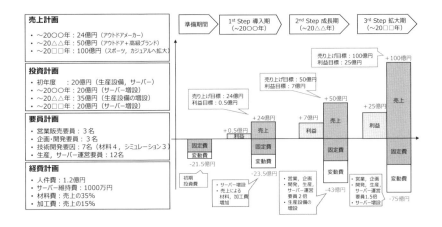

体重計を例に挙げて多様な収益源が存在することをイメージしてみましょう。あるメーカーのデジタル体重計は12,000円ですが，便利なダイエットアプリがセットになっていて，その使用料金が月300円。年間４回のユーザー会があり，健康のためのウェビナー参加費が1,500円。また全国チェーンのフィットネスクラブの入会金が50％オフされ，顧客が入会すると１人3,000円の紹介料がこのメーカーに入る，といった感じです。

重要なことは，顧客経験価値をベースに商品はひとつのコンテンツと考え，顧客経験価値をサポートする情報，コンサルティング，コミュニティ活動，保守，メンテナンスなどを提供し，それも収入源にできないかを検討することです。

（5）契約形態，支払い形態も多様化

顧客経験価値重視になると，支払い方法も重要な顧客経験価値の１つとして考えなければなりません。先述したように，トヨタは2019年末からKINTOというレクサスも含めたトヨタ車のサブスクリプションビジネスをはじめています。自動車を購入するのではなく，月々の使用料を払う形態です。顧客経験価値が重視され，契約と支払い形態は多様になってきています。サブスクリプ

ション以外では，使用料に応じて支払うリカーリングなどもあります。

　その他，支払い方法では，現金やカードだけでなく電子マネーやポイントや
マイルでの支払い，支払いの窓口も，代引きやコンビニ，ネット決済など多様
な方法を設けるのが一般的になってきました。

　マイルのポイントは，顧客が企業から受け取る場合と，顧客が企業に対し支
払う場合があり，双方向の取引関係になります。

　さらにはAmazon，楽天，YahooなどのECサイトに見られるように，顧客が
購入した商品を他の顧客に販売することを仲介することで収入を得ることも可
能です。

　このような多様な契約形態，支払い形態の選択は，企業がどのような顧客経
験価値を顧客と共有するかで決まることであり，単に「資金の回収」の問題だ
けではありません。また契約形態，支払い形態で，顧客の行動情報が入手でき
ますから，重要なコミュニケーション手段とも考えることができます。

（6）要員計画，経費計画

　要員計画とは人材戦略そのものです。どんな能力を持った人が，何人，いつ
必要で，その人件費はいくらかというものです。しかし顧客経験価値ビジネス
では社員は決まりきった単純労働よりも，高い感性を持ち思考を働かせる仕事
となるため，人材要件やその給与も簡単には決められません。また経験知を積
むことで，能力，スキルがアップしますので，それに伴い給与を上げなければ
なりません。また正社員にするべきか，一定期間起用する専門職か，パート社
員かは，事業の特性に依存しますので，よく検討しなければなりません。

　経費計画の経費は，損益計算書の「販売費及び一般管理費」いわゆる「販管
費」を指しますが，前に挙げた人件費以外に，地代家賃，光熱費，交通費，通
信費などの費用が含まれます。

　費用は極力下げる努力をすることが一般的ですが，収益との結びつきが強い
費用はよく考えて運用しないといけません。たとえば人材開発のための教育費
を削減すればコストは下がりますが，高度な知識やノウハウを獲得することが
難しくなり，中長期では収益に影響を与える可能性があります。たとえば，顧
客の誕生日や記念日にカードやプレゼントを贈ることが，顧客経験価値上重要

と考えられるのであれば積極的に支出するべきです。

　人件費や教育費を含めた経費計画もまた投資計画と同様，顧客経験価値とそれを実現させるためのビジネスモデルを反映するものですから，実際の商品企画開発，事業構想を考え作成しなければなりません。

2-22　リスク分析，対応策

　リスク分析では，これまで企画してきた事業構想に関し，外部および内部環境変化で発生するリスクを分析し，その対応策を考えます。

　外部環境変化で発生するリスクとは，マクロ環境変化やそれに伴うエコシステムの変化，顧客の変化，競合の変化，アライアンスパートナーの変化などです。顧客経験価値という視点では，どの変化もリスクになり得ますが，まず分析把握しなければならないのは顧客そのものの価値観や行動の変化に伴うニーズの変化です。その顧客の変化を起こすのは，結局エコシステムや競合などですから，各外部環境変化が，顧客に影響を与え，顧客経験価値のニーズの変化に繋がっていないかを把握することが重要です。

図表7-21　リスク分析，対応策

20○○年に0.5億円の利益，20□□年に累積黒字の実現を目標とする		
分類	**主なリスク**	**リスク対応策**
外部環境リスク	・他社が同様の技術でより高度な技術開発，特許を取得	・類似特許の先行取得
	・異業種連携の拡大による有力パートナー候補先の喪失 ・新興国の技術レベルアップ，同類製品，模倣品の参入 ・異業種からの参入	・サービスモデル，アライアンスなどの技術以外の優位性を確保
内部環境リスク	・完成品ビジネスやサービスビジネスモデルなどの経験者が少ない ・アライアンスの経験者が少ない	・外部とのアライアンス，採用などで対応
	・社内の技術融合に時間がかかる	・社内トップへの事前の根回しなど
	・設備への投資が必要になる	・自社設備の転用もしくは製造のアウトソースを検討
プロジェクトのリスク	・製造技術およびリサイクル工程構築における歩留まり，投資コスト増大の可能性	・リサイクル工程および製造のアウトソースを検討
	・現行事業の開発リソース増大による本事業にかけられるリソースの不足	・他社からの人材スカウトやソフトウェア開発のアウトソースの検討

たとえば，古い例ですが，日本のデジタルカメラビジネス，特にコンパクト
デジタルカメラは，スマートフォンの商品そのものやエコシステム，ビジネス
モデルに代替され，ニッチ市場として存在していた動画撮影カメラ市場も頑丈
で防水の小型軽量デジタルビデオカメラGoPro（ゴープロ）に奪取されました。
これは日本のカメラメーカーがカメラを売るというもの売りの考えから脱却で
きず，写真や動画をSNSで発信し，コミュニケーションして楽しむという顧客
経験価値の変化を十分理解していなかったことから起こったことではないで
しょうか。競合分析のパートでも述べたとおり，顧客経験価値は，同業種より
も異業種の参入や競争が大きなリスクとなりますので，広い視点でリスクを感
じ取り分析する必要があります。
　内部環境変化で発生するリスクとは，自社内で発生するリスクで，商品開発
計画，マーケティング開発計画などの事業構想に関係する進行の遅れ，その他
社内で発生するさまざまな事象によるプロジェクトへのリスクです。経営方針
の大きな変更やそれにともなうプロジェクトキーパーソンの人事異動などです。
内部環境変化でのリスクは，外部環境変化のリスクと異なり，ある程度予測が
付き，コントロール可能です。
　リスクは発生確率と影響度を3から5段階程度のグレードに分けて，議論に
よって定性的に評価します。この段階で決定的なリスクが見つかった場合は，
遡って戦略そのものの見直しをしなければなりません。戦略まで遡る必要のな
い場合は，個別に対応策を企画します。企画された対応策は，商品開発計画，
マーケティング開発計画やこのあと述べる事業開発ロードマップ，当面のアク
ションプラン，実行組織体制に反映させます。

2-23　事業開発ロードマップ

（1）ロードマップとは何か

　一般的にロードマップとは，プロジェクトマネジメントなどで活用される思
考ツールで，プロジェクトのゴールを達成するための課題をリストアップし，
優先順位づけし，それを大まかに時系列にスケジュール展開したものです。
ロードマップ作成の目的とは，以下のようなものです。プロジェクトマネジメ
ントには必須の思考ツールとなっています。

- 立場の異なる複数の組織や人が，プロジェクト全体のゴールやゴール達成のためのマイルストーンを共有し，合意を図ること
- 課題解決そのものや，課題解決の優先順位を組織横断的に考えることにより効率的な組織運営を行うこと
- ロードマップ上のリスクやボトルネックを共有し，事前に対応策を企画すること

（2）顧客経験価値重視の商品開発における事業開発ロードマップ

　事業開発ロードマップは，大きく「市場」「事業戦略」「商品開発」「マーケティング開発」の4区分で作成します。

　市場ロードマップとは，市場の規模の推移，市場の変化，市場イノベーションの展開，主要なエコシステム・ビジネスモデルの変化，その市場の影響要因の変化と，主要顧客の動向，顧客経験価値ニーズの進化，競合企業の動向などを描きます。これまで分析してきたデータを基に，できるだけ定量的に記入します。

　事業戦略ロードマップとは，事業戦略全体で実施すべき戦略を示すロードマップで，事業が到達するべきマイルストーン（目標）とそのための事業全体としての戦略を示します。顧客経験価値ビジネスの場合は，提供する顧客経験価値の進化発展，対象顧客の広がりと，それを支える主力商品やビジネスモデルなど，さらには設備投資や要員計画，アライアンスなどインフラ面を展開します。

　商品開発ロードマップとは，商品開発計画をロードマップとして展開したものです。事業戦略を実現させるために，優先すべき商品開発項目を中心に効率的な商品開発ができるように計画します。

　マーケティング開発ロードマップも，商品開発ロードマップ同様に，事業戦略の実現を念頭にマーケティング開発計画をロードマップとして展開したものです。

　事業開発ロードマップは，外部の市場動向を示すのが市場ロードマップであることに対し，実施する戦略とそのタイミングを示すものです。またその事業戦略ロードマップが，商品開発ロードマップとマーケティング開発ロードマッ

プに裏付けられていて，時系列にみて無理のない流れになっていなくてはなりません。

図表7−22　事業開発ロードマップ

ロードマップ（3年−5年）

	20○○年度				20○○年度				20○○年度			
	1Q	2Q	3Q	4Q	1Q	2Q	3Q	4Q	1Q	2Q	3Q	4Q
市場ロードマップ	運動不足解消のためのウォーキング増加				日常生活とセンサー，アプリによる複合的な生活管理の増加							
	SDGs，環境対策への意識向上（CO2削減含む）					マテリアルリサイクルへの需要の増加						
事業戦略ロードマップ	アウトドアメーカー2社とのPoC（材料，シミュレーション）				アウトドアメーカー2社との取引（材料）				アウトドアメーカー4社との取引（シミュレーションを含む）			
						高級ブランド2社とのPoC				高級ブランド2社との取引		
商品開発ロードマップ	高機能性樹脂繊維材料のサンプル品配布				高機能性樹脂繊維材料の基本品の市場展開				材料バリエーションの拡充			
		取引先，PoC先へのシミュレーション展開								シミュレーションの市場展開		
マーケティング開発ロードマップ	WEBサイト改定およびプラットフォーム連携				材料ブランドの立ち上げとプレスリリース，シミュレーションおよび材料機能の学会，展示会でのリリース							
	企業への営業と参入動向の調査				パートナー企業の開発				高機能性樹脂繊維材料のサンプル品配布			
技術開発ロードマップ	高機能性樹脂合成技術確立	量産・リサイクル技術確立		高機能性樹脂合成技術確立		材料バリエーション拡充						
	既存自社材料，経験価値シミュレーション技術の確立		テスト運用		他社材料の取り込み							

（3）顧客経験価値重視の商品開発では小さくスタートアップするロードマップが可能

　　顧客経験価値重視の商品開発の良さは小さく始められることです。独自の顧客経験価値ビジョンを構想した上で，最小限の商品とビジネスモデルでスタートさせ，顧客とコミュニケーションを通じて学習を重ね，商品をバージョンアップさせていくことが可能です。自動車などのハード中心のビジネスのように，数年に一度，大がかりな商品開発プロジェクトを組織化して商品開発をするようなことは必要ありません。スモールスタートで，顧客経験価値を，顧客と一緒に創り上げていくことができます。そのためにロードマップとして，顧客と友好なパートナーシップを構築しコミュニケーションを活発化させることを優先させればよいのです。

（4）パートナーの進化を柔軟に取り入れることも重要

　アライアンス関係にあるパートナーの進化を柔軟に取り入れていくことも効果的です。最小限のビジネスモデルを構築し，顧客からのフィードバックを受け，その情報をパートナー企業に提供し，それをもとに彼らが新たな商品，サービスを開発してくれれば，少ない負担で顧客経験価値を進化させることができます。顧客経験価値情報を1社で囲い込むのではなく，アライアンス関係を結んだ上で，効果的なタイミングでパートナーと共有することでより効果的な顧客経験価値開発が可能です。

　小さなビジネスモデルでの顧客経験価値開発→顧客からのフィードバック→学習やパートナーとの共有→顧客拡大または一顧客からの収入増加→次の投資というサイクルを短期間でまわしていくイメージをロードマップで表現するのが理想です。

2-24　当面のアクションプラン

　当面のアクションプランとは，事業構想書作成後の事業計画策定段階で実施すべきアクションを明確に示すことです。事業計画段階では，詳細な市場調査や可能性調査や可能な範囲で重要なテーマの開発を実施し，それらを基に作成した詳細事業計画を経営トップに対し提案し，事業本格スタートの合意を取り付けます。したがって当面のアクションとは主に商品開発計画やマーケティング開発計画の優先順位の高いテーマとなります。

　アクションプランの期間は開発するビジネスや商品，戦略などによって異なりますが，3カ月から半年，長くても1年です。アクションプラン終了後のゴールを設定し，そのゴールを達させる方針を示します。

　その上で，事業戦略，商品開発，マーケティング開発のアクションプランを作成します。

　当面のアクションで重要なのは，**経営トップも含めた組織全体で対象事業が確実に成功するという確信を共有できることです。**そのために**象徴的なテーマを設定し，90日程度の短期で達成すべきゴールを設定し取り組む"ブレークスループロジェクト"を組織化し取り組むことが効果的です。**

　ブレークスループロジェクトのゴールであるブレークスルーゴールとは，た

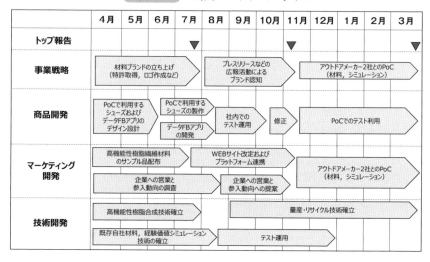

図表7-23 当面のアクションプラン

	4月	5月	6月	7月	8月	9月	10月	11月	12月	1月	2月	3月
トップ報告				▼				▼				▼
事業戦略	材料ブランドの立ち上げ（特許取得、ロゴ作成など）				プレスリリースなどの広報活動によるブランド認知			アウトドアメーカー2社とのPoC（材料、シミュレーション）				
商品開発	PoCで利用するシューズおよびデータFBアプリのデザイン設計	PoCで利用するシューズの製作			社内でのテスト運用		修正	PoCでのテスト利用				
		データFBアプリの開発										
マーケティング開発	高機能性樹脂繊維材料のサンプル品配布		WEBサイト改定およびプラットフォーム連携				アウトドアメーカー2社とのPoC（材料、シミュレーション）					
	企業への営業と参入動向の調査			企業への営業と参入動向への提案								
技術開発	高機能性樹脂合成技術確立			量産・リサイクル技術確立								
	既存自社材料、経験価値シミュレーション技術の確立			テスト運用								

とえば「90日間でトライアル商品を導入し，顧客からのリピートオーダーをもらう。受注金額は100万円以上」といったようなもので，各カテゴリーや組織のアクションプランを横断するものです。ストレッチでかつ到達可能な目標を90日という短期で達成することを目指すため，メンバーの集中力が維持でき，無駄なアクションはしません。小さなアクションによるトライアルアンドエラーですから失敗を恐れず行動できます。ソフトウエア開発のアジャイル開発と同様なアプローチで，仮説を立てその検証と実証のためのタスクを細かく設定し，毎日実践していきます。途中の軌道修正も柔軟に行います。

　ブレークスループロジェクトのメリットは，チームの結束力が高まることだけでなく，行動し，試行錯誤を繰り返すことで，頭で考えた「理論解」だけでなく，行動して発見された「行動解」が蓄積できることで，顧客との相互関係から顧客経験価値を見出す商品開発では，大変重要なことと考えます。

2-25　アジャイルな開発を実現する実行組織体制

　事業構想から事業計画へ進む過程で必要とされる実行組織体制を提案します。イノベーティブな顧客経験価値開発を意識した実行組織体制をつくるには重要なことが3つあります。

1つは，プロジェクトの後見人であるスポンサー自身が，自社が開発提供する顧客経験価値を楽しみ，発展させていく強いビジョンと思いがあることです。経営者であるスポンサー自身が論理や理屈だけではなく，新たな経験価値開発のための感覚，感情，思考，行動，共感を持っていることが重要です。もし社内にいなければ外部人材をヘッドハンティングしてくるぐらいでないといけません。

　2つ目は，**必要な人材は社内外かかわらず組み入れることです。**「主管は○○組織だから他部門からは参加必要ない」などという発想では顧客経験価値重視の商品開発では全く通用しません。社外であっても必要な人材は獲得し，入れるべきです。特にサービス企画やそのためのプラットフォーム開発，インターフェース部分のソフトウエア開発などは，ハードウエア中心の企業にはいないことが多いので，外部のネットワークを通じて優秀な人材を確保することが大変重要です。

　3つ目は，**アジャイルな開発を実行する組織文化をつくることです。**従来行われてきた確実な積み上げ型の開発スタイルではなく，仮説を立て，小さなモデルを作成し，それを検証・修正して進化させていく開発スタイルです。その組織文化で重要なのは，魅力のあるビジョン，スピード，トライアルアンドエラー，行動重視，失敗が許される心理的安全性の担保などです。

　このように新たなに顧客経験価値を開発し，それを実現する商品・事業を開発するためには，過去の習慣，しがらみを捨て，新たな文化をつくり上げることが今の日本の多くの会社では必要になるでしょう。

　以下は，組織体制のポジションとその主な役割です。

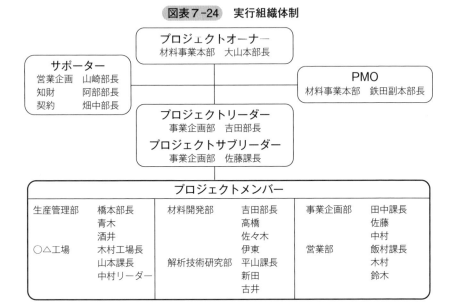

図表7-24　実行組織体制

プロジェクトオーナー
材料事業本部　大山本部長

サポーター
営業企画　山崎部長
知財　　　阿部部長
契約　　　畑中部長

PMO
材料事業本部　鉄田副本部長

プロジェクトリーダー
事業企画部　吉田部長
プロジェクトサブリーダー
事業企画部　佐藤課長

プロジェクトメンバー

生産管理部	橋本部長	材料開発部	吉田部長	事業企画部	田中課長
	青木		高橋		佐藤
	酒井		佐々木		中村
○△工場	木村工場長		伊東	営業部	飯村課長
	山本課長	解析技術研究部	平山課長		木村
	中村リーダー		新田		鈴木
			古井		

スポンサー：

　開発プロジェクトをスポンサードしてくれる役員以上の経営トップ。新たな顧客経験価値を開発するためにはスポンサー自身のフィロソフィー，経験知，思考・意識・行動が問われる。社内にいない場合が外部からヘッドハンティングする必要があります。スポンサー人材選びに妥協は許されません。

サポーター：

　開発プロジェクトに関係する部門のトップ。一般的には部長クラス。顧客経験価値重視の商品・事業開発プロジェクトに関する知見が少ない場合は，あらかじめトレーニングし，プロジェクトをサポートする知識とマインドを持っていただく必要があります。

PMO：

　プロジェクトの進捗確認を確認し，支援する担当。プロジェクトを円滑に進めるために組織内外の状況を理解し，スポンサー，サポーター，各プロジェ

クト間の調整をする役割。経営や事業の企画部門などのメンバーや外部コンサルタントなどがふさわしい（PMO=Project Management Officer）でしょう。

プロジェクトリーダー, サブリーダー：

最終ゴールを達成するために人や組織をけん引するリーダーとサブリーダー。リーダーには顧客経験価値重視の商品・事業開発の経験が必須で, またヒューマンスキルを含めたプロジェクトマネジメントに長けている必要があります。サブリーダーはかならずしも経験者でなくてもよいのですが, アジャイルなプロジェクト運営能力が求められます。

プロジェクトメンバー：

年齢, 立場, 経験は多様であるべきです。ただし, プラットフォーム開発やデジタルでのインターフェース開発が必要であると予測されるため, IT分野での開発経験が豊富なメンバーが数人必要となります。同時にリアルな顧客経験価値開発に優れたメンバーも必要です。メンバーに共通して必要な資質は, アジャイルな文化を楽しめること, ビジョン力, 行動力, トライアルアンドエラーをいとわないこと, 不確実な状況に強いことなどです。

第 8 章

顧客経験価値重視の商品開発を実践するトレーニング

1 | 顧客経験価値を創造できる人になる方法

1-1　顧客経験価値経済へのシフト

　現代の先進国市場では，マズローの五段階欲求説でいう，生理的欲求，安全の欲求などいわゆる低次の欲求を満たすだけでは商品を差別化できません。社会的欲求，承認欲求，自己実現の欲求など高次の欲求に焦点を当てなければなりません。

　日本，アメリカ，EUなどの先進国や中国，韓国，シンガポールなどのアジアの国々でも，社会インフラが整い，すでに衣食住の水準が一定レベルを超え，フィジカルな機能の商品はコモディティ化しています。そういった社会インフラも重要ですが，経済成長の牽引役は，社会的欲求，承認欲求，自己実現の欲求など高次の欲求を満たすもの，つまり「顧客経験価値」を主軸にした商品です。

　従来の量的拡大を中心とした資本主義では，大量の資金を集め，大きな生産投資を行い，大量の労働者を集めることができる大企業が中心でした。しかし今では，資金も設備も，かつてよりもそう難しくなく調達できます。日本でも多くのベンチャーキャピタルやクラウドファンディングが存在します。人材も人材市場からの採用や派遣会社を活用すればそう難しくなく集めることができます。

またインターネットが世界の隅々まで普及し，同時にクラウド環境が当たり前になった現在では技術の面でも，個人もしくは少人数でベンチャーを立ち上げ拡大することが可能になりました。米国AirbnbやUberなどは，ネット環境とベンチャーキャピタルを活用し，経験価値経済を代表するような巨大ビジネスに成長しました。

　このようなことから社会や経済が成熟し，経験価値経済にシフトする中で，テクノロジーや資金，人材が容易に調達可能な現代では，組織の大小にかかわらず個人のアイデア発想や行動力が極めて重要になります。

1-2　顧客経験価値を創造できる人になるためには

　さて，顧客経験価値を創造できる人はどのような人でしょうか。大変難しいテーマだと思います。最近でこそデザインシンキングなどの思考法も普及してきましたが，まだまだ未発達ですし，体系化も十分ではありません。また顧客経験価値もシュミットなどによってある程度モデル化，体系化されましたが，その企画創造の方法や測定・分析方法などは確立されたとは言えません。

　このように「顧客経験価値を創造できる人」に関しては，体系的に整理はされていませんが，スタートアップの経営者，社会起業家，新規事業を立ち上げた実務家を中心に，経験則的に，考え方やコツのようなものが見えてきています。ここではそれらを以下の（1）〜（7）で紹介したいと思います。

（1）自分の生き方，価値観を追求し，人からも学ぶ

　前にも述べましたが，顧客経験価値を創造することとは，顧客にとって新たな意味を創造することや，意味を深めることです。

　顧客にとっての新たな意味の創造や，意味を深めることとは，具体的に，自分が顧客の立場に立って「これは何の意味があるのだろうか？」と考えることです。そのためには自分自身が意味を感じ考える人になっていなければなりません。

　自分にとっての意味を考えることは簡単に言えば，自分が家族，友だち，同僚，知り合いといった人や社会，自然環境に対してどう働きかけるか，またまわりからどのようなベネフィットを受けるのかといった関係性のあり方を考え

ることです。たとえば「地域の人と環境を大事にしたい」「個人も職場でも楽しく良い関係をつくっていたい」「文化，伝統を重視した暮らしをしたい」といった**自分の生き方，価値観をできるだけ明確にする**ことです。

　自分の生き方，価値観をできるだけ明確にすることは容易ではありませんが，身近な方法は，家族や親しい友だちなど周りの人が「いい考えだな」「いい感じになりそうだ」と共感してくれることを見つけることです。仕事や暮らしの中で，そういったことを積み重ね，自分自身の「感覚」「感情」「思考」「行動」「共感」をよく観察していけば，自分なりの生き方，価値観はだんだん見えてくるでしょう。

　たとえば，マスコミを通じて「独居の高齢者が新型コロナに感染して，保健所にも連絡がつかない，命が危険にさらされても医師への相談も入院もできず，自宅で死の恐怖にさらされる」ということを知った際に，もし自分や身近な家族がそのような状態に陥ったら，自分はどう考え判断するのかを「当事者意識」で考えてみることです。当事者意識で考えることによって，命や健康に対する考えや，その命を守るための個人や社会のあり方，人権，その人権の背景にある倫理まで遡って考えることができます。

　自分ごとで考えることで，それを支える自分なりの生き方，価値観が深まれば，たとえ問題や課題がすぐに解決しなくても，その本質が何かを認識でき，一応の心構えみたいなものができます。そういったことが別のテーマでも深いレベルでつながっていって，意味を考える思考体力が付いてくるのだと思います。

(2) 自分の感覚（Sense），感情（Feel）をセンサーにする

　人は，怒り，悲しみ，妬み，誇りなどの感情を持ちます。「感情」を持つこと，表現することは，極めて個人的なもので，時にはやっかいなことになる可能性もあります。「認知科学」が一般的になってきた今では，人が持つ「感情」は長い間，人類が構築してきた環境変化に対応するための重要な反応と考えられるようになってきました。感情は，予想できないゆらぎやイレギュラーなことはあるものの外部環境の刺激に対する情報処理とその結果としての反応行動と考えられています。

新たな顧客経験価値を創造，発見するには，自分自身を一種の感覚，感情セ
ンサーとして捉え，自分がどう感じ，考えたかを客観的に認識する方法を身に
つけることが効果的と考えます。

　そのためには自分自身の感覚，感情のセンサーをある程度鋭くしておかなけ
ればなりません。具体的には味覚，視覚，嗅覚，聴覚，触覚などの五感，喜び，
悲しみ，怒り，哀れみ，楽しみなどの感情です。まずは自分で行動し経験して
みること，その経験から感じたことを認識し，言葉にしたり，絵にしたり表現
することなどが大切です。さらにそこから新しい意味を持つ経験をイメージし
たり，デザインしたりすることに挑戦します。「自分ならこうしたら楽しいな
あ，嬉しいなあ」といったことをイメージするのです。そのためには自分の感
覚，感情をうまく解放し，自由にしてあげないといけません。感覚，感情の解
放の邪魔になるもの，つまりノイズを取り除くことも必要です。

（3）価値ある人的ネットワークを積極的につくり，活用する

　新たな経験価値創造のためには，「人的ネットワークは重要な資産」である
と認識することが大事です。アイデアやコンセプトは，１人だけの発想，考え
から生み出されることは少なく，自分以外の他者との対話から生まれることが
圧倒的に多いからです。したがって，新たな経験価値を創造するためには自分
にとって質の高いネットワークをいかに確保し，維持するかが大事になってき
ます。以下，人的ネットワークをつくる上での重要なことを紹介します。

①　自分の得意分野，専門性を徹底して磨く

　効果的な人的ネットワークをつくるには，まず自分の得意分野，専門性を磨
き，それが他の人からみて魅力的なものでなければなりません。その魅力が突
出したものであることが重要です。「○○ならあの人」と言われるようでなけ
ればなりません。そのためには長期間に渡ってその専門分野において徹底的に
努力し続ける必要があります。

②　専門分野の異なる人とつながる

　特化した専門とは，他の複数の専門と組み合わさって初めて価値や成果が生

まれます。新たな顧客経験価値の創造にも，自分の専門以外の，異なる専門家とのつながりをつくることが大切になります。そのためには普段から異なる分野の専門家とのネットワークをつくり，必要に応じてアクセスし，対話する努力をしなければなりません。異なる分野では言葉も違いますし，価値観も異なりますので，時には利害も対立しますので対話はそう簡単ではありません。

　重要なのは，目指すべき方向，理念をある程度合わせ，粘り強く何度も対話を繰り返し，新たな経験価値創造のための課題を共有すること，その課題の解決に，各専門家が分野を超えた創発的なコラボレーションをし続け成果を出すことです。

③　ネットワークのハブを持つ人と信頼関係をつくること
　ネットワークを効果的につくるには，ネットワークのハブを押さえておけば，効果的なパートナーが見つけやすく，また関係構築も容易です。ネットワークのハブになる人，組織とは，経営トップ，業界のキーパーソン，大学や研究機関の研究者，シンクタンクの人や各分野のコンサルタントなどです。
　ネットワークのハブを活用する上でもっと大事なのは「信頼」です。紹介してもらってもお礼の連絡もなく，さらにはその紹介先で周りにマイナスの印象を与えるようなことをしたりすれば，簡単に「信頼」は崩れます。ネットワークが人づての紹介なのか，SNSのグループでの接点なのかに関係なく，相互の信頼関係にマイナスになる行動をする人や，自分だけの利益に走りウィン・ウィンの関係を構築できない人は，価値ある仕事はできません。

④　薄い関係のネットワークも大事にする
　人間関係に関する社会科学的な研究『つながり：社会的ネットワークの驚くべき力』[1]，では，**薄い関係のネットワークこそ情報交換の自由度が高く，大きな成果を生み出す可能性がある**と述べています。薄い関係のネットワークが，特定集団にこだわらない集団間のハブになる可能性があるからです。また，職場や学校，親類などの濃い関係のネットワークは，利害関係が強固であるため，ある一定の規則にしたがった情報しか流れない傾向があると分析しています。

1　ニコラス・A・クリスタキス，ジェイムズ・H・ファウラー著，鬼澤忍訳（講談社，2010年）

イノベーションを意識するならば，この薄い関係を重視することも重要です。薄い関係をつくるには，適度な情報発信が必要です。おおよそ自分は何者で，何に関心があるのかをSNSやブログを通じて常に発信しておくのがよいでしょう。適度な情報発信は，あまり専門的過ぎず簡単で，多くの人が接点を持ちやすいと言えます。そういったトピックスをいくつか持っておくことが重要です。近年「雑談力」が話題になったもの，薄い関係の重要性を知る人が多くなったことと関係しているかもしれません。

（4）社会課題を考え，実際に行動する

　第4章の「3-3　効果的な事業企画開発仮説のための3つの方法」でも述べたとおり，社会課題を考えることは，個人においても顧客経験価値を創造する上で大事な思考です。

　個人で社会課題を考えるには，マスコミの情報や関連する書籍を読むことも大事ですが，なにより身近なことに注意することが大切です。たとえば，自分の親が高齢になり介護が必要になったら，日本社会の高齢化を当事者として実感することになります。また週に何回かのゴミ出しの際にゴミの量と内容物を把握しておくことは，環境問題に関して考える機会になります。ポイントは当事者としての立場を活用し，社会課題に関して真剣に考える機会をつくることです。

　さらに大事なのは，その社会課題を深く知ることや，解決するために「行動すること」です。高齢化の問題であれば，お世話になる介護士から介護の実態や問題に関してお話を伺ったり，介護士の勉強をしたり，時に介護施設でボランティア活動をしたりすることなどです。現場で行動することで，生の情報が集まり，また当事者としての問題意識が高まり，さらには介護される高齢者やご家族の抱える現実の問題を実感することができます。

　このように社会課題もマスコミや書籍などの「文字情報・知識」だけでなく，自分自身の実体験を元にした問題・課題意識と顧客経験価値のイメージが大事なのです。

　個人で社会課題を意識するには，自分に身近なことで社会課題テーマを少なくとも3つ以上は持っておくことです。地方の過疎化，貧困家庭，生活習慣病

など，**自分が直接接点を持つテーマがよいと思います**。テーマを意識することで，ネットやマスコミの情報，自分の周りの情報などを気にとめるようになり，その結果多くの情報が蓄積されます。

　さらに集まった情報や問題に関して自分なりの解決アイデアを整理し，文章やプレゼンテーションスタイルにしてまとめネットや会合で発信する機会があれば，人的ネットワークが拡大し，テーマに関する知見がより深まると思います。

（5）ヒット商品，競合企業・商品のベンチマーキングを行う

① ヒット商品のベンチマーキング

　世の中のヒット商品とは一過性の場合もありますが，その時代に求められている顧客経験価値をキャッチしたものだと考えられます。

　「ああ，あれ流行っているよね」で終わらずに，

- どんなマクロトレンドが追い風になっているのか？
- だれが（ターゲット顧客），どのような場面で購入し利用しているのか？
- どのようなニーズを押さえているのか？
- 今までの商品と何が違うのか？
- 顧客経験価値の独自性はどこにあるのか？
- ビジネスモデル戦略はどのようなものか？
- エコシステムまで形成しているか？
- パートナー企業にはどのようなところがあるのか？

などをベンチマーク分析してみることをお勧めします。

　ヒット商品でなくても，成功し続けている事業や企業でもよいでしょう。負担が少ないものであれば，実際に購入し，利用してみて，顧客経験価値を体験し，ベンチマーク分析することをお勧めします。さらには短いレポートを作成し，ブログやSNSで発信すれば，周りの反響も確かめられますし，新たなネットワークもできるかもしれません。

② 競合企業・商品のベンチマーキング

　自分が関わるビジネスの競合企業・商品をベンチマークすることも効果的で

す。長年同じ業界にいると競合企業のことは知っているつもりになりがちです。しかし実際競合企業のどれだけの情報を持っているでしょうか？　またそれは最新の情報でしょうか？　意外に意識していないかもしれません。また第4章の「2-7　ターゲット市場での競合分析」でも述べましたが，戦略グループや産業内競合だけを意識するだけで，代替品，新規参入，特に異業種からの参入企業には目を向けていないこともあるかもしれません。

　　日常生活や普段の仕事の中で競合を意識し，ベンチマーク分析することは，自社の事業・商品の顧客経験価値や商品の差別化を発想するよい刺激になります。つまり発想の訓練になるのです。

　具体的には，仕事で接点を持つ顧客だけでなく，家族や友人に競合と自分の会社の事業や商品に関する印象や問題点を聞いたり，使ってもらって感想を聞いたりすることもよいと思います。消費財であればネットでの評判などを確認するのも効果的です。また自分自身が競合企業の商品のユーザーになることも考えられます。

（6）プロセスを重視する

　企業経営や組織運営で結果を重視し，財務目標成果やその達成KPIを設定したりすることが当たり前になり，結果が重視されるようになりました。商品開発でも，どれだけ売上を上げられるのかという結果を重視します。

　しかし，実際顧客は結果だけでなく，企業のプロセスに注意を払うようになってきています。商品を開発するプロセスでどんなストーリーがあったのか？　環境に負荷をかけない素材をつかっているのか？　そのためにどんな努力をしたのか？　顧客が見えない部分の品質をどのように維持しているのか？といったことなどです。SDGsでは，サステイナブルな社会を実現するために企業で働く人の環境までもが問われています。

　顧客経験価値重視の商品開発はまさに，商品が開発，製造され，顧客に届き，利用され，利用した後までの各プロセスとそこから生まれる体験の価値を重視するものです。

　では我々はプロセスを重視した仕事をしているでしょうか。ついつい売上や利益という結果を意識しすぎ，顧客経験価値創造にとって重要なプロセスを見

失いがちです。**プロセスを再認識するためには，顧客にプロセスを見てもらうことが効果的です。顧客は我々作り手以上に，プロセスに関心を持っていることが多いのです。**商品企画開発のワークショップに顧客を招くのもよいと思います。

　仕事だけでなく，普段の生活でもプロセスを見直してみることよいでしょう。子育て，部下育成などの場面でもプロセス重視はとても役に立ちます。時間がかかるプロセス1つひとつを観て，評価してあげることは，自分自身がそこから学ぶことにもなるのです。

（7）小さく始める，スタートアップを経験する

①　何事も小さく始める

　原則的ではありますが，何事も小さく始めることが良いと思います。小さく始めれば，以下のようなメリットがあります。

- 失敗しても大きな問題とならない
- 時間的にも，金銭的にも負担にならない
- いろんなことを試せる。試行錯誤が可能
- すぐに取りかかれる，早い段階で始められる
- 短期間で成果が見られるのでモチベーションも上がる
- 自分1人でもコントロールできる

　小さく始めることは，少しずつ進めるのでプロセスを重視することになり，顧客経験価値のアイデアやヒントを発見しやすくしてくれます。

　例を挙げてみましょう。

　有機農業でとれた野菜とフルーツを中心としたカフェを開業する際に，店舗をもたなければならないが，大きな投資はリスクが大きい。そこでまずは，自宅のキッチンで有機野菜を材料にしたクッキーをつくりネットで販売することにした。その過程で顧客の反響をつかむことができ，またネット販売なので顧客属性も把握できた。顧客の要望に応じて毎回試行錯誤し，改良もできた。常連客を集めたSNSコミュニティもつくり，顧客も自分も一緒になって商品開発を行った。もし店舗からスタートしていたら開業が3年先であったが，ネットで始めたので2カ月でスタートできた。

といった感じです。小さく始めれば，顧客と協業して顧客経験価値を創り上げることも可能となります。

② スタートアップを経験する

　スタートアップを経験することとは，必ずしも起業することや，スタートアップ企業に参画することだけではありません。大きな企業の新商品・新事業開発の仕事に関わったり，組織横断的なプロジェクトに参画すること，自分が住む地域で新しいプロジェクトを立ち上げたり参加することでも良いのです。要は，先が見えにくい状況で，そのプロセスを楽しみ，偶然をも取り込みながらなんとか進む旅（ジャーニー）のような体験をすることです。

　こういった先が見えにくい体験は，顧客経験価値に近いのです。**顧客もまた，結果が簡単にわかることよりも，予想以上，予想外の体験，サプライズを楽しむことを期待している**からです。

　予想以上，予想外の体験，サプライズは，頭だけで考えるよりも，何かを試してみたときに発見することが多いのではないでしょうか。予想しにくい状況の中では行動することが良い結果を導きます。行動力が大事なのです。先が見えない状況の中で行動する力を付けることが重要なのです。

2 ｜ 組織能力をアップさせる

　これまでは，独自の顧客経験価値を創造するために個人が心がけるべきことをあげてきましたが，次に組織としての能力アップに関して説明します。独自の顧客経験価値創造には，個人の努力だけではなく，組織的な基盤の整備や取り組みの施策が大切です。

2-1　商品開発の基本ツールを整備し，実践で使えるようにする

　新商品企画がスムーズに進まないという組織に共通するのが，商品開発のツールがないことやそのプロセスが曖昧で，30年以上前に制度化されたと思われる「新商品開発申請書」1枚があるだけといったケースです。かつての他社を追従しても業績が上がる時代ではその程度でも良かったのかもしれませんが，

独自性が求められる現在では全く通用しないでしょう。

　独自の商品開発のためにはそれを支える知識，スキルが重要です。

　そのための商品開発の基本ツールが必須です。基本ツールとは以下のようなものです。

- 商品開発プロセス（アイデア発想からコンセプト企画，市場調査，事業計画など本書で解説している内容そのもの）がドキュメント化されていること
- 商品開発各プロセスのフォーマットとその解説
- フォーマットの記入事例
- 各プロセスに必要な知識，スキル

　このような標準化されたツールがあれば，商品開発の経験がない人でも学習しやすいし，その一部でも実施することができます。また自分はどこができてまたできないのかといった知識スキルレベルや課題が容易にわかります。

　また商品開発プロセスの節目で実施するデザインレビューも行いやすくなり，商品開発の進捗管理が可能となります。

2-2　トレーニングも兼ねた実践的な商品開発研修を定期的に実践する

　商品開発のツールが整備されていれば人材育成も実施可能となります。本書のプロセスを少し簡略化したものをトレーニングのツールにし，社内で人材育成もできます。

　人材育成は大きく，短期間の研修とOJT（On the Job Training）による実践形式の研修の2つに分かれます。

　短期間の研修は，ケースを使った研修または知識を中心とした研修があります。お勧めはケースを使った実践型の研修です。商品開発は，論理や知識でカバーできないスキル的な部分が多いため，やはり実際商品開発に取り組むことで手法が身につきます。期間は，内容によりますが，アイデア発想から事業構想書まで2日間ほどが適切だと思います。

　OJTによる研修は，実際の商品開発に参加していく中で知識，スキルを身につける方法で，経験が重要な商品開発では必須です。OJTでは単に商品開発プロジェクトに参加するのではなく，現状の知識・スキルレベルの確認，プロ

ジェクトを通じて新たに学ぶ知識・スキルとその達成レベルなどを，あらかじめプロジェクトリーダーや上司と確認することが必要です。そして，プロジェクト期間中定期的に知識，スキルの目標達成度合をチェックします。そういった準備や実施フォローがなく単にプロジェクトに参加しても，あまり大きな成長は望めません。

　このようなOJTでの商品開発の知識，スキルの習得状況は，人事プロファイルに記録されるのが望ましいです。知識，スキルレベルが業績評価や昇格・昇進の重要な参考データとなるのです。また目標管理のベースにもなります。

　その他商品開発の社内トレーナーを育成確保することも可能です。これも商品開発のツールが標準化され，ある程度の教育が存在すれば経験のあるベテラン社員をトレーナーとして指定し，コーチングしてもらうこともできます。

2-3　誰もが挑戦できる自由な商品開発の場を設定する

　これまで何度も述べてきましたが，顧客経験価値ベースの商品開発の良い点は，社員自身を顧客と見立てて企画ができることです。従来の商品開発は，商品開発部門やマーケティング戦略部門の専門家の仕事と考えられがちでしたが，アイデア段階，コンセプト段階であれば多くの社員の方々に参画していただくことが効果的です。

　先に述べた商品開発のツールやプロセスが共有されていれば，アイデアやコンセプト企画などの上流の段階，または，PoCの段階で多くの方が積極的に参加可能です。顧客経験価値ベースの商品開発において，社員全員が何らかの形で商品開発に関わってもらうことが，とても重要なことです。生活雑貨メーカーのアイリスオーヤマは，常に全社員からアイデアを募集し，自発的にプロジェクトを組み商品企画に挑戦する仕組みがあります。小林製薬でも，パートの社員も含めて商品アイデアを常に募集しています。自転車の基幹部品や釣りのリールのメーカーのシマノでは，土日に自転車か釣りを楽しむ社員が多く，その体験が商品開発に役に立っていると聞きます。

　このように独自の顧客経験価値を開発するには，社員をユーザーと見立て，年齢，立場をとわず商品開発に気軽に参加し，多様な意見を吸い上げる場を持っておくことが必要です。ただし，どのプロセスにも参加できるとは言えま

せん。一般社員の商品開発への参加は，アイデア出し，商品コンセプト企画，試作品のPoCでの協力，発売前や上市後のモニターなど，消費者の立場での顧客経験価値アイデア発想や検証です。一方，商品化段階の機能試作や量産などのいわゆるエンジニアリングのプロセスは専門知識が必要で，一般の社員を巻き込むことはできません。関連した部門や専門知識のある人に限られます。

　一般の社員を商品開発に巻き込むためには，いつでもご意見をくださいという形だけではなく，「場」を特定し参画してくれる人を集めるべきです。「場」が特定されることで，社員自身も特定された「場」で貢献できるかどうか，自分の学びになるかどうかなどを判断しやすくなります。「●●商品顧客価値モニタープロジェクトメンバー募集。2時間×3回」といった感じの募集になるでしょう。

　一般の社員を商品開発のプロセスに巻き込むメリットは，顧客経験価値重視の商品開発に役立つだけでなく，経営戦略，事業戦略としても効果があります。たとえば，社会の大きな変化やそれにともなう市場動向の変化があった際に，会社は方向転換を迫られます。その際に，日頃から顧客視点を持ち自社の商品に関わっていれば，会社の方向転換も理解しやすいと思います。

　顧客や商品のことは気にせず与えられた仕事だけをこなしているようだと，社会や市場の変化にもすぐには反応できないし，反応するまでに時間がかかります。企業は環境変化にいかに対応するか，先取りして前に進むかで勝敗が決まるので，一般の社員が顧客経験価値や商品に常に関心を持っておくのはとても重要なことと言えます。

2-4　仕事の中で自由に使える時間を確保する

　以前は社員をいかに「管理」して仕事をさせるかという考えが主流でしたが，ビジネスを成功させる上で，アイデアやコンセプトといった発想が最も重要な現代では「管理」ではなく発想しやすい「自由な環境」が求められます。最近では新型コロナの影響で在宅勤務を余儀なくされ，現実的に「管理」は難しくなり，社員の自発性，自主性に任せざるを得ない状況になってしまいました。また新型コロナ問題が発生する前から大手の企業でもシェアオフィスを借りたり，社内にコラボレーションしやすい空間を設けたり，フレックスタイム制度

やフリーデスクにしたり「自由な環境」が求められていました。

　空間と同時に時間の自由度も大事です。米国３Ｍでは，古くから15％ルールという制度があり，「仕事の時間の15％は，自分の好きな研究に使ってよい。その権利は原則上司も侵害できない権利である」と決めていました。そういった制度に支えられた３Ｍの企業文化から，ポストイットやダイノックフィルムやスコッチガードのようなヒット商品が数多く生まれています。社員の自発性，創造性を信頼した素晴らしい制度だと思います。３Ｍを見習って米国Googleなどでも似たような制度があるようです。

　社員の立場で考えると，こういった時間，空間の自由度を上げるとどのような思考や行動になるのでしょうか？　想像に難しくありません。多くの一般社員が「仕事を楽しみながら，実力をつけ，しかし成果を出さないといけない」と思うのではないでしょうか。「楽だから休んでいよう」などと考える人はほとんどいないと思います。自分自身の実力をつけ，社内外どんな環境でも自分の得意な領域で食っていけるようになること＝「エンプロイヤビリティ（雇用可能性）」を身につけることを求めるはずです。

　数々のヒット事業，サービスを生み出している起業家で『起業は意志が10割』[2]の著者の守屋実さんは「会社のプロから仕事のプロへ」と，誰しもが新事業開発に参加し，リードできるようにと，サラリーマンの意識改革を呼びかけています。とても大事なメッセージだと思います。

2-5　縦割り組織からネットワーク組織へ

　産業革命以降特に官僚型で縦方向に強い組織が重視されてきました。官僚型の縦組織は，命令実行型の組織とも呼ばれ，ゴールややることが明確で，そこに短時間に無駄なく到達することには向いた組織です。しかし現代のような，問題や課題の特定が難しく，またその状況も常に変化する複雑系の時代では，官僚型組織は機能しないことが多いはずです。

　しかし，自動車，エレクトロニクス，化学，金融，エネルギーなど現在の多くの産業，企業はいまだ大量生産，大量商品をベースにしていますので，どうしても専門性を重視した縦割り組織になります。そこで多くの企業では，官僚

2　講談社，2021年

制の縦割りの組織の効率の良さを残しつつ，組織間の連携を図るネットワーク型の組織を取り入れています。皆さんの会社でも複数の部門や事業を巻き込んだ組織横断的プロジェクトが多く実施されていると思います。

　顧客経験価値ベースの商品開発は縦型組織で進めるのは無理があります。ネットワーク型の組織でなければなりません。それも社内だけでなく社外の組織，プロフェッショナルも巻き込んだバーチャル組織が必要です。オンライン会議が当たり前になった今では，社内の会議に社外の組織やプロフェッショナルを招くことは難しいことではありませんし，日常よく行われていることです。これまでも述べてきましたが，商品開発においては，時代の変化を柔軟にキャッチし，独自のアイデアやコンセプトにしていくために，多様なバックグラウンドをもったメンバーを集め，創発的な場を作れるかが勝負です。

　インダストリーをベースとした縦割り組織の風土を，柔軟なネットワーク型にするには工夫や努力が必要です。社内外のサークル活動や自主的勉強会，交流会はネットワーク型組織に転換する上で重要な役割を果たしています。

　このように現実の組織活動では，効果的なネットワーク型組織環境を作れる企業とそこで活躍できる人が勝ち残っていく時代に突入していると言えます。

索 引

■著者紹介

高橋　透（たかはし　とおる）
株式会社ニューチャーネットワークス代表取締役。
2010年より上智大学経済学部およびグローバル教育体系非常勤講師。
2016年より「ヘルスケアIoTコンソーシアム」理事。
ハイテク産業からコンシューマービジネス，官公庁までをコンサルティングする戦略コンサルタント。主に，大企業や組織のリーダーを対象に，未来を構想し創造するための“成長戦略”の企画構想とその実行支援を行っている。
役員や経営幹部だけを対象にするのではなく，グローバルリーダーシップ研修や現場起点の経営改革手法「ブレークスループロジェクト」など，従来の経営コンサルタントにはない発想で挑戦し続ける。
メールアドレス：taka@nuture.co.jp

主な著書，訳書に『デジタル異業種連携戦略』（中央経済社，2021年），『技術マーケティング戦略』（中央経済社，2016年），『勝ち抜く戦略実践のための競合分析手法』（中央経済社，2015年），『90日で絶対目標達成できるリーダーになる方法』（SBクリエイティブ，2014年），『ネットワークアライアンス戦略』（共著，日経BP社，2011年），『GE式ワークアウト』（共訳，デーブ・ウルリヒ他著，日経BP社，2003年），『事業戦略計画のつくり方』（PHP研究所，2006年），などがある。日経BP社プレミアムサイトで5年間コラム執筆。日経産業新聞WEB「企業マネジメント最新トレンド」にコラム執筆。

顧客経験価値を創造する商品開発入門

2023年7月10日　第1版第1刷発行

著　者　髙　橋　　　透

発行者　山　本　　　継

発行所　㈱中　央　経　済　社

発売元　㈱中央経済グループ
　　　　パ ブ リ ッ シ ン グ

〒101-0051　東京都千代田区神田神保町1-35
電話　03 (3293) 3371(編集代表)
　　　03 (3293) 3381(営業代表)
https://www.chuokeizai.co.jp

© 2023
Printed in Japan

印刷／東光整版印刷㈱
製本／㈲井上製本所